教育与梦想同行

刘敏 著

东北师范大学出版社

长 春

图书在版编目（CIP）数据

教育，与梦想同行 / 刘敏著. — 长春：东北师范
大学出版社，2020.7
ISBN 978-7-5681-6969-1

Ⅰ.①教… Ⅱ.①刘… Ⅲ.①小学—校长—学校管理
—文集 Ⅳ.①G627.1-53

中国版本图书馆CIP数据核字（2020）第120021号

□策划创意：刘　鹏

□责任编辑：李国中　沈　佳　□封面设计：姜　龙
□责任校对：刘彦妮　张小娅　□责任印制：许　冰

东北师范大学出版社出版发行
长春净月经济开发区金宝街 118 号（邮政编码：130117）
电话：0431-84568115
网址：http：// www.nenup.com
北京言之凿文化发展有限公司设计部制版
北京政采印刷服务有限公司印装
北京市中关村科技园区通州园金桥科技产业基地环科中路 17 号（邮编：101102）
2022年6月第1版　2022年6月第1次印刷
幅面尺寸：170mm×240mm　印张：14.75　字数：256千

定价：45.00元

让爱和温暖弥漫校园

一

　　从事教育事业，是我从小的梦想。在追逐教育的路上，我一直与爱和温暖相伴，与梦想同行。

　　苏联教育家苏霍姆林斯基说过："教育者的关注和爱护在学生的心灵上会留下不可磨灭的印象。"我也因为一位教师的关注和爱护而改变了我的一生。

　　我10岁那年，父母生下了弟弟。不久，在外公的建议下，父母决定让我休学一年，帮忙照看年幼的弟弟。那个年代的小孩都很懂事，特别能体谅父母的难处，我也不例外。我欣然接受了带弟弟的这份"新差事"，每天乐滋滋的。可随着时间一天一天地过去，虽然我始终疼爱着弟弟，但我的生活不可避免地变得平淡无味。当我躲在家里的窗帘下，偷偷看着同龄的孩子每天背着书包高高兴兴地去上学，看着他们那神采飞扬的神情时，一缕抹不去的愁绪在我的心头潜滋暗长，最终变成了无与伦比的忧伤。原本对读书并不十分感兴趣的我，在休学之后才恍然大悟，对于一个孩子来说，学习是多么有意义的事情。我无比渴望重拾书本、重返校园。一年以后，带弟弟的任务终于完成了，11岁的我回到了湖南省衡阳市西站路小学继续我的小学学业。

　　"我最喜欢校园的早晨，那一缕和煦的阳光，照着雪白的墙壁；那琅琅的书声，从窗口飞入云际；微风吹过我的脸庞，深情地向我召唤：孩子，学校是你快乐学习的天堂。可如今，我却从天堂跌入了谷底，没有了和蔼可亲的老师，没有了亲密无间的同学，我的世界有的只是弟弟的一哭一笑。我真想重返

校园，和老师、同学们一起，共同迎接校园里的每一个清晨！"

　　这是我回到西站路小学继续读书后不久写的一篇作文里的话，是我根据记忆复原出来的。我原本只是想借助文字，一个人默默地书写自己的内心世界，却没想到这篇作文被我的语文老师拿给了我的班主任兼数学老师夏怡丽女士。一天上午，在我毫不知情的情况下，夏老师当着全班同学的面读了这篇作文，当她读到我每天躲在窗户下哭泣的那一段时，夏老师哽咽了，眼泪止不住地往下掉。那一刻，我惊呆了，毕竟我才插班到夏老师班上没两天，夏老师在得知我的休学情况后，居然为我这个素昧平生的学生难过、流泪、心疼了。也就是在那一刻，我就像被电击中一般，明白了很多事，我强烈地感受到原来文字可以如此有魅力！原来知识的力量可以如此强大！原来教师的胸怀可以如此地温柔和宽广！自那以后，夏怡丽老师成了我心目中优秀教师的标杆，我也越发喜欢写作文，越发热爱学习了。我当时就立志要成为夏老师那样的人。

　　夏老师教学非常投入，水平也极高，我和同学们进步极快。小学毕业，我离开了老师，也与老师断了联系，但我仿佛仍在夏老师关切的目光中成长，一直上进、自觉、勤奋。高中毕业，我考入衡阳师范学院，就读于中文系。三年后，还不到20岁的我，追随老师，踏上了三尺讲台，成为衡阳市一中的一位语文教师。

　　刚当教师的那会儿，我经常会回忆夏老师读我作文的那个上午：炎热的开学季，简陋的教室，懵懂的学生们，还有长相很普通的老师……在那样的时空，那样相遇，多么平凡，就像中国大地上许多间教室里经常发生的故事一般。但因为有了一个内心特别仁慈的老师，她真真切切地关爱着每一个学生，她看得见每一个学生容易受伤、期待成长的内心，她深知自己每一天平凡的付出是与学生未来的发展、幸福及不平凡联系在一起的，那样的相遇就变得熠熠生辉。当我真正想清楚了这个道理，就明白怎么做教师了。在一中，我成了一位好老师，带出了不少好学生。

　　2000年6月，美丽的湘水之滨，湖南省衡阳市船山实验小学正式成立，我被聘为船山实验小学的校长。刚担任校长时，我还是会经常回忆夏老师读我作文的那个上午，有夏老师的样子在，我应该知道怎么办学校，怎么做校长。要带领这所新生的学校，从无到有，从小到大，从弱到强，实现跨越式的发展，在我看来，这个过程就是确定学校的办学方向，十年如一日地去形成办学特色的过程；这个过程也是实施精细化的课程管理，不断提升教学质量的过程；这个过程更是充分激发师生的生命潜能，激扬学校的生命活力，带领师生走向诗与远方的过程。那么，如何激发学生的生命潜能呢？也许并不高深，并不复杂，夏老师以她影响我一生的言传身教给了我答案。我像夏老师那样，重视学生德智体美劳全面发展，努力关爱每一名学生：清晨，我和学生们一样，被快乐的儿童歌曲唤醒，开始体育锻炼。我鼓励学生们热爱体育运动，每人都能拥有一个体育强项。我会在某一个黄昏来到学生宿舍，示范整理内务，让学生们都能学会自己叠被子、铺床单。我在家长中寻找有资质的营养师来监督食堂的伙食，同时指导厨师们搭配出合理的菜谱，为学生们提供健康营养的饭菜。我让高年级的学生走进厨房，在厨师们的指导下，择菜、洗菜、切菜、做菜、包饺子，做到"人人会做一个菜"。我想方设法筹集资金建设学校阅览室，指导教师建立班级阅读角，倡议家长建设家庭藏书室。我大力推行经典阅读，尤其重视以王船山的经典著作为母本，将经典阅读课和经典背诵课排进课表，编书目，配书籍，将经典阅读课程化，并持续研究小学生经典阅读的有效策略。我带领教师、学生到敬老院、孤儿院为老人们、孤儿们剪头发、讲故事。我和教师们一起，把学生带到工厂、农村、部队、社区，带到博物馆、图书馆，带到历史文化景点，让学生在移动的课堂中学习，在体验中成长。我提出"只要参与了就是成功，只要努力了就有成就"的理念，把每年一次的颁奖大会办成了全校学生期待的盛会。我践行"全员育人"的教育理念，与家长深度沟通，成立班级、年级、校级三级家委会，举办家长学校，形成了"共同参与，共同成长"的家长文化。这些致力于培养学生良好品格，教给学生有价值的社会技能和生活技能的教育，收到了很好的效果。船山小学实现了跨越式的发展，成为家长和学生特别认可的学校。

大家一定想知道，我和夏老师的师生情缘还有续篇吗？当然有的。12年前，我找到了刚刚退休的老师。夏老师一生桃李满天下，感恩她的学生很多，但多年后重逢的第一面，她仍然记得我，第一时间就叫出了我的名字，说出了我做她学生时的我记得或不记得的很多往事，令我再次唏嘘感叹。我想像孝顺父母一样地孝顺老师，但老师并不同意我这么做。她总说我工作太忙，不要我经常去看她，更不能拿着礼物去看她。反倒是她，时常记挂着我，经常通过微信提醒我要注意身体。不久前，老师还通过网购，给我寄来了一大箱子水果。

如今，就像回到自己的精神家园一般，我仍然会经常回忆夏老师读我作文的那个上午。随着管理经验的不断丰富，以及持续地读书、学习，我的思考更加深入了，夏老师为什么会对我这一辈子产生这么大的影响也更加明了。第一，学生的觉察力很强，但解释能力很差。当学生受到委屈或者遭受不公平待遇时，往往深感屈辱、自卑，却无法自救。如果始终得不到帮助，很可能事过境迁仍无法释怀，甚至长时间处在怨恨和痛苦之中。阿尔弗雷德·阿德勒说的"幸运的人，一生都被童年治愈；不幸的人，一生都在治愈童年"阐述的就是这个道理。第二，人的行为取决于所处的社会环境。学生也是社会人，他们非常看重别人如何对待自己。学生需要鼓励，正如植物需要阳光。第三，鼓励并不简单，需要把握好各种契机，做好多方面工作。鼓励有多种方式，其中，理解、同情、共情也是对学生强有力的支持和帮助；同时，鼓励是给学生提供机会，让他们培养"我有能力，我能贡献，我能影响发生在我身上的事情，我知道该怎么回应"的感知力；觉察到学生好的表现，发自内心地对学生直接说"你做得好""你能行"的鼓励，更是对学生正面的支持和及时的引导。夏老师准确地把握了鼓励我的时机，方法也很巧妙。她对我的无条件的爱，一方面抚平了我在父母那里受到的委屈，疗愈了我内心的伤痛；另一方面她肯定了我的观察能力、表达能力，夸我是个懂事的孩子等，给了我极大的信心。总之，夏老师的做法带给我强烈的归属感和价值感。有了归属感和价值感的学生，不仅当下就有了自信和自律，而且拥有了潜意识，他们未来的行为就是建立在这些良性的潜意识之上。夏老师改变了我的一生，足以让我一辈子回望与缅怀。

据此，我常想：一位教师，如果能公平、无私、和善地对待每一名学生，师生之间建立了心灵纽带，怎么会教不好学生呢？一所学校，如果能让学生始终生活在有尊严、受尊重的氛围中，学生们都会有归属感和价值感，怎么会搞不好教育呢？船山实验小学一直致力于营造"诚于教事，以爱育人"的教风、"船山传人，正学开新"的校风，一直秉持"求知、求真、求善，为学生的发展和幸福奠基；敬业、敬事、敬人，为教师的事业和人生添彩"的办学宗旨，这就是夏老师朴素的育人理念，在船山小学的传承和光大！

教育，是我从小的梦想。夏老师的一段话，决定了我一辈子的事业和情怀。在追逐教育的路上，我一直与爱和温暖相伴，与梦想同行。

二

教师，是点燃梦想的职业，是呵护心灵的使者。夏老师的言行给予我的唤醒，犹如一颗种子在我的心里萌芽滋长，直到伸出地面，寻找到阳光，让我的教育梦想成为事实。

船山实验小学建校19年，以独特的人文情怀和文化积淀，秉承传统，延续船山学脉，自觉担当现代教育的探路人和创新者，打造以传统文化为底蕴，以创新教育理念为追求，以学生的全面发展为目标的特色鲜明的民办名校。学校实施精细化管理，不断拓宽德育途径，构建丰富的课程体系，致力高效的课堂教学，推进学校和谐、健康发展。

我明白，办学取得的一些成绩，离不开衡阳市教育局的正确领导，离不开学校董事会、家委会和家长们的大力支持，离不开同事们的奋进努力。它承载着大家共同的期待和展望，也是鞭策我努力向前的动力，它将不断激励着我再接再厉，砥砺前行。

无论何事，只要对它有无限的热情，你就有可能取得成功。就我个人而言，对于这所学校，不敢说如何的满腔热忱、呕心沥血，但为了这所学校，十多年来，我一直与家人分居两地，以校为家，没有很好地尽到一个妻子、一个母亲应该尽到的责任，这也是我一直对家人心存愧疚的地方。但我对自己的选择无怨无悔，因为我对教育有无限的热情，我有那么多和睦相处的同事，有那么多活泼可爱的学生，他们都是我工作的动力，也是我快乐的源泉。

作为一名寄宿制小学的校长，每天除了管理和教学，还要处理琐碎、繁杂的事务，但是我从来没有过职业倦怠。我认为，每天都是崭新的，我感恩这一天中我拥有生命和活力，我要脚踏实地地做事，不虚度光阴。我知道，一个学校的好口碑，是靠一节节课、一个个教学活动做出来的。我从事着自己喜欢的教育工作，热爱着自己的教育事业，觉得很满足。

"办有温度的学校，让爱和温暖弥漫校园，让我们的老师能够幸福工作，让我们的孩子能够温暖成长。"这是船山实验小学管理者的一份执着信念。"没有最好，只有更好"，这不仅是我对自身的要求，也是船山实验小学全体师生呈现出来的状态。

　　《管子》云："一年之计，莫如树谷；十年之计，莫如树木；终身之计，莫如树人。"教书育人，是教师的终生事业，也是教师生命的价值所在。在船山实验小学担任校长期间，我多年的教育思想、教育践行及教育成果，让我对教育的意义及教师、校长这个角色的生命价值有了更多的思考和感悟，这种感悟，鼓舞着我更有力量地前行，我想：这应该是教育界同人、校长们相似的经历和共同的心声。为此，我将这些年在船山实验小学的管理经验、实践成果、生命感悟"融汇"成一本书，期待与教育界的同人共同探讨，分享互知。对我自身来说，这是阶段的总结，更是生活的提炼、生命历程的记录。

刘　敏

2019年8月16日

目录
CONTENTS

第三章

铸造品格的教育随想

第四章

基于实践的科研之果

附　录

辐射湖湘的媒体聚焦

第一章

校长视野的管理智慧

校园文化：一所学校的灵魂

学校的长足发展，需要特色鲜明的校园文化，它是一所学校的灵魂。

自2001年建校以来，船山实验小学以"求知、求真、求善，为学生的发展和幸福奠基；敬业、敬事、敬人，为教师的事业和人生添彩"为办学宗旨，以"培养走向世界的现代化中国人"为办学目标，以"努力—创造奇迹"为校训，以"教育即是服务"为行动口号，注重学生的思想品德教育和良好行为习惯的培养，并开设了丰富多样的课程，扎实推行素质教育，致力创建儿童本色校园，形成了特色鲜明的校园文化。

一、"仁爱有加，关注细节"的管理文化

制度文化是学校文化的重要组成部分。学校通过关注细节，将有形约束转化为无形自律，通过人文关怀，细心关爱，呵护教师不断成长。

为了落实学校工作，学校力求民主管理，充分放权，通过"四会制度"进行管理与沟通，鼓励各部门在彰显特色的同时团结协作。各项考核方案与制度均由全体员工共同商定与认可，全体教职员工在日常管理中逐步将这些制度与要求转化成每日的工作准则和行为习惯。

"细节决定成败，把简单的事情做到极致就是不简单，把平凡的事情做到极致就是不平凡。"学校各部门在管理中都能关注工作细节，提升工作成效。以食堂管理为例，学校关于食品安全的相关管理制度就有15种，具体操作要求也有16项，蔬菜的清洗必过6遍，每天均有专管人员负责各项工序的检查登记。在此理念的指导下，学校任何一项工作都开展得扎实、细致，力求完美。

学校不仅注重细节管理，还注重在细节管理中凸显人文关怀。比如，在工作中、生活上尤为关注教师成长，让教师全身心融入学校，从而更好地开展每项工作。

二、"诚于教事，以爱育人"的教师文化

德育工作精细化的工作方式，充分体现出船山实验小学"诚于教事，以爱育人"的教师文化。

以开家长会为例。为了达到预期效果，教师在开学之初便会规划家长会内容，收集素材，反复修改中心发言稿，精心编排学生的才艺展示，会场布置力求整洁温馨。开家长会的时候，德育处工作人员与负责各年级的行政干部会深入各个班级，对各班家长到位情况、会场内外纪律、会议组织和会议效果进行检查、记录、评价。每个班开家长会的时间不少于3小时，会议内容有校长讲话（每三个学期一次）、班主任中心发言、任课教师发言、家长经验分享、学生才艺展示、家长查看学生课堂作业和试卷、阅读孩子写给爸爸妈妈的一封信、观看教师录制的学生在校学习生活片段和学生向爸爸妈妈表达感恩之情的视频、填写《船山实验小学家长满意率调查表》等。调查表上对学校管理、德育部门、宿舍部门、食堂部门、班主任工作、任课教师工作分别作出"满意"或"不满意"的评价。家长会结束了，但教师的工作只是完成了一小半，德育处安排的25名工作人员立刻投入紧张而忙碌的逐条摘抄、逐项统计，以及复核、复印工作，他们要工作整整一天。如果说统计是一项费力的工作，那么反馈则是一项用心的工作，也是整个家长会中最关键的环节。统计工作结束后，所有行政干部手上都会拿到一本厚达60页左右的《家长满意率调查情况汇总表》，校长在行政会上向各部门行政干部、各年级组长、教研组组长就如何核实家长意见、改进家长反映的问题、采纳家长提出的建议，以及如何向家长、老师、学生反馈、沟通等工作提出明确要求。而各部门、各年级组、教研组都要迅速对《家长满意率调查情况汇总表》上的数据和情况进行分析、讨论、整改、反馈和落实。

在重视家长意见、交流整改的同时，各教研组还特别注重对年轻老师的帮扶指导，如2017年上学期，语文教研组组长万文艺逐条阅读完《家长满意率调查情况汇总表》后，发现家长对语文学科一共有4份不满意的意见，万老师马上与3位语文老师进行了耐心交流，和她们一起分析查找原因，帮助老师解决问题。

多年来，学校家长会已经形成几大鲜明的特点：家长到位率高（一直保持在99%以上），听会纪律好，《家长满意率调查表》回收率高（每次都在

98%以上），家长对学校各项工作满意率高（一直保持在97%以上）。家长会之所以能取得这么好的效果，是与教师们平时扎实的工作和会前的精心准备分不开的。

家长会只是船山实验小学德育日常工作的一个缩影。于细微处见精神，学校德育工作平时就是这样，将"精益求精"的工匠精神融入每一项大大小小的活动中，将"诚于教事，以爱育人"的教师精神融入点点滴滴的日常管理中。

三、"文化筑魂，习养为主"的学生文化

文化筑魂，即用中华文化和世界文化贯串学校生活的方方面面，并深入学生的大脑和灵魂。

学校核心理念文化石

船山学子是船山先生的正宗传人，将船山文化贯串学校生活的方方面面，构筑学生的灵魂，达到以船山思想规范学生的道德言行，促进小学生品格发展的目的。一是将核心理念"以诚立教，仁植义育"刻在文化石上，将校风、教风、学风、《船山小学赋》刻在学校大厅的文化墙上，将王船山铜像矗立在校园内，营造浓厚的文化氛围。让学生在船山文化的氛围中受到感染与激励。二是通过诵读船山先生的经典语句，让学生受到思想熏陶；通过引导学生阅读《船山学简明读本》《王船山绘本》等书籍来领悟船山思想；通过邀请湖南省船山学研究基地首席专家朱迪光教授来学校作《到湘西草堂寻访船山爷爷》的讲座，以小学生喜闻乐见的方式讲述"船山爷爷一生到过的地方""湘

西草堂是船山爷爷晚年隐居的地方""寻访船山爷爷的精神",渗透船山思想,引领学生做船山传人。三是将湘西草堂作为五年级移动课堂的一个重要考察地点,让学生现场参观王船山晚年著书立传的地方,在湘西草堂前放声朗诵《船山小学赋》《学生誓词》等,感悟船山精神。

习养为主,即由小事小节养成品德,由小艺小能习练而日有所进。

学校特别重视学生在日常学习、生活的小事中养成良好习惯,通过开展国旗下讲话、主题班队会、红领巾广播站宣传、观看优秀电影、诵读经典、"手拉手,心连心"结对活动、"送温暖,献爱心"捐赠活动、"学会感恩,与爱同行"活动等多种方式渗透品德教育;通过"课桌椅真整洁""仪容仪表真大方""轻声慢步在校园"等关键行为细节培养学生良好的习惯;通过学生干部民主竞选活动,大队干部参与学生路队、两操、眼保健操执勤管理,锻炼学生个人能力,提升学生个人综合素养,逐步实现自主管理,形成由小事小节养成品德的学生文化。

近年来,学校进一步创新评价模式,由以前的三好学生评比改为"船山七星好少年"评比。我们知道,看似单色的阳光实际上是由红、橙、黄、绿、青、蓝、紫七种颜色的光组成的,它反映了事物的普遍现象,即事物是由各个方面的因素组成的。因此,每个人的素质也应该由各方面的能力组成。为了促进学生"综合发展""全面发展",从2015年下学期起,船山实验小学向学生提出了七个方面的具体要求,即讲文明、爱学习、勤锻炼、善文艺、会劳动、懂科学、乐助人。学校通过开展评选"船山七星好少年"的活动,引导学生争做"文明之星、学习之星、体育之星、艺术之星、劳动之星、科技之星、助人之星"。为了让评比科学合理,我们在不同年级的七个方面设置了不同的标准。以"助人之星"为例,一、二年级的评比标准是:①态度。同学有困难时主动帮助。②习惯。与他人交往时热情、主动、有爱心。③方法。主动参与公益劳动。④能力。坚持完成学校或班级公益岗工作。⑤效果。能够参与社区及社会实践活动。三、四年级的评比标准是:①态度。在班里积极为同学服务,协助教师工作。②习惯。学做合格小干部,掌握一定的工作方法。③方法。主动承担学校公益劳动。④能力。坚持完成学校或班级公益岗工作。⑤效果。积极参与社区及社会实践活动。五、六年级的评比标准是:①态度。积极为同学提供服务,有一定的社会责任感。②习惯。与他人交往时热情、主动,讲奉献。③方法。主动承担学校公益劳动,协调、组织能力强。④能力。坚持完

成学校或班级公益岗工作。⑤效果。积极参与社区及社会实践活动，在活动中主动承担任务并获得好评。近几年来，通过学生自评、生生互评、家长评价、教师评价等多元的评价方式，加以学校宏观调控、微观审核等保障措施，充分调动了学生的积极性，从而带动学生良好生活习惯的养成，促进班风班貌的整体发展。

为落实"由小艺小能习练而日有所进"，在开展"七星少年"评比的同时，学校还努力搭建平台让学生学习各种技能，努力创造机会让学生体验成功的喜悦，获得成功的经验。一年一次的校运会、校长杯足球联赛、"六一"文艺会演、我是船山小歌手、我是船山小书画家、船小阅读巅峰战、移动课堂等丰富多彩的活动，为学生们搭建了展示的平台，让他们在不同的舞台上展示自我，督促他们在日常的练习中不断进步，体会"台上一分钟，台下十年功"的苦练精神。

四、"共同参与，共同成长"的家长文化

一所学校的办学理念，不仅要让全体师生了解、理解，还必须得到全校学生家长的认同，学校所做的一切努力也必须让家长清楚并得到全校学生家长的理解和支持，"金杯银杯不如家长的口碑，金奖银奖不如家长的夸奖"。为此，船山实验小学非常重视家校联系，充分利用多种途径加强学校与家庭、教师与家长之间的联系与沟通、交流与合作，形成了"共同参与，共同成长"的家长文化。

在沟通内容上，力求做到多角度、全方位。大到学校的核心理念、办学宗旨、培养目标、校风教风学风、规章制度，小到教育教学活动、孩子的学习生活、校服征订、书籍购买，等等。让家长充分了解学校，从而理解学校，信任学校，支持学校。

在沟通方式上，力求多样化。第一种，通过家访、面谈、家长会等方式与家长面对面沟通；第二种，网络媒介，如电话、"移动家校通平台"、班级QQ群、班级微信群、微信公众号等；第三种，纸质媒介，如校报校刊（学校每期校报校刊均做到给每个学生印发一份，让学生带回去给家长阅读）、家长报《船与桥》、"给家长的一封信"等。因为学校是寄宿制学校，家长群体多元化，有时候为确保通知到位，学校既会发纸质通知，又会发"家校通"信息，还会让班主任在班级QQ群、微信群里进行公布。

　　为了加强家校联系，更好地发挥家长的作用，学校通过家长推荐、自荐或孩子推荐父母的方式成立了"家长委员会"。家委会分为校级、年级、班级三级。三级家委会均独立自主地开展工作。班级家委会主要是参加班级活动；年级家委会主要是组织、安排或参与年级活动；校级家委会主要是讨论、制订每一年度的家委会计划，布置和落实年度工作，思考学校家委会的发展方向，参与监督学校各项工作，同时为学校的发展献计献策。家委会成员还自己带头，为家委会筹集活动基金，并制定了财务制度，"活动基金"由学校和家委会共同管理，且每一笔收支都通过家长会向家长公开，同时还在家长报《船与桥》上予以公布。

　　家委会在实践中形成了一套完整的管理和运作模式。自成立以来，家长委员会开展了一系列卓有成效的工作：①站在真正培养好孩子、搞好教育事业、提升家长素质、办好学校的高度，制定了《船山实验小学家长委员会章程》，对家委会的性质、工作理念、工作制度、工作模式作出了高品位的定位与明确的规定。②在全体家长当中征集会徽，并将会徽刻印在家委会文化石上，制作了会旗，与国旗、校旗一并飘扬在船小的上空。③倡议全体家长通过捐助的方式，筹集"家委会家庭教育活动基金"。④创办了家委会专刊——家长报《船与桥》，迄今为止，共编印了22期（每学期出一期），很好地传播了家委会的思想、工作及优秀的家庭教育经验。⑤开展一系列活动：组织"家长开放日"活动。在活动中，家长走进课堂听课，走进宿舍和食堂，聆听学校工作汇报，为学校发展建言献策。⑥开展"校长携手家长进课堂"活动。为了让学生们接触、了解更多的知识，学校充分调动家长的积极性，运用家长丰富的资源，开展了"校长携手家长进课堂"活动，给学生们讲铁路知识、军营纪律、生理卫生知识等。因为有充分的信任、密切的联系、真诚的沟通，学校的工作开展赢得了家长的信赖与支持，增强了教育合力。

　　此外，学校还建构了"多元开放，自主发展"的课程文化及"自然和美，温暖和谐"的环境文化。在课程方面，学校实施多元开放和自主发展的课程体系，既照顾了学生间的个体差异，又满足了学生多样化的学习需要，促使学生幸福成长，如学校三大课程体系分别是国家课程、校本课程、活动课程。学校坚决执行国家课程计划，力求每门课程都扎扎实实上好。各任课教师都会在"提质增效"上下足功夫，力求课堂教学丰富多彩，学生们在课堂上乐学、想学、会学。此外，教师们各尽所能，编写了一系列的校本教材。20多个活动

课程，有运动类、艺术类、思维类等，完全遵照学生的个体差异、特长和爱好，实行自主选报，各取所需。学校力求打造"自然和美·温暖和谐"的自然环境、人文环境，让船山文化浸润每一个学生的心灵，使学生"明其理，正其志"，使校园成为学生们成长的乐园。

家长委员会纪念石

优质办学的基石是规范管理

船山实验小学从创办的第一天起，就把办好人民满意的优质教育作为目标。而优质办学，必须以规范管理为基石。

规范管理思路之一：确立正确的办学理念

多年来，我一直在思考办学理念到底涵盖哪些方面的内容，我参观了上海、北京、深圳的许多所学校，发现每所学校都比较注重办学理念的确立，但都不太系统全面。2004年，我倾听江苏远翔教育集团总校长卢志文的报告，很受启发。他认为办学理念涵盖以下十大方面的内容：建校原则、办学宗旨、培养目标、精神偶像、育人途径、学风建设、教师形象、校园文化、工作中心、庄重承诺。十大方面中，办学宗旨是最重要的，它回答的是我们究竟培养什么样的人的问题。我曾在华东师大参加教育部初中校长第二期高级研修班的学习，这里集结了全国初中教育界的管理精英。我们几位志同道合的校长同学热烈地讨论了这个问题，并拟定了两句话："求知、求真、求善，为学生的发展和幸福奠基；敬业、敬事、敬人，为教师的事业和人生添彩。"结业后，这两句话被我们带回了各自的学校，挂在了学校醒目的位置，它代表了我们的教育理想与办学宗旨：培养真正的人、幸福的人。同时，我和班子成员一道，又认真思考和努力实践办学理念其他几个方面的内容。试想，我们确立了自己系统而全面的办学理念，全校师生统一了认识，协调了步调，点滴积累，持之以恒，一以贯之，厚积薄发，我们将打造出一所怎样精彩的学校？

规范管理思路之二：构建教学工作全程管理的良性机制

全程管理，我们把它归纳为"三个全"，即"全课程""全历程""全过程"。

1. "全课程"

开齐课程，开足课时，保证知识结构的合理性、稳定性。船山实验小学根据部颁课程标准，开全了国家规定的所有课程，还根据学校制定的发展目标和特色兴校的发展战略，开设校本课程。

2. "全历程"

各学科从起始到结束，不间断、不走过场，坚持程序化，做到阶段制，"段段清"。学期初，我们要求教师制订详尽科学的教学计划；学期末，所有科目都要进行严格认真的期末考试。不管是考试的课程还是不考试的课程，都要按照大纲的要求去落实，外语、音乐、体育、美术、科学、电脑教师认真地备好每一节课，上好每一节课，搞好每一次活动，这就是素质教育。船山小学的教师都知道，我这个做校长的，对语文、数学科目很重视，对其他学科同样很重视。船山小学的综合学科、综合实践活动搞得好，全社会有目共睹，这得益于我们克服短期行为，不轻视非会考科目的学科，对教学工作的全程管理。我们的音、体、美课程丰富多彩，课外活动异彩纷呈，学科竞赛成绩突出。我们的学生，经常有作品获国家级大奖，学校拿过"全国艺教先进单位"的奖牌。我始终认为，所有的学科都很重要，教学管理要抓"全历程"，各学科从起始到结束，不间断，不走过场，都得扎扎实实。

3. "全过程"

备课、上课、作业、辅导、复习、考查等若干教学环节，环环相扣组成教学单元，若干教学单元又组成教学周期，若干教学周期构成完整的教学过程。我们总是狠抓教学常规，关注全过程。课前，要求教师认真钻研教材，认真备课。学校周周都有集体备课，每次集体备课都有记录、检查。课堂上，我们制定了若干常规。举个例子来讲，每一堂课，教师都会在开始上课的时候明确学习目标，并将它板书出来。结束课前，都要用几分钟时间进行课堂总结，照应开头的学习目标。这就像写一篇文章，开篇点题，末尾照应，结构很严谨。出示学习目标，让教师记得这节课要教什么，让学生明白这节课要学什么，目的性很强，学习的效果会比较好。对于教案，我们检查严格，记录详细。一人一表，详细记录备了多少课时的课，重点难点落实情况，教学媒体使用情况。另外，要求教师写课后记，鼓励教师反思教学，在反思中进步，在进步中反思。

这些事情，看起来都是些平凡的小事，但我们都认认真真、扎扎实实去做。因为我们明白一个道理：把简单的事情做到极致就是不简单。把平凡的事情做到极致就是不平凡。

规范管理思路之三：建立学习型的教师队伍

许多公办学校校长谈到师资问题的时候，总是埋怨人事制度管理太死，好的进不来，差的出不去。民办学校校长说到师资问题的时候，又会说："好的教师要的待遇太高，我们请不起。"其实，从概率的角度来讲，优秀的教师毕竟是少数，大多数教师的能力和水平是差不多的。真正的人才，还是靠学校自己培养。我们学校通过以下几个方面来培养自己的优秀教师。

1. 鼓励教师读书，加强个人学习

船山实验小学阅览室订购了许多期刊，我经常在《人民教育》《中小学管理》《班主任之友》上复印文章给教师们读。每个假期，我们给老师开阅读书单，要求教师们利用休息时间读书。几年前，我读了《细节决定成败》这本书，觉得非常好，便一次性购买了40本，要求全体教职工阅读。为了达到较好的阅读效果，我还特地设计了一个表格，要求人人填写，表格的内容是：1.你是否看完了这本书；2.这本书中对你启发最深的一个案例是什么；3.说出这本书上对你最有影响的一句格言；4.用一两句话说出你心中最深刻的体会。

2. 通过团队学习激发集体智慧

在课程改革的环境下，教师们每天都会遇到新的问题，产生新的困惑，在学习型的组织里，他们发现问题，提出问题，及时和同事、学校领导及教科研专家一起反思、讨论、解决问题。每周星期二晚上，船山实验小学的学生看电影，教师则集中起来进行讨论学习。星期五下午则有课改论坛、专家报告等，这是我们团队学习的基本方式。

我们以课堂为中心，以课程改革为环境，带领教师循序渐进地完成以下学习任务：其一，通读教材。不仅读新教材，还读老材料，让每个教师对自己要教什么做到心中有数，为建立新的理念打好基础。其二，学新课标。学校把新课标复印给每个教师，让他们去熟读、深悟，把新课标分解、浓缩、重新提炼，重新理解，内化为自己的东西。其三，学习课堂评价标准。也是采用新、旧对比的方法，将三个不同时期的三种不同的课堂评价标准交给教师们去分析、比较、讨论，让教师们得出结论。其四，典型案例分析。全校教师看获全国大奖的优质课光盘，听光盘中专家讲评。其五，进行有目的、有层次的教学

比武。每次优质课大赛，学校都请专家听课，听后进行一对一点评。高水平专家的介入，能够迅速提高教师的理论水平和准确分析问题的能力，从而迅速提高教师的业务水平。

3. 提供开放多元的外部学习交流机会

我们将教师派出去参加各种短期研修班和较长时间的进修。市里、区里组织各种比赛活动和观摩课活动，我们都会积极派教师参加，认真向兄弟学校学习。教师们常常见贤思齐，取长补短，奋起直追。

4. 实现全程学习

当个人学习成为习惯，团队学习日趋成熟后，学校集体进入"边学习，边工作，边研究"的状态，教师们已经不能将学习和工作分割开来。目前，学校已开展一些课题研究，如语文课题《广泛开展课外阅读，积累语言，培养语感的实验研究》，数学课题《小学趣味数学课程设计研究》，德育课题《运用发展性评价促进小学生良好习惯养成的创新研究》，环境教育课题《小学环境教育创新研究》，信息技术课题《特色信息资源库的建设及其在教育教学中应用的研究》，等等。对于学校教师而言，可谓人人有课题，个个在研究。这样一个边学习边工作边研究的教师群体，每天都能焕发旺盛的生命力。

一个好班子成就一所好学校

班子管理是学校管理的重要组成部分，是维系学校正常秩序必不可少的保障机制。

俗话说："一个篱笆三个桩，一个好汉三个帮。"我认为，一个好校长，必须带出一个好班子，才能成就一所好学校。我的管理原则是加强自身修养，取信班子成员；管理策略是在德、师、才、学方面作表率。我要求自己的班子成员，既要做好各自的本职工作，又要支持和配合其他成员的工作。班子成员是一个整体，做任何事情都要抱成团，将力量拧成一股绳，心往一处想，劲往一处使，这样才能增强学校班子的凝聚力和战斗力，才能使学校各方面工作更上一层楼。如何充分调动班子成员的积极性和创造性，增强班子成员之间的团结协作精神，充分发挥班子成员的战斗力呢？我结合自己的实践，谈谈对学校班子管理的几点体会。

一、建立班子管理架构

学校实行董事会领导下的校长负责制，由校长全面主持工作，下设一名党支部副书记兼工会主席、一名办公室主任兼后勤副校长、一名教学副校长、一名德育副校长等共10名班子成员。班子管理架构是学校制度中管理体制的一部分，它为班子成员提供了行为框架，既明确了各班子成员的职责分工，又有效地促进了各班子成员相互合作，从而保证学校工作卓有成效地运转。

二、建立班子绩效考核方案

为了让每个人都有准确的岗位定位，我们打破了常规的一套方案考核多岗位的模式，实行个性化的全员考核。这其中也包括班子成员的考核，每一名班子成员既是评价执行者又是被评价者。如何确保评价过程风清气正呢？这得

益于班子管理架构，它为学校绩效考核工作的顺利开展和有效落实打下了良好的基础。班子成员的月考核由我亲自抓，每逢月底，不管有多少事务性的工作缠身，我都会抽出时间，仔细审核每个行政干部的月绩效述职表，并针对每个人的"主要绩效"和"基础绩效"进行综合评价。我认为，比评价更重要的是"绩效反馈"，为了达到"绩效反馈"的效果，我采取与行政干部逐一交流或开行政碰头会集体交流的方式，指出行政干部工作中的漏洞和不足，进而为下一步的工作明确方向。这样一来，全校方方面面的工作，办学过程中的成败得失，都与校长的管理和决策息息相关。为此，我将自己的月绩效分定为所有班子成员月绩效的平均分。也就是说，每一名班子成员的每一项工作扣分都会直接影响我的绩效成绩。这种严谨、务实的评价方式，有效地加强了班子成员在工作中的协作力和执行力。

三、建立学习型班子队伍

建立一支学习型的班子队伍，目的在于更大限度地开发班子成员的智慧，激发班子成员的活力，充分挖掘每个成员的潜在能力。学校本身就是一个学习的地方，作为一校之长，学校的领跑人，我深深明白学习的重要性，也特别重视学习。比如，加强阅读教育管理类的专业刊物，如《人民教育》《中小学管理》；阅读一些探索孩子成长规律的专著，如《关键期关键帮助》，这本书很好地诠释了0~7岁的孩子在成长过程中，作为家长和教师如何引导和帮助孩子度过关键时期；阅读一些充满智慧与正能量的书籍，如《和繁重的工作一起修行——平安喜乐地成就事业》；注重利用网络资源去拓宽视野，如经常听"樊登读书会"；等等。每一次学习后，不断地反思，进行新的思考，将新的体会放到教育教学管理上，去探索、去实践。我始终觉得，校长因为自身的角色，带动作用是非常大的，校长注重学习、注重反思的工作态度，自然会辐射到班子成员，甚至还能带动学校每一名教职员工去主动学习。如今，船山实验小学已然形成了一种良好的学习氛围，我也经常给教师们创造学习的机会。

"吾日三省吾身"，我一直鞭策自己，不仅自己这样做，还要求班子成员和教职员工这样做，希望他们通过自我砥砺、自我教育，达到新的高度，从而实现更快的成长。

四、建立务实型班子队伍

萧伯纳说过："我有一个苹果，你也有一个苹果，假如我们互相交换的话，我们各自还是都有一个苹果；但如果你有一种思想，我也有一种思想，我们再进行交换的时候，我们就会各自同时拥有两种思想。"为了加强班子管理，我特别注重与班子成员的沟通交流。我们有严格的行政值班工作制度，有详细具体的行政值班要求，有认真细致的行政值班检查，天天有详尽的值班记录，天天有认真客观的行政值班工作评价。行政值班记录是我每天必看的重要内容，我在每一名行政值班人员的记录表上进行批阅，并就记录表里的某一件事与班子成员一一沟通。此外，还利用行政会、教工大会等会议，向大家传达重要思想，如执行学校办学理念，明确学校办学方向，并提出有关办学方面深层次的想法。每周一上午行政例会上，班子成员都会就上周的工作进行小结，并布置本周和下周的工作事项。例会上，如果我们交流工作中遇到问题或矛盾，就会针对某一个问题或矛盾进行深入挖掘，并找出切实有效的解决方案。我还会常常提醒班子成员，要用正确的工作方法去充分调动教师们的工作热情。参与行政会的不仅有班子成员，还有年级组长、质量监测小组组长和部分行政干部。我认为，学校很重要的会议要让尽可能多的人参加，这样既减少了多方传达的麻烦，又能让更多的人第一时间了解到学校的重要指示和精神，从而更好地去执行相关方针和政策。

我们一直奉行一个原则：预则立，不预则废。开学时，我们会召开全体教职员工大会，并利用2~3个周五放学后的时间，来进行开学工作思路的解读；学期末，我们会利用一整个下午召开期末总结大会，由各部门行政干部就自己部门工作进行学期总结。每一项学校制度和活动方案的制订，都由相关部门先拟订好方案和计划，再经过班子成员的深度讨论，尽可能地想好所有的细节，最终才确立成型。比如，学校承办一次讲座，大到宣传标题、活动流程的安排，小到会场桌椅的摆放、麦克风的传递，我们都会安排专人负责。

多年的管理经验让我明白，班子建设，对于学校的管理和发展来说，无疑是至关重要的。正是因为这样细致的、务实的工作作风，船山实验小学的每一项活动都能顺利圆满地完成，每一项制度都能不折不扣地执行。这些都得益于班子成员的工作到位和尽责引领。

精细化管理助推师生共进

教学管理是一个繁杂、庞大的系统工程，涉及课程建设、教学常规、教学活动、教学研究、教学成绩、教师培训、学籍管理等诸多方面。为提高管理效益，船山实验小学教学部门以"每一个步骤都做得精心，每一个环节都做得精细，每一项工作都做成精品"的全过程管理意识，遵循以人为本的原则，通过抓好"教学质量监督""检查成果分析"等重点工作，达到不断促进师生可持续发展的目的。

一、成立质量监测督导小组

为什么会有这样一个新的举措呢？我认为，每所学校都存在想要靠教导处和行政力量把教学常规、教学质量抓好这样的情况，这其实有相当大的难度。比如，学校主管教学的副校长和教导主任一般都会兼课，也有相当繁重的行政工作，只配了一个教务员，这么多的事情哪做得完呢？当然，学校以前也配有备课组长和教研组长，因为方案不翔实，计划不具体，所以他们的作用没有发挥出来，成了只拿津贴做不了多少实事的团队。而教学常规必须抓到位、抓扎实，所以我们成立了质量监测督导小组。

（一）具体过程

一是周密部署，质量监测督导小组由校长担任总督导，下设四个学科督导，分管不同的学科；二是召开质量监测督导小组会议，解读"质量监测小组实施方案"，明确各自的职责，其中，各质量监测小组组长的职责是进行教学常规检查、指导教师上研究课听研究课、听随堂课、适时检测学生知识掌握情况、完成教师们专业知识训练卷的批阅等，及时记录、交流、反馈，提出整改意见；三是召开全体教师会，告知全体教师，让全体教师明白学校本期的新举措；四是各质量监测小组组长认真履行职责，扎实有效开展工作。

（二）主要工作

1. 每周二进行教学常规工作检查

各质量监测小组组长到年级组办公室抽查教案，到各班教室抽查学生的作业，认真检查，做好记录，当天晚上集体备课时召开备课小组会进行反馈，真正做到"发现问题—指出问题—督促整改—检查整改—总结分析"，让教师发现自己的问题，并逐步优化教育教学行为。

2. 适时开展教学质量抽测

各监测小组组长在了解学情的基础上，根据《教学大纲》的要求，适时选取一两个侧重点出题检测，阅卷分析，发现该年级各班存在的问题，提出下阶段的教学建议。质量检测后，学科督导综合各小组的问题及建议，整理出切实可行的建议，发布在相应的QQ群或微信群，在星期二晚上集体备课时再组织全组教师学习，并督促教师纠正自己的教学行为。

3. 重点指导每月一次的研究课

每个监测小组的组长就自己负责的学科教学中的一个问题指导该学科的一位教师上一堂研究课，要求该学科的教师都要来听课。各监测小组组长极其负责，认真指导；教师们也不甘落后，积极上进，虚心请教。听完课后，各监测小组组长组织听课的教师评课，肯定优点，指出存在的问题，提出修改建议，帮助教师进步。

4. 抓实随堂听课

按照学期初的安排，每次一个学科督导或一个行政干部和一个质量监测小组长约定听一位教师的随堂课。听后检查被听教师的教案，看其是否进行二次备课，再评课，对教学中存在的问题诚恳地指出来，帮助其改正。

5. 指导编写知识清单

各质量监测小组组长还负责指导所负责年级学科的知识清单，从任务的分配、模板的制定到内容的确定，都亲自过目。在各质量监测小组组长的指导督促下，各年级的语文、英语都编写了知识清单，发给学生使用。

每周一次的教学常规检查、适时开展的教学质量抽测及听研究课和随堂课，组长们都认真细致，工作有计划、有方法、有魄力、重落实。

二、开展数学周周清工作

关于落实基础课程，我们有两项大的举措：一个是刚刚讲的"成立质量

监测督导小组"，另一个就是"周周清"。鉴于数学比语文好量化一些，我们对数学这门学科采取"周周清"这种独特的方式。"周周清"并不是考试，也不是搞题海战术，而是一种夯实学生基础，让学生的基础知识过关的行之有效的方法。简而言之，就是通过课堂观察、课堂提问、课堂检测、作业检查和个别交流，发现学生的知识漏洞，然后有针对性地进行个别辅导，帮助学生查漏补缺，完全掌握《教学大纲》上要求学生学懂弄通的基础知识。对于实在达不到要求的学生，教师也会采取接纳的态度，适时发现学生的点滴进步，多鼓励，不批评，耐心等待学生成长。

三、开好期中、期末考试质量分析会

学校的期中、期末考试质量分析会就是在学校行政干部即年级负责人、年级组长的带领下，在年级组教师的共同参与中，定时间、定地点、定任务、定重点，找准工作中存在的问题和差距，分析原因，总结经验教训，解决教学中存在的具体问题，缩小班与班之间的差距。其中，重点是教师分析这半期或全期以来，学生到底有哪些知识点没掌握，怎样查漏补缺；到底哪些教师在教学中还存在问题，哪些工作没有落实到位，是没有认真备好课，还是没有做好培优补差工作；是教师本身的知识结构存在问题，还是其态度存在问题。这样一分析，年级负责人就会直接指出教师们在教学中存在的差距和问题，针对具体问题找方法补差距。这样做，教师们见贤思齐，学到了其他教师好的经验，同时也知道了自己的短板，在今后的教学中会更加认真钻研教材，注重重点、难点的把握，努力提高课堂的实效性；注重作业的布置、批改和订正，以及对学生进行好的学习习惯和考试习惯的训练和培养；注重对基础差的同学的辅导，提优补差。期中、期末考试质量分析会这样扎实地召开，让班级之间学生的差距缩小了，教师们的敬业精神更强了，教学能力和水平也提高了。

通过采取以上三种有效方法和手段，学校强化了教学的精细化管理，落实了基础课程，对推动学生和教师共同进步起到了非常重要的作用。

推陈出新·因地制宜·减负增效

船山实验小学自创办以来，在校园文化创建、课程建设、课堂教学改革、教师专业成长、学生品德和习惯培养、后勤管理等诸多方面不断推陈出新，因地制宜，减负增效，有力地推动了学校教学质量的提高和健康持续发展。

一、推陈出新，在执行国家课程计划基础上，开设特色课程

在船山实验小学，没有主、副科的概念，学校坚决执行国家课程计划，开足开齐计划课程。

为了张扬孩子的个性，进一步拓展孩子的素质，我校着力开设了三大活动课程：课外兴趣小组活动、科技文化艺术体育节活动、移动课堂活动。

比如，移动课堂的开展。学校每年都会组织一次历史文化考察移动课堂活动，以了解"衡阳厚重的历史文化"为中心，同时辐射到对整个湖湘历史名人和名胜古迹的了解。虽然移动课堂活动做起来非常艰难，如组织管理难度大、安全工作压力大，活动的设计要花费教师们的大量时间和精力，还需要家长们的大力支持，尤其是经费上的支持。但船山实验小学还是毅然决然地做了下来。

早在2011年5月，一家省级媒体就以《让孩子们在"移动"中减压增能——走进衡阳市船山实验小学》为题，专题报道了我校的移动课堂，在全国产生了深远的影响。我校申报的《移动课堂对小学生素质发展的实效性研究》作为省"十二五"规划课题，获得了专家的高度评价。

日趋完善的丰富的课程，铸就了我校孩子的全面发展，为他们开启未来的幸福人生奠定了良好的基础，也提升了我校素质教育的质量和品位。

我认为，师生们之所以能连连取得这么多的好成绩，既与学校与时俱进、不断创新的管理理念紧密相关，也与不断完善和丰富的课程紧密相关。

二、因地制宜，提升教师特别是年轻教师的教学能力

船山实验小学作为一所民办小学，近些年因市教育局及各城区纷纷开编，一向较稳定的师资队伍出现了较大的移动。因为过去我校对教师的培训较为到位，教师的综合素质普遍较高，所以考取编制的教师较多，招聘到的新教师、新上岗的教师也较多。新教师，特别是应届毕业生，是急需培训、指导和帮助的。我们因地制宜，培训新教师，迅速提升教师的教学能力。我们不断调整集体备课的策略与方式，从每周星期二晚统一地点的集体研修，到每个备课组每周增加一次的办公室第二次集体备课；从各组随性的讨论典型教案，到定主题、定时间、定地点、定流程、定发言人的有针对性的讨论；从单一的讨论典型教案，到更为扎实、更有实效的集体研修（内容包括观看名师视频、学习名师课堂实录、听课评课议课、优秀读书笔记与教学反思分享、专题研讨、教师专业知识培训等）；从每个教研组每学期推出一节至三节集体备课汇报课到每个任课教师人人上集体备课汇报课；从单一的集体备课汇报课到周前课、汇报课、研讨课、展示课等多种形式相结合的集体备课成果分享……船山实验小学的教师们扎扎实实地进行教法、学法的研究与探索，认认真真地帮助每一名教师提升教学能力，真真正正地为提高课堂效率、提升教学质量不懈地努力。当然，付出就会有收获。不论是全市性的质量检测，还是国家级、省级的定向越野、拉丁舞、美术等特色课程大赛；不论是针对教师的业务能力考试，还是面向学生的各种检测，船山实验小学均取得了令人瞩目的成绩。

三、积极推进新课改，真正让全校师生"减负增效"

我和我的同事们深知，新课改不是摆个样子、喊个口号，更不能只是注重形式，而是应真正落实"以生为本"，真正体现"自主合作探究"，真正让"学生动起来，课堂活起来，效果好起来"，从而达到"减负增效"的目的。新课改摸索的过程，可谓"艰辛"，要做的工作也可谓"千头万绪"，其中导学案的编写至关重要。最初编写时，教导处专门组织教师进行了课改培训，主要内容有：如何编写导学案、如何进行学习方式的训练、如何加强小组建设等，发放了一些优秀导学案的范例，并就导学案编写的要求、流程、格式、内容等进行了全面细致的要求，要求假期各学科编写完成本学科本册的导学案。为保证导学案的编写质量，假期里，教导处的两位主任每天做的第一件事就是打开船山精英群，与教师们在线交流，反复修改导学案，同时将优秀的导学案发到船山精英群供教师们共享、参考。当新学期开学时，集学案、教案、练案于一体的导学案就基本"竣工"了。导学案在教学实践的过程中，我们还要求教师们不断补充完善、修改调整，以更好地适应课堂的需求和学生的需要。比如，针对小学生的特点，要增加趣味性，要图文并茂，各环节的设计要符合小学生的认知规律，实施的过程中要能激活学生的思维，当堂检测的题目要精选精编，满足不同层次学生的发展需要，等等。经过近三年的摸索及近一年的实践，船山实验小学根据不同学科特点及不同年级特点形成了针对船山实验小学学生实际的各学科各年级导学案编写流程，如高年级数学导学案由"学前检测、学习目标、新知探究、汇报交流、点评解惑、当堂检测、归纳提升、知识链接"几部分组成，中年级品德与社会导学案由"课前检测、学习目标、自主学习、组内探究、交流展示、点评解惑、当堂检测、评价反馈"几部分组成，不同的学科、不同的年级我们略有不同，但都要求有"当堂检测"环节。因为"当堂"进行"检测"，"当堂"就能"发现问题""解决问题"。

多年的教学和管理经验，让我深深明白，提升教学质量的过程，是一个长期的、持续的过程，是不可能一蹴而就的。我认为，只有脚踏实地、认认真真做好每一天，真心实意地为学生的发展和幸福奠基，才能真正迎来教学质量提升的"满园春色"。

以多元评价体系推进学校内涵发展

　　有一种说法："三流的学校靠校长，二流的学校靠制度，一流的学校靠文化。"这种说法我是认同的。因为文化是学校竞争力的核心，是学校管理的法典，是管理好学校的金钥匙。

　　管理文化是校园文化的重要组成部分，是维系学校正常秩序必不可少的保障机制，它为师生提供了行为框架，使所有人在这个架构内有序地工作与生活，与其他人和谐相处，从而保证学校工作卓有成效地运转。美国著名管理学家德鲁克认为，管理是一种无形的力量，这种力量通过各级管理者体现出来。我校实行董事会领导下的校长负责制，校长主持全面工作，下设一名副书记和三名副校长，学校所有的部门工作均有一名副校级领导主管，这样逐步层级下达，管理由点及面辐射到每一名教职员工，真正做到了"人人有事做，事事有人做"。

　　这样一个完整、严密的学校管理架构，为学校绩效考核工作的顺利开展和有效落实打下了良好的基础。绩效考核评价是学校评价体系中不可缺少的一部分，我校绩效评价工作有以下三个特点。

一、领悟核心理念，采用"主基二元考评法"制订绩效方案

　　管理大师彼得·杜拉克说，你不能衡量它，就不能管理它。考核方案是实现衡量和评价的重要手段，方案是否科学、有效，将直接影响到考核的效果和成败。据我们了解，很多学校的评价工作通常存在以下问题：其一，评价定位不准确。对教职员工评价的目标体系大多分为四大块，即德、能、勤、绩。这种方法的弊端是面向过去，以奖罚为手段，将教职员工分出三六九等，达到末位淘汰的目的。其二，评价形式单一。行政管理人员的评价为一言堂，忽视教职员工的自我评价，放弃教职员工对自己工作行为诊断和反思的过程。其

三，评价方案单一。学校所有岗位都适用一套绩效评价方案，且多年如此，既忽视了岗位与岗位之间的区别，不能科学、客观地反映岗位绩效，也忽视了被考核者本身的成长性。

为了尽可能地改进这些问题，我们通过学习了解后，采用了"主基二元考评法"来制订我校的绩效评价方案。"主基二元考评法"是姜定维、蔡巍在其著作《奔跑的蜈蚣——如何以考核促进成长》中首次提出的。该法则将绩效考核设计成两部分，第一部分是"主要绩效"，也就是岗位中称得上显性业绩的部分。这部分通过努力和加强，能够让人觉得他非常出色，或者超出一般水平。这部分要求个人、部门甚至是企业不断提高，做得越好，则绩效分越高。它重点评估员工和团队的管理效果及创造价值增值的能力，因为它是判别优秀员工与价值分配的重要依据。在实践内，这部分的绩效分值占总绩效分的60%～80%；第二部分是"基础绩效"。它是支撑显性业绩产生的基础，要求被考核者的表现和成果要在一个范围之中，范围之内不加分也不减分，范围之外就要进行考核。这部分的绩效分值占总绩效分的20%～40%。这两部分相互独立又相互促进，"基础绩效"对"主要绩效"有影响，前者好，对整体绩效是个补充；前者差，整体绩效就不好。两者互相叠加，即得出该岗位真正的绩效。这种方法既突出了考核的重点，又简化了考核操作的烦琐程度，以引导和激励为主，面向未来，面向成长，面向提高。"主基二元考评法"对主要工作和基础工作给出了一个较科学的定位，可操作性较强。"主基二元考评法"还有一个显著特点就是对被考核者实行动态评价。根据学校办学目标的调整或是被考核人绩效成长的情况，我们可以建立"主要绩效"不断提升或是"主要绩效"与"基础绩效"动态变化的评价方案机制，达到合理评价教职员工，促其成长，最终实现个人成长目标和学校发展目标相统一的目的。

二、打破常规的考核模式，实行个性化的全员考核

美国心理学家、管理理论家赫茨伯格说过，员工都有自我激励的本能，我们要做的就是利用他们的这一本能去激励他们。我们根据每个岗位的职责制订了个性化的考核方案，大大小小的方案加起来有30多个，每个考核方案都是根据岗位特点和岗位现任执行人的特点来量身制订的。"全员考核"，是指我校所有在岗员工，上至校长下至清洁工、保安都要接受考核评价。如何做到"全员"呢？俗话说得好，"群众看干部"。同样的道理，学校班子成员就看

校长。校长对待评价较真儿的程度，直接影响各部门在评价工作中的执行力。学校领导既是评价执行者又是被评价者，如何确保评价过程风清气正？如何让每一名员工心平气和地接受评价？在《一个好班子成就一所好学校》一文中我已介绍了班子成员的考核办法，这里不再赘述。

在这种严谨、务实的评价文化的熏陶下，船山实验小学教职员工对待评价的心态在悄无声息地发生变化，从不理解到理解，从纠结于绩效评价的分值到着眼于未来的成长方向。

三、以考核促发展，加快教师专业发展进程

为了使学校的教学管理工作进一步科学化、规范化、民主化，最大限度地调动教师的工作积极性，提高教育教学质量，经全体教师参与讨论及行政会决议，我校确立了一线教师评价体系。该体系由主要绩效和基础绩效两大部分组成。主要绩效是从课堂教学和教师专业发展两个方面进行评价；而基础绩效评价的内容，根据学科的不同，略有区别，主要是从教学常规、测查成绩、校本课程管理、开展的教学活动、特长生培养、岗位考勤等方面进行评价。

比如，占30分的课堂教学评价，我们将课堂教学评价分为随堂听课（25分）和行政检查（5分）两个方面。

第一方面，随堂听课。毫无疑问，课堂教学评价的根本目的不是考核教师，而是促进、帮助教师能力的提升和专业的发展。因此，我校在随堂听课评价中非常注意以下几点。

首先是充分尊重。虽然是随堂听课，但考虑到教师的层次不同，我们采取的策略也不同。对于成熟教师，教导处提前5～10分钟告知；对于年轻教师，教导处会提前一天通知；而对于新聘教师，由于教师和学生还在磨合阶段，与学校的教育教学理念也还在熟悉阶段，所以教导处前半期不会去听新聘教师的随堂课，后半期才开始听，但不听课不是放任不管，而是采取师徒结对的方式，通过师傅每周至少听一节徒弟的课、徒弟每周至少听一节师傅的课，师徒经常性的交流互动，帮助新教师不断适应环境，熟悉课堂，提高教学能力。

其次是把握标准。随堂听课，毕竟是常态课，毕竟是教师们每天都要上的课，不能像公开课那样要求太高，我们追求的是朴实、真实、扎实、有效的课，因而在众多的因素中，我们选取教与学两个角度，从四个方面把握评价一

堂课的基本标准：一是是否有教案，我们要求每一堂课都要有教案，不仅仅是新授课要有教案，练习课、复习课、讲评课也应有教案。二是教案与授课的内容、环节是否基本一致。三是教学目标是否达成。四是是否关注了全体学生，学习的效果如何。我们把重点放在第四个方面，因为一堂课教师备课再认真，课前预设再充分，教师掌控能力再强，但忽视了学习的主体——学生，忽视了课堂的生成，不能以课堂出现的问题作为授课资源，那么一切都是镜中花、水中月，没有实际意义，自然无法达到提高课堂教学效果的根本目的。

再次是力求公平。不同的人观察课堂的角度不一样，在评价时也多少会带有主观性。为了避免听课的偏颇，学校在安排随堂听课时，至少会安排两名教师共同听课，其中一名是行政干部，另一名是专业对口的资深教师。两名听课的教师听完课后，要一起讨论，形成共识，评出等级，再共同与授课教师交流、评议。

复次是建立辅助机制。评价不是目的，而是促进、激励、提醒。为了让教师们在随堂听课中有较好的表现，更为了提高教师的课堂教学水平，提升教师专业发展能力，我校建立了一个以"团队共建"为中心的保障体系，进行辅助。一是组内自助，通过备课组内的周前课来交流、提升。二是校内共助，通过教研组内的研讨课来示范、带领。三是专家引领，通过邀请专家到校开展教学视导活动诊断课堂，通过各类专家进校开展讲学活动引领课堂。例如，2016年度，我校开展了两个学期的教学视导活动，分别邀请了赵清涟、乐歆、周再红、田娜、黄小灿、吴晓云、肖江华、王赛芬等衡阳教育界各学科的教研专家或教学名师来校开展视导工作，帮助教师们诊断课堂。两个学期共视导80节课，视导学科涉及语文、数学、英语、音乐、体育、美术、科学、信息技术等小学所有学科，视导面涉及全校所有一线任课教师。又如，在近两年的刘敏（小学语文）名师工作室专家讲学活动中，我先后邀请了"童化作文"教学的倡导者、江苏省特级教师、中学高级教师、江苏省基础教育课程改革先进个人、南京市上元小学副校长吴勇教师，湖南师范大学附属小学教研室主任、硕士研究生、中学高级教师、湖南省特级教师、荣获全国首届语文教师素养大赛一等奖的赵挚教师，湘潭雨湖区教研员、湖南省特级教师、湘潭市小学数学名师工作室首席导师谭念君教师，北师大班建武博士等来校讲学。四是巧借外力，通过分批次组织教师外出学习、培训，来开阔眼界、更新理念，从而反思课堂。上至校长，下到一线教师，参加培训回来后，都要进行分享、交流，或上汇报课，或介绍情况，或书写感悟，做到"一人学习，全体受益"。

最后是评价运用。我校随堂听课评价等级分为优秀、良好、合格、不合格四个等级。随堂听课评价在考核中的运用以分数体现，优秀课25分，我们除了以发绩效工资的方式让教师们在物质上获得成就感外，还在精神上让教师们充满自豪感，如评优评先上的倾斜，可作为示范课在全校内进行推广，以优质课的名义送到各分校和加盟校等。而被评为不合格的课，我们也会认真、严肃地对待，当月绩效考核为0分，当月的绩效工资也就为0元。

第二方面，行政检查。行政检查，是指行政值班人员在当天的值班中对全校所有班级进行至少一次的巡课评价，以确保每一名教师的每一节课都能认真对待。由于巡课的时间较短，巡课的班级面较广，所以行政检查对课堂教学的评价只需关注四个方面：一是授课教师是否准时上、下课，是否按课表上课等常规落实情况。二是班级学生整体精神状态。三是整个班级课堂纪律及学习氛围情况。四是教师黑板板书及讲解知识的准确性情况。行政检查评价同样分为优秀、良好、合格、不合格四个等级，实行扣分制，被评为良的每次扣0.1分，被评为合格的每次扣0.2分，被评为不合格的每次扣0.3分，5分扣完为止。任课教师评价，除了学校管理层，教师本人、家长、学生也共同参与。我们以期中考试为界限，一学期评价两次。分数算出来后，我们把它折算成相应的金额，以绩效工资的方式发放给教师。

在考核评价的促进下，一线教师呈现出良好的发展态势，大家团结奋进、互帮互助，积极投身于课程改革中，课堂教学精益求精，教育教学百花齐放，培训学习争先恐后，教学成绩你追我赶。

四、以学生为主体，加快素质教育进程

通过评价来促进学生全面发展，这是学校评价的重点工作之一。经过充分的讨论和广泛的学习后，我们确定了"发展性学生评价"原则，即坚持用发展的眼光看学生，既要看到学生现有的发展水平，更要发现学生潜在的发展可能性；既要重视结果，更要重视发展和变化的过程。基于以上思考，结合加德纳的多元智能理论，重温"德智体美劳"是对人的素质定位的基本准则，2015年9月，我校开始推行"船山七星好少年"学生评价体系。

该评价体系对学生提出了七个方面的具体要求，即讲文明、爱学习、勤锻炼、善文艺、会劳动、懂科学、乐助人，引导学生争当"文明之星、学习之

星、体育之星、艺术之星、劳动之星、科技之星、助人之星"。就拿"体育之星"来说，我们对不同年级段的学生，除了有态度、习惯的要求外，在能力方面提出了"每天坚持锻炼一小时，树立自我保护意识"的要求；在成绩方面提出了"体育课成绩为优良，体质健康成绩80分以上"的要求；特长的评选条件是"至少有一项体育特长，在校内比赛中获前六名"。"体育之星"评选标准清晰而具体，为学生的努力方向提供了指南，评选结果也更客观、更公正。

"船山七星好少年"评价体系由自我评价、小组评价和家长评价三个方面构成，它让学生通过自评与组评的方式，获得情感体验，形成良好的品德；教师不再是传统德育评价中的掌握者，他是组织者、引导者、激励者，是学生的亲密伙伴；家长通过参与评价，对孩子进行正面引导，既陪伴了孩子的成长，又形成了家校教育的合力。为了让学生、教师、家长更严谨地把好评选关，我们对获得七颗星的学生实行申报制度，就是学生要将自己的具体成绩在申报表中体现，没有达到标准的坚决不评，并与学生交流评选没有最终通过的原因。另外，在实践中有少数学生的实际情况是不能拿到一颗星，对此，我们量身定做了"奋进生"这项荣誉，让学生明白教师看到了他在某方面的努力。总而言之，我们通过多种方式激励学生，鼓励他们再加一把油，跳一跳摘到"果子"。

为了让学生有"果子"可摘，摘更多的"果子"，学校开展了丰富多彩的实践活动，如运动会、文艺会演、船山小书画家、船山小歌手、船山小发明家、讲故事比赛、移动课堂活动之高年级学生小论文、移动课堂活动之低年级学生印象画评比等，让学生充分展示自我，获得成功体验。这样一来，学生在填写"七星船山好少年"过程性评价表中的自我评价一栏时，更加自信、从容，因为学生通过参加各种各样的活动，分数有所提高，个人素质也有所提高。

在"船山七星好少年"的评选过程中，我们看到学生、家长和教师对评价的要求、标准在慢慢地统一，效果也逐渐地凸显出来，如学生的文明素养和自我发展能力得到了长足的提高，行为习惯得到了很好的养成。

"有什么样的评价制度，就会生成什么样的学校。"我校的评价体系确实有自己的亮点和特色，但我们也清醒地意识到它还存在一些突出的问题，具体表现在以下几个方面：对"主基二元考评法"的理论精髓还需进一步领悟，

文化核心理念落地还需紧跟时代步伐,工作还需更加扎实,评价机制、评价方式还需进一步完善,评价结果的运用还需进一步体现权威性与科学性等。

"思考无止境,实践无止境。"构建科学、开放、多元的评价体系,推进学校的内涵发展是一个艰辛而漫长的过程,我们任重而道远。

家校协作，让教育之路更宽广

家校协作是学校与学生家长以沟通为基础，相互配合、合力育人的一种教育形式。通过家校协作，孩子受到来自学校、家庭两个方面的教育，各具特色，相辅相成，其目的是让孩子更好地成长。

一、家校共建，把桥梁搭建起来

船山实验小学成立校级、年级、班级三级家委会。家委会以"家长也是教育工作者"为行动纲领，建立了一套完整的管理和运作模式，制定了家委会章程和工作规划，设立了家庭教育专项基金，制作了会旗，设计了会徽，将会徽和家委会的宣言"为了你，我愿意"镌刻在家委会捐赠给学校的文化石上。家委会创办了家长报《船与桥》，在这份完全由家长编印的报纸的发刊词上，家长们诠释了"船与桥"的三个含义：一是源自船山实验小学的"船"，家长围绕这艘满载希望的"船"，同心同力；二是从本义上讲，船与桥是人类赖以生存至今的宝物，引申而言，有了船与桥，就解决了教育方法问题；三是教育需要理解和宽容，家长与学校更需要一座桥梁、一个平台，通过《船与桥》发挥家校之间的沟通作用。这段话诠释了家委会这个组织的作用和意义。

家长委员会每年换届选举一次，每学期举行两次全体委员会议、一次全体家长会。家委会自成立以来，充分发挥了桥梁作用、支持作用、监督作用，成为学校形象的拥护者、学校品牌的宣传者、家校共建的参与者。

二、家校共育，让家风淳厚起来

船山实验小学家长学校致力于全面提高家长的育人能力，关注家庭与学校、家长与教师之间的良性沟通，努力探索家长教育特点与形式。家长学校开设家长课堂、举办家庭教育讲座，家长们通过QQ群、微信群分享家教经验，共同阅读《如何说，孩子才肯听》《正面管教》《非暴力沟通》等教育书籍，学校特聘心理医生陈卉教授每周三下午为家长和学生提供心理咨询服务。近几年，学校先后租用市政府会议中心、衡阳师范学院大礼堂、衡阳市体育中心体育馆举办了6次高规格的面向全校1800多名学生家长的家庭教育讲座。例如，教育学者、"生命化教育"的倡导者张文质的讲座《愿孩子因为我们而一生蒙福》；性格色彩资深讲师邢宏伟的讲座《领取孩子的教育说明书——性格色彩因材施教》；湖南省长郡中学的优秀班主任单丹老师的讲座《培养孩子良好学习习惯的秘籍》；著名教育家、中国家长教育领域的开拓者和实践者、中央电视台长期聘任的教育专家郑委先生的讲座《父母做对了，孩子才优秀》；北师大班建武博士的专题家庭教育报告《孩子成长中的典型问题分析》；国家二级心理咨询师、衡阳市第二人民医院副院长、儿童和青少年心理学学科带头人陈卉教授的讲座《家长如何帮助孩子管理好自己的情绪》。2019年，学校和家委会深层次分析了当前学生存在的种种问题，经过慎重考虑，还邀请著名的心理学教育专家、湘雅附一精神科医生严虎博士来做《儿童绘画心理学》讲座。

三、家校携手，把资源整合起来

多年的学校管理，让我觉察到身边宝贵的资源——来自不同行业的学生家长，其中不乏业界精英、道德楷模，他们有着丰富的人生阅历和广泛的兴趣爱好。于是，我精心策划了"校长携手家长进课堂"的活动。家长通过自荐、学生推荐、班主任推荐的方式报名，我和教师们认真遴选，根据家长专业特长以及各年级学生的学识基础，选出家长与校长一起进课堂授课。迄今为止，授课已达30余节，内容涉及艺术欣赏、科学技术、身心健康、家庭生活等。该活动丰富了学校的课程资源，开辟了德育工作的新途径。

四、家校同读，让书香飘荡起来

我认为，教育就是"爱读书"的校长、"爱读书"的教师和"爱读书"的家长带领着孩子一起"读书"。

在这种思想的倡导下，船山实验小学积极开展"家校同读共诵"活动，与家委会一起策划活动方案，选定经典阅读书目和经典诵读篇目，制定奖励措施。"同读"活动在寒、暑假进行，家长与学生同读一本书；"共诵"活动即家长参与到学生每天回家进行的10分钟经典诵读活动中，与学生一起诵读，向学生介绍与作者有关的奇闻逸事。在"家校同读共诵"活动中，家长们积极参与学校阅览室的管理布置与图书购买，帮助学校设计学生喜欢的、具有童趣的布展，寻找适合小学生阅读的经典书籍。各班家长积极参与到班级图书角的建设中。学校也配合家长参与学生经典诵读，专门编辑了《衡阳市船山实验小学经典诵读篇目》，学生人手一册，让家长做到诵读有目标。在家长会上，教师采用生动而富有启发意义的事例，让家长明白诵读经典对学生的意义，让经典走进家长的心灵。学校还要求每个家庭设立《我与父母共诵经典》档案，家长和学生一起记下读书感悟。在"同读共诵"活动的影响下，在广大家长的参与下，"故事妈妈讲故事""品味书香、快乐共享"跳蚤市场活动也成为学校传统的活动项目。

五、家校合力，让课堂移动起来

船山实验小学的"移动课堂"开始于2008年，与现今的"研学旅行"异曲同工。为了开阔学生的视野，丰富学生的知识，培养学生的品格，各年级家委会积极主动配合学校和教师进行活动策划、精心组织学生们参加每年一次的移动课堂活动，将学生带到大自然、工厂、农村、部队、社区、名人故居、历史文化景点，带到图书馆、科技馆、博物馆、美术馆等场馆进行文化考察和文化知识的学习实践，让学生在移动的课堂环境和具体的情境中学习、成长。在"移动课堂"中，为了让教师专心授课，家长委员会和家长志愿者按医疗保障、安全工作、拍照宣传、督导学习、饮食住宿五个方面分工负责，全程陪护，在活动中发挥了极其重要的作用。

此外，学校不断丰富家校育人方式，如"家校同台庆六一""亲子运动会""家长会经验分享""家长开放日""家教沙龙"等。在这些活动中，各个家庭良好的家风互相影响、互相浸润，创造了积极的育人环境。

有温度地"保驾护航"

学校的后勤工作作为学校工作的一个重要组成部分, 是整个学校得以有效运行的基础条件。完善后勤体系, 规范管理, 使之发挥最大效能, 为学校工作的顺利开展提供保障。

船山实验小学后勤工作"繁而杂", 全校近2000名师生的吃、住要保证健康与安全, 资金的预算要统筹安排, 校车安全管理要到位, 全校固定资产的管理要严谨规范, 设施设备维护与保养要及时, 师生人身安全及校园财产安全要有保障, 水电供给要正常, 校园绿化管理要合理, 校园卫生要保持等, 都是后勤部门主管的内容。为确保后勤工作能够高效开展, 船山实验小学采取多项举措, 确保后勤管理的有序规范, 为全体师生有温度地"保驾护航"。

一、财产管理有序实施

1. 严抓财产管理工作

每学期初, 学校财产保管员做好各班级、各宿舍、各办公室的财产造册登记工作。后勤部门负责人与班主任、各宿舍生活教师、各办公室工作人员签订财产管理责任书, 落实管理责任。责任人负责保管、维护和报修。期末进行财产清查, 若有人为损坏、遗失的现象, 损坏者要照价赔偿。

2. 规范物品采购报账工作

学校后勤部门出台了物品采购及报账制度, 制度规定购物报账要按照申购—采购—入库—报账这一流程执行, 其中, 申购和报账须由部门主管领导及总务处主任、后勤主管副校长、财会人员、采购成员共同签字, 最后校长审批同意。物品采购实行集体采购, 采购组成员由总务处主任、副主任、财会人员、申购部门成员共同组成。购回的物品由保管员验收、入库登账, 开具物品入库单交采购组成员做报账附件。申购使用部门到保管室办理物品领用手续,开具出库单。超过两万元的物品在期初纳入预算，没有纳入预算的则须经支委会、校行政会、董事会签字同意，方可执行。

3. 落实常规维修工作

根据学校的财产维修管理制度，各部门财产维修实行报告制。各部门的财产责任人或填写报修单，或在学校微信群里向后勤处申报，学校保管员收集汇总报修项目，填写派工单交给学校维修工进行现场维修。维修后申报人在派工单上签字验收，维修工再将派工单交回保管员。一般维修项目必须在当天完成。如维修工本人不能维修，需在派工单上注明原因，再由学校外聘专业人员维修。派工单作为考核维修人员绩效的重要依据。

二、安全工作有效推进

1. 校园安全工作细致

一是安全工作制度细。学校成立了安全工作领导小组，制定了一系列的"安全管理制度"，包括安全教育、安全防范、安全隐患排查、安全应急预案、安全事故处理等。安全工作内容涉及学校各个方面，如校舍建筑安全、校园设施设备安全、消防安全、校门安全、用水用电安全、校车接送学生安全、食品卫生安全、饮用水安全、周边环境安全等。

二是安全隐患排查细。学校后勤不但每学期进行全面的安全隐患排查，还每月根据季节的不同进行专项排查。每学期开学前，对楼梯扶手、水沟盖板、防护网进行专项排查；春季对围墙、挡土墙渗水情况及下水道排水情况进行专项排查；在夏季、冬季使用空调前对空调、电风扇进行专项排查，并各进行一次消防设施使用情况专项排查。每学期进行一次全面校园安全隐患排查。我们制订了详尽的方案，进行全面部署安排。排查区域分为六大块：校舍及建筑物安全、公共区域安全、教室和教学设施安全、体育设施安全、学生宿舍及设施安全、食堂设施设备安全。每一块指定负责人和检查人，制作排查表，明确检查的项目及检查要求。检查人根据排查表的项目和要求逐一认真检查，并将检查情况详尽记录，检查人签字以示负责。各块的负责人督促检查到位。学校后勤处收集所有的安全隐患排查表，将隐患情况逐一整改，对于存在严重安全隐患的问题必须在第一时间整改到位。例如，在"教室教学设施安全隐患排查表"中，我们列出了9条检查内容，包括门窗防护网是否松动，固定螺丝是否生锈；空调、风扇噪声是否过大，电器开关是否松动；地板砖、墙壁砖是否

破损；课桌椅升降螺丝是否松动，防滑套是否缺失；多媒体设备、广播音响开启、关闭是否正常；黑板是否平整、是否有尖角；等等。该项目的检查人为各班班主任。在一次检查时，五（5）班班主任就将检查具体情况记录在表中，其中有隐患的项目是：课桌椅有4个防滑套脱落，投影幕布不能正常收放，其余项目检查正常。对有隐患的项目学校安排维修工逐一维修整改，并由班主任签字证明。这样的校园全方位安全隐患排查，我们每学期进行一次，已经形成了常规。

2. 食堂管理严谨规范

学校是一所全日制寄宿小学，其中，住校生和搭餐生占全校学生的93%，学生吃、住都在校，因此，做好食堂工作是学校后勤工作的重中之重。

在食堂管理层面，学校采取了如下举措：

其一，规范采购与验货。学校成立了采购小组，由总务处主任、总务处副主任（兼食堂主管）、食堂班长、食堂出纳四名成员组成。学校严格实行集体采购、阳光采购、价格公示、家长监督的采购制度。为保证质优价廉，采购小组每周进行一次市场询价；为保证食品新鲜，米、油每周采购一次，蔬菜、水果、肉类食品当天采购。要求供货商必须保证证照齐全，证货相符。食堂建立了物品采购台账，仓库保管员、食品安全员（持有衡阳市食品药品监督局发的食品安全员证）和厨师长共同验货并签字备案。

其二，规范加工与要求。食堂特根据《食品安全法》制定了《餐用具清洗卫生要求》《洗菜卫生要求》等16项常用的食品加工卫生要求，并且把这些要求张贴在食堂相应的位置，督促员工按要求操作；每学期，衡阳市疾病预防控制中心会随机对学校餐、用具进行检测，多年来，学校餐用具每次检测均符合国家标准GB14934—94《食具消毒卫生标准》要求；食堂主管、班长和食品安全员每天都会对各岗位、各工作环节进行检查，要求符合规范；食堂设有专人对每餐食物进行48小时留样，日期、餐次、食品名称、制作时间、制作厨师、留样人等每一项都详细登记在册；每次切配工作都在食品安全员的严格监督下操作；根据营养师建议及青少年身体发育的需求，合理搭配饮食，如每个学生每天早餐必须吃一个鸡蛋，每周吃一次以蛋为主的菜。

其三，规范考勤与考核。食堂主管及班长每天对食堂员工进行考勤登记，将员工的绩效考核细化到每一天、每一件事情。每天的各项工作登记表都公布在食堂公布栏内，并每周进行汇总交食堂主管检查，再上交主管后勤副校长审阅，最后交校长批阅。学校领导可以通过这些工作登记表，了解到食堂工作的具体动态，及时稳妥地处理好相关问题。为细化考核目标，食堂设有烹饪组、择菜组、洗菜组、切配组、荤菜组、餐具洗涤组，均采取组长负责制。做到岗位细分，职责明晰，既有分工又有合作。

其四，规范学习与培训。食堂主管每两周组织全体食堂员工进行"食品安全知识""食品烹饪知识""16项操作卫生加工要求"等学习，通过学习让每名员工掌握食品安全知识及具体操作规范要求。学校每学年都会请食品药品监督管理局的培训师来校为员工进行专题培训，要求每一名员工都要牢固掌握所学知识，并进行考试，要求人人及格。同时，每学期食堂也会举办一次员工技能比武大赛，努力提高员工素质与技能，更好地为师生服务。

其五，规范食谱与操作。为了科学合理地安排学生的食谱，学校特聘请了资深营养师每周对食堂主管、班长及厨师长就菜品的搭配进行指导交流，根据季节变化为学生们提供营养均衡、适合小学生身体所需的食谱。食堂主管、班长每周五下午都会组织烹饪组对营养师开具的菜谱进行细化讨论，如主料量的多少、配料量的比例、制作方法及学生口味喜好度等，同时严格按"烧煮烹调卫生要求"操作。

其六，规范监督与服务。为了消除家长对孩子在校饮食卫生及伙食质量的担心，每学期家长委员会后勤部会组织各班家长代表，到食堂了解情况。例如，2016年（下）学期，全校共推选了36名家长代表走进食堂，他们进入食品仓库，先是细细查看，并记录下物品的名称、生产厂家、生产日期、保质期，是否有产品合格证、是否为转基因食品，购物索证台账是否齐全，餐具是否消毒，员工是否有健康证，并观察洗菜的全过程，品尝食堂饭菜。因为有了平常工作中规范、严谨、细致的操作，才会有家长今天的信任。

三、关爱住校生身心健康

学生在校时的饮食起居、日常安全、良好行为习惯的培养都是我们关注的重点。生活部的教师从学生们进宿舍时第一个温暖的拥抱、第一次灿烂的微笑开始，到一点一滴的生活细节，努力让学生们在温暖的家园里享受爱的教育，让学生们逐渐喜欢住校生活。

1. 注重日常细节，呵护学生健康

生活部的教师都有一本工作记录本，记录宿舍里每个学生的性格特点、

身体状况、饮食禁忌、有无药物过敏及学生在宿舍内发生的特殊情况等，每天早、中、晚教师都会对学生进行身体情况常规检查，通过仔细询问、观察接触的方式留意学生身体方面的异常情况，并详细记录在工作本中，发现问题及时告知校医、家长，确保学生在校身体健康。生活部主管每天上午也会及时检查所有生活教师上交的工作记录本，逐一了解并稳妥处理好在校学生的特殊情况。另外，学校在医务室安排两名专职医生24小时轮流坐诊，还安排了一名夜班教师，负责在夜间11：00至凌晨5：30检查学生盖被情况，关注夜间学生身体状况。生活教师、校医和夜班教师，时刻保持联动，共同做好学生的健康防护工作。

2. 强化送车服务，确保学生安全

为做好校车安全管理工作，学校与司机签订了《校车司机服务责任书》，与送车教师签订《校车跟车接送教师安全责任书》，让家长自由选择与学校签订"学生下校车后家长不接协议"，明确相关职责，规范送车流程的具体工作要求，并严格督查到位。在校车接送工作中，教师在发车前将校车内的安全设备，如安全带、安全锤、三角木、医药箱、灭火器等，逐一检查到位，确认无安全隐患。乘车学生凭班级乘车卡有序排队候车、上车。接送车教师根据各线路的乘车学生名单认真核对人数，检查每个学生系好安全带，做好学生车上安全管理、下车交接到位，并做好送车工作记录，生活部主管和负责校车安全管理的副校级领导及时审阅，确保每次送车工作安全顺利完成。

3. 传授生活技能，培养学生习惯

在关爱学生健康、安全的同时，学校致力于让每个学生学会自理，做自己力所能及的事。生活部根据住校学生的年龄特征，分年级详细制定了《生活自理能力培训标准和要求》，教师们有计划、有目标地对学生进行系统的培训，循序渐进地让学生掌握生活的基本技能，养成良好行为习惯，帮助学生成长为最好的自己。现在学校一年级以上的学生都会自己正确洗脸、刷牙、换衣裤，二年级以上的学生都会系鞋带、分类整理物品，三年级以上的学生会自己梳头、叠被子，四年级以上的学生会清洗干净自己的短裤、袜子，会铺床单、套被罩等。在每学期期末的生活自理能力竞赛中，我们可以看到一年级至六年级的学生饭后都会将餐盘里、餐桌上的剩饭剩菜收拾干净，将餐盘放到统一的位置，会弯腰捡起掉在地上的饭粒，将餐厅地面清扫干净……

生活部的教师们，用自己的一言一行践行着"温度教育"，让学生感受到家一般的温暖，让学生逐渐成长为拥有温暖内心的人。

第二章

扎根课堂的
教育追寻

校本课程开发需要我们做些什么

校本课程的开发在我国的教育改革中已然成为焦点，从教育发展这一块来说，已经变成具有主导地位的改革发展目标。开发校本课程，从开发理念、学校管理，到包括校长、教师、学生在内的每个参与者，都要来一场变革。而另一层面，教师这一角色可以说是校本课程开发过程当中的主力军，在发展校本教育的同时，不断提升教师的专业素质，是开发校本课程不可或缺的一个因素。

一、开发校本课程需要理念的变革

开发校本课程，首先要在开发理念上来一场大变革。在校本课程的开发中，校长、教师、学生、家长、社区人员等都扮演了非常重要的角色。他们不再像从前那样，只是被动执行国家的课程方案，没有主动权。他们是组织者、思想者、改革者，要调整自己的角色，改变传统的角色形象，由传统意义上的被动接受者转变为学校发展的强力促进者、实践的研究者或研究的实践者。

具体说来，在校本课程开发中，开发者的理念在目标观、主体观、教师观、教学观、课程观、资源观等方面应有如下转变：

在目标观上，国家课程强调以开发全国统一的课程方案为目标，而校本课程转向以开发符合学生、学校或地方特殊需要的课程方案为目标。

在主体观上，国家课程开发是专家学者的权利，校本课程参与开发的则是学校成员和校外人士。

在教师观上，过去，在校长的心目中教师仅是课程的实施者，职责是依据计划好的课程方案如实地把知识呈现给学生，而在开发校本课程的过程中，教师是课程的研究者、开发者和实施者，教师有主动解释、开发课程的能力。

在教学观上，与国家课程相比，由于校本课程的范围涵盖了学生在学校习得的所有经验，重视学校情境与师生互动的整体过程与结果，因此，相比较而言，学校及教师实施课程的教学观，不仅仅是"教书"而已，它非常重视教师的"教人"，学校所开发的课程重视学生的特殊背景及需求，使学校所提供的学习经验能够适合学生的个别差异，让每个学生在学习之后能充分发挥个人的潜能。

在课程观上，国家课程强调书面的课程文件，是计划好的课程方案，在校本课程中，强调的是师生互动的过程与结果，学校及教师在以学校的情境及资源为基础、以学校的教育理念及学生的需要为核心开发的课程，包括了学生在学校获得的所有经验，这一广义的课程包含了学校正式的学科、非正式的活动，以及隐含的文化传递及师生文化陶冶的过程，是学校情境与师生互动的整体过程与结果，它涵盖了正式课程、非正式课程及潜在课程。

在资源观上，国家课程利用的是全局资源，而校本课程开发的目的是为本校学生的发展服务的，因此，它以学校情境与资源为基础。

二、开发校本课程需要学校管理及开发过程的变革

（一）学校管理：变"外控管理"为"校本管理"

过去，学校管理方式主要以"外控"为主。学校行政职权不是掌握在本来应该掌握权力的校长、教师、学生家长和一些社区人员等手里，而是主要由一些教育行政机构掌握。教育行政机构不但掌握着一些教育政策的制定，而且握有一些学校常规管理如教学、财务、课程管理等方面的权力。教育行政机构对教育、教学等方方面面的决策负最终的责任。这种管理模式，主要有如下弊端：机构庞大，负担沉重，学校资源的运用效率低下。校长虽身为学校教育最直接的负责人，但在资源运用方面的权力很小，处处受制于上一级教育行政机构。上级教育行政机构不是每天都面对学生，不能够直接了解学生各方面的需要，却是资源运用的决策者。在这些因素的互相影响下，资源未能有效被运用，学生的真正需要也未能得到满足。

而校本管理是以学校为本位或以学校为基础的管理。它是一种以权力下放为中心的学校管理思想和模式，其核心是强调教育管理重心的下移，强调教育行政部门给予学校更大的权力和自由，使中小学成为自我管理、自主发展的主体。学校可以按自己的情况决定资源分配，对学校的财政预算、课程设置、

教科书选择、学校人事决策等方面实施改革。其目的是改革学校的管理系统，优化教育资源以提高教育质量。校本管理采用一种集体管理学校资源的方式，集体的组成人员有：学校委员会、校长、教师、学生及社区成员等。校本管理有以下几点长处：有利于对学生实施个性化的教育，因材施教；有利于提高教师的参与积极性，保证民主决策；有利于学校高效良性运作。

（二）开发过程：从"遵照执行"到"全员参与"

在国家课程开发中，校长、教师、学生等均是课程的忠实执行者，而在校本课程开发中，每个人都变成了参与者。

1. 明确开发意义

校本课程的开发能给学校全体教职员工指明前进的方向，能使教师体验到自己所享有的课程权力及需要承担的义务，有利于提高教师的业务素质，能使学生享有课程选择权。

2. 确定开发目标

这些目标包括学校发展目标、学生发展目标、教师发展目标等。

3. 确定开发内容

这些内容主要有学科课程、艺术课程、体育课程、活动课程、实践课程、社区课程等。

4. 确定开发程序

过去一些学校在开设选修课、活动课的过程中积累了不少成功的经验，这可以说是为校本课程开发观念的生长准备了良好的土壤，是校本课程开发的源头活水。然而，许多"拍脑袋决定"或者说没有学生需要的课外活动、活动课、选修课不是严格意义上的校本课程。校本课程的开发是学校一项具有持续性的专业活动，它需要有一种理性、民主、科学决策的过程。这一过程一般有四个主要步骤：情景分析（包括明晰学校教育哲学、调查学生需求、分析学校资源、把握社区发展需要等）—确定方案（包括确定校本课程总体目标、课程结构、科目、课程纲要）—组织和实施（包括选择安排知识或活动序列、班级规模、时间安排、资源分配及需要注意的问题等事项）—评价与改善（涉及教师、学生与课程方案三个方面，包括评价内容与方式、结果处理、改进建议）。

5. 探索开发方式

基本方式包括：其一，课程引入。例如，引入校外由国家提供的课程开发项目，或引入他校开发的课程项目等。其二，课程选择。例如，在国家或地方所提供的课程项目清单中选择所要开设的课程项目，在不同版本、不同编著者的不同风格的教材中选择适合本校特点的教学材料及配套资料等。其三，课程改编。有对国家规定的核心课程的某种形式的改造以适应具体的学校和教学情境，有对引入的校外课程的重新改组，也有对学校自身开发的课程的进一步改进，等等。其四，课程整合。有不同学科的整合、学科与活动的整合、同一学科内部不同教学内容的整合等。其五，课程创新。例如，学校自己开发新的课程项目或单元，学校自编教材或自行设计某种具有特色的校园环境或社会活动专题等。

三、开发校本课程需要合作、民主、开放的环境，多渠道进行

校本课程的教育发展和教师的专业发展其实是一个共同发展的过程。要成功地开发校本课程，最为关键的一步还在于立足于校本课程，从各个层面推动教师专业发展。

（一）加强教师合作

从校本课程开发管理角度考虑，教师是校本课程开发建设的主力，尤其是一线教师已经成为课程开发主体，当然，如果教师是单独进行个体研究，便无法有效地推动下步课程的开发建设，需要众多教师一起进行交流合作，共同分享和利用课程资源，合作促进校本开发。当下教师进行交流合作的主要途径有以下几个方面：利用现代网络信息技术，使教师之间的经验交流更加广泛，减少时间、空间的限制，以这种合作的形式解决问题，提高专业水平；学校方面致力于打造专业教师队伍，形成校本资源开发特色，不仅吸纳熟悉课程资源的本地教师，还大量地吸纳了来自全国各地的教师资源，这样多样化的师资力量，有利于促进课程研发，弥补了校本课程研发单一化的缺陷。

（二）建立民主、开放的学校组织环境

1. 鼓励民主的教育、平等的教育和民主参与意识

现代化的教育理念，要求教育是民主的教育，教师应鼓励学生主体"当家做主"。小学生虽然具有主体意识，但是没有学习的主动性和自主学习的能力，因此应通过小学教师帮助学生准确地表达求学意图，就可以在民主和平等的范围之内，塑造小学生的世界观、人生观和价值观。

2. 建立健全民主、开放的小学管理模式

扩大办学机制的民主管理模式辐射范围,缓和干部与教职工之间的关系,深化办学意识,加强办学体制的建设,加强团队意识,建立健全民主和开放的小学管理模式。

(三)多渠道开发课程资源

在实际的课程资源开发利用中,对教师开发课程资源,提升专业发展有着较大的帮助,一般有以下几个途径:首先,处于大数据时代背景下,应学会利用现代信息技术,跳出资源限制的圈子,结合当下网络环境的发展,抓住网络共享课程资源,对于教学资源进行深入交流,做到博采众长,取长补短,并找寻课程研发的相关经验,来提升专业发展。与此同时,还可以将自己的教育心得和教育感受分享给广大的同行,学会分享,学会共赢。其次,除了虚拟的数字资源之外,还需要借助当地的实体资源,如图书馆、档案记录室的宝贵资源,从中汲取可利用的课程资源精华,不断优化自身的知识体系,促进教师专业发展。最后,校本课程的开发必须立足于当地实际情况的发展,教师在推动自我专业发展过程中,需要结合当地实际情况,如自然特点、风俗、人文特色、社会历史环境等资源的再利用开发,使其成为可以借鉴学习的资源。

"悦读"，提升学生品格

中华民族源远流长、博大精深的传统文化给子孙后代留下了宝贵的精神遗产，那些映射着理性光辉的经典著作，就像灿烂的星河熠熠生辉。通过阅读经典，使小学生"腹有诗书"，治学修身，陶冶情操，塑造优良品格。衡阳市船山实验小学教师践行这样的思维理念，运用多种生动活泼的形式引导学生开展经典阅读，尤其以王船山的经典著作为母本，变阅读为"悦读"，提高学生的阅读兴趣，培养学生高尚的理想情操和优良品格，促进学生健康成长，同时也起到了优化学校管理的作用，探索了小学教育新模式。

一、"悦读"提升品格，是古今中外大家之见

中华民族代代相传、繁荣昌盛，文化的传承是其重要原因，而读书就是文化传承的重要方式。中华民族坚信：读书成才、读书明志、读书修身，读书是通达成人成才、修身齐家治国平天下的捷径。"腹有诗书气自华"（苏轼《和董传留别》），"立身以立学为先，立学以读书为本"（欧阳修《欧阳文忠公文集》），"书到用时方恨少"（《警世贤文·勤奋篇》），"节饮食以养胃，多读书以养胆"（庄子《外篇》），"读万卷书，行万里路"（钱泳《履园丛话》），等等，都是古人在读书与生活中获得的真知灼见，千古流传的人生格言。读书的重要还在于认识世界和改造世界的需要，"善学者尽其理，善行者究其难"（《荀子·大略》），"路漫漫其修远兮，吾将上下而求索"（屈原《离骚》）。

古往今来，中外思想家传达着很多关于读书修养品格的金玉良言。一本好书就如一位好的导师，它能教你如何做人。的确，我国著名评论家谢冕在《读书人是幸福人》中写道：一个人，一旦与书结缘，极大可能是注定了与崇高追求和高尚情操相联系的人。无独有偶，雨果说："各种蠢事，在每天阅读

好书的影响下，仿佛烤在火上一样渐渐融化。"德国诗人、小说家歌德在《浮士德》中说："读一本好书，就是和许多高尚的人谈话。"诸如此类，无一不阐明了读书对修养品格的重要作用。

一书一世界，阅读得人生。许多中外名人，在阅读方面亦是深有体会的。毛泽东一生酷爱读书，他说过，"饭可以一日不吃，觉可以一日不睡，书不可一日不读""欲知大道，必知文史"。正因为熟读文史，他才亲民爱民，成就大德。著名作家毕淑敏自青少年时期就十分喜欢读书，大大小小翻阅过很多经典作品，她说："我们的心灵也需要成长，也需要养料。所以去读那些被千万双读者的眼睛甄选过的经典，在那里可以看到时间变化，人情冷暖，还可以看到缩小的世界。它们可能不会给你提供立竿见影的效果，却必将对你一生的成长有利。"那时候的阅读经历确实对毕淑敏一生影响重大，与外国文学家、思想家的体会如出一辙。莎士比亚说："生活里没有书籍，就好像没有阳光；智慧里没有书籍，就好像鸟儿没有翅膀。"英国哲学家洛克也说过："借着书的启导，使我们获得较完美的、较爽朗的思想和满脑子的概念，而使得个人能超越自己。"

有一位教师在《成长与书相伴》的演讲中这样说："因为读书，可以使我们从成功者奋斗的文字里学会坚持不懈和勇力攀登，可以让我们探索先贤的足迹，学到'学而不厌''诲人不倦'的品质。"衡阳市船山实验小学的读书理念是："阅读是一种能给孩子带来无限乐趣的活动。如果能将'阅读'化为'悦读'，更能让孩子启智明理，引导孩子走向更广阔的天地。"立身以立学为先，立学以读书为本，无数教育者的实践证明，书是孩子进步、提升品格的阶梯。

二、"悦读"提升品格，秉承船山精神

船山实验小学是衡阳学人秉承船山精神，运用现代教育理念创办的一所立足传统、注重学生的阅读兴趣培养的小学生全面教育的学校，其兴趣阅读教育受到学生及家长、社会的一致好评。具体实践主要从如下几个方面开展。

（一）学校引导学生经典阅读

学校以"创建书香校园"为导向，贯彻落实《义务教育语文课程标准》"培养学生广泛的阅读兴趣，扩大阅读面，增加阅读量"的新课程理念，引导学生多读书，好读书，尤其注意引导学生经典阅读。

1. 宣传引领

根据学校的工作计划，教务处制订活动方案，并在全校进行经典阅读活动动员，学校利用升国旗仪式，进行"与经典同行，塑造美好心灵"专题活动，通过宣读倡议书、歌舞表演、诗词吟诵等多种节目形式，演绎经典的魅力，让学生怦然心动。

2. 氛围熏陶

学校编辑了《衡阳市船山实验小学经典阅读书目》，分年级推荐书目，每年级分上、下期，每期有必读书目和选读书目，把这些书目张贴在学校的文化长廊里，让学生经常看到，随时浏览；除此之外，文化长廊里还贴有"阅读的意义""阅读的形式""阅读方法""名人读书的故事"等，使学生潜移默化地受到熏陶；学校"红领巾广播站"还建有"我阅读，我快乐"专栏，稿件由各班的"小记者"收集送达广播站，每天分享阅读经典的快乐收获；同时，学校设有第一、第二阅览室和爱丽丝童书馆，学生可以在相应的时间随意阅读；此外，各班教室都精心布置了图书角，教室张贴的共勉标语由学生自己创作。这些良好的氛围为落实经典阅读活动奠定了坚实的基础。

3. 活动推广

学校每周为学生安排了阅读课，引导学生有选择地阅读自己喜爱的书籍，并且在阅读中学会思考，在思考中成长；语文课前"每日一诵"，根据诗词内容合理采用个人读、分角色读、男女比赛读、表演读等诵读形式，充分调动学生的诵读兴趣，感受诵读的乐趣和成就感；学校倡导"学科整合"，如在音乐课上，可采用古诗词配乐演唱；在美术课上，可给古诗词配画；在语文课上，可根据古诗词内容配乐朗诵等；班级通过"班级读书会""经典诗文赏析""诵读擂台赛"等活动，为学生搭建展示的平台，营造"我爱诗文经典"的氛围；学校活动经常有序。每年一度的读书节活动，同学们积极参加；学校开展征文比赛，如《读书伴我成长》《我与家长共读一本书》等，同学们热情高涨；手抄报比赛、古诗词书画展，更是让学生们大显身手；经典诗文共赏、诵读妙法交流等，同学们互取所长，加深了爱书、用书的思想认识。

4. 评比提升

根据学校的阅读活动进展情况，学校开展了"书香家庭""诵读之星"等评星活动，还将阅读活动列入班级考核方案，以这些评比为载体，开展多层面的表彰活动，提高了全体学生的积极性。

（二）家长参与学生兴趣阅读

在船山实验小学，学校鼓励、提倡家长参与经典阅读，家长督促学生每天回家进行半个小时的经典阅读，获得家长的积极支持。家长不但督促学生阅读经典，还积极参与，与孩子一起阅读；有时家长还向孩子介绍与作者有关的奇闻逸事，激发孩子的阅读兴趣；有的家长还积极参与学校阅览室的布置与图书购买，帮助学校寻找学生喜欢的、具有童趣的布展与适合小学生阅读的经典书籍等。学校还专门编辑《衡阳市船山实验小学经典阅读书目》，学生人手一册，让家长做到阅读有目标；召开家长会，采用生动而富有启发意义的事例，让家长明白阅读经典对孩子的意义，让经典走进家长的心灵。学校还要求家长每天与孩子进行10分钟亲子阅读活动，每个家庭设立《我与父母共读经典》档案，家长和孩子一起记下读书感悟。在学校的"读书节"活动中，"我与父母有趣共读"活动成为较大亮点。

（三）学生课余时间自由阅读

学校努力创造适应学生阅读要求的物质条件，积极充实学生读物，分别摆放在第一阅览室、第二阅览室和爱丽丝童书馆。阅览室全天向学生开放，学生可自由选择，课余时间有的和"死党"分享着读，交流心得与感受；有的和"对手"PK着读，赛一赛阅读笔记；有的和学习小组同学"接龙式"阅读；平时，学生还互相交流个人图书，实现了班级图书资源共享。学生每读一本书，就在"阅读信息记录卡"上记录，读得多了，达到一定的要求，"阅读信息记录卡"就升级，跃到更高的阅读段位，收获更多的阅读秘籍。

三、"悦读"提升品格，乃社会发展之要义

"问渠那得清如许，为有源头活水来。"船山实验小学多年的阅读实践，在学生品格修养培养方面、学校管理优化方面、和谐社会发展等方面，都有着重要的意义。

（一）有利于学生品格修养的提升

船山实验小学坚持学生兴趣阅读活动，使学生在经典文化潜移默化的熏陶中，道德品质逐渐高尚起来。"雅言传承文明，经典浸润人生"，从小受经典的浸润，不但提高了学生的语文素养，更重要的是为学生的健康人格奠定了很好的基础。2018年高考被北京大学录取的邓玄宇，小学六年便是在衡阳市船山实验小学度过的。他在给母校的感谢信中这样写道："回首在船小的六年，

它是我人生的奠基石、航向标；六年的经典阅读，带领我沿着学习的道路拾级而上，尤为重要的是对我人格的塑造、'三观'的构建影响深远。"

（二）阅读，有利于学校管理优化

德育工作是学校、班级管理的首要工作，坚持经典阅读活动，便能变生硬的批评说教为春风化雨般润物无声，学生能自主管理班级。学校在经典阅读中开展的活动，如"做智慧父母，育优秀儿女"等也促进了学校、家庭的和谐。学生在这样的氛围中成长，自然变得自立、自强起来。

（三）有利于和谐社会的发展

船山实验小学的阅读活动从一年级开始有序进行，并倡导亲子阅读，对于传承和弘扬中华民族传统文化，激发全社会对中华优秀文化的学习和热爱，增强民族自豪感和自信心，净化社会风气，构建和谐社会具有重要意义。

倡导学生经典阅读理念的台湾教授王财富说过："读经典的孩子不会变坏。"在小学生中大力开展经典阅读活动，不仅是提升小学生品格、促进其健康成长的重要途径，而且是社会和谐、国家繁荣、民族兴盛的重要法宝。为此，建议全社会重视学生的经典阅读。

1. 家长日常生活浸润经典阅读

家长是孩子的第一任老师，而且是终身老师，家长的言传身教和引导直接影响孩子的兴趣爱好与人格修养。家长热爱经典阅读并带领孩子阅读经典，是孩子修身养性的重要渠道。唯有家长在家庭日常生活中引领孩子阅读经典，才能真正把经典延伸到孩子的生活中，渗透到孩子的行动中。

2. 学校课堂延伸经典阅读

学校是孩子学习知识的重要平台，尤其是知识的系统学习与规范学习，孩子是从小学才真正开始学习。小学教育是孩子的正式学习开端，延伸经典阅读，不仅能让孩子接受传统文化及诗词歌赋声律等文化知识，更能增进他们的审美情趣与人格理想培养，丰富他们的知识体系，提高学习效率等。学校教师可以有计划有步骤地引导学生开展经典阅读，衡阳市船山实验小学的实践就是很好的示范。

3. 社会组织活动鼓励经典阅读

社会是人生的大课堂，可以配合家庭与学校开展一些经典阅读的竞赛与表演等活动，提供孩子展示经典阅读的能力。例如，中央电视台《中国诗词大会》和《经典传唱》等栏目深受观众喜爱，除主持人的魅力外，更重要的是给

予青少年学生一个展示掌握经典诗词的绚丽舞台，使他们对经典的热爱不仅得到社会认同，也获得了社会及专业人士的指导与鼓励，提高了他们的兴趣，激发了他们阅读经典的热情。

4.教育管理部门顶层设计经典阅读

教育管理部门提供制度支持经典阅读很重要，因为学校教育是社会公共事业的重要组成部分，社会公共事业管理部门的制度规范是学校教育的基本原则。教育管理部门把经典阅读纳入顶层设计，加强教材体系中经典阅读部分，为教师带领学生经典阅读提供平台与物力支持等，必将促进经典阅读在校园及社会中形成风尚。

把经典刻进孩子心间

　　经典阅读对小学生的成长及其今后的人生有重大影响，这是终身学习型社会发展的需要，也是学校发展的需要，更是学生健康成长的需要。阅读经典有利于满足孩子精神和心灵的需求，有利于人类经验的传承，有利于人类想象力的延续。一个人从小如果能得到经典的滋润，长大后就可能成为一个丰厚、温暖的人。

　　目前，关于经典阅读应该读什么、怎么读的研究比较少，对经典阅读的方法、策略等问题的研究还不够深入，我们因此提出了《小学生经典阅读的有效策略研究》这一课题，旨在采取切实可行的对策，有针对性地指导学生阅读经典，激发学生阅读经典的兴趣，提高学生的语文素养、人文素养、科学素养、道德素养，使其终生受益。

一、在语文教学中渗透经典

　　语文教学是传承经典的一种重要形式，能够为学生阅读经典提供大平台，让学生认识经典文化、感受经典魅力，从而爱上经典，传承经典。

　　我们根据语文课本里的内容，向学生推荐相关的经典文学作品，引导学生沟通课内、课外知识的内在联系。例如，上完《长征》一课，教师因势利导，推荐学生阅读有关红军长征的小故事和毛泽东诗词，并指导学生背诵毛泽东诗词；上完《少年闰土》一课，教师可以让学生阅读鲁迅的《故乡》，让学生了解中年鲁迅与闰土再次见面的情景；等等。

二、众多学科共同助力

　　我们不仅在语文教学中充分渗透经典文化，探索有效的教学策略，还将经典阅读与美术学科、音乐学科、体育学科、科学学科结合起来，使经典无处

不在，无声滋润学生的心灵。

以音乐课与美术课为例。

在音乐课上，我们寻找或自编教学内容，将经典诗文诵读与音乐融为一体，如小学三年级上册教材中新增了古诗吟诵单元《诗韵悠悠》。教师结合母亲节教学生《游子吟》，在吟、诵、唱、演的音乐活动中，学生体验到了慈母的爱子之情和儿子的感激之情，油然而生对母亲深深的爱和感激之情。这就是经典的作用和光彩。

在美术教学中，我们指导学生给经典诗文配画，将古诗中蕴含的意境美通过笔描画出来，既能使学生的想象力得到培养，表现力得到提高，绘画语言得以丰富，又能使经典在学生心中默默扎根。

三、诵读活动让经典活跃人心

让经典活跃起来，少不了活动的开展，尤其是诵读活动，不少人会选择一些经典篇目来进行诵读。每次的移动课堂考察时，我们都会结合年级考察的线路及景点特色，开展不同主题的经典诵读活动，将经典阅读融入其中。这样的活动，不仅丰富了学生的课余生活，还有效地提升了学生各方面的素养。

以四年级的一次移动课堂活动为例。在郴州苏仙岭，我们开展了苏轼、秦观、杜甫等与郴州苏仙岭有关的诗词诵读活动，诵读了秦观的《鹊桥仙》《浣溪沙》《踏莎行·郴州旅舍》等古诗词。在苏仙岭三绝碑这个景点，教师给学生讲述苏轼与秦观的故事及三绝碑的来历：秦观是继柳永之后，婉约派词人的又一著名代表人物，"苏门四学士"之一。秦观既是苏轼的学生，又是感情深厚的挚友。苏轼很赞赏秦观的词，他写过一副对联："山抹微云秦学士，露花倒影柳屯田"，将秦观与柳永相提并论，并夸秦观"有屈、宋之才"。苏轼将《踏莎行·郴州旅舍》这首词的最后两句"郴江幸自绕郴山，为谁流下潇湘去"题写在自己的扇子上，天天看它、读它。秦观死后，苏轼非常悲痛，在扇面秦观词的后面写下了"少游已矣！虽万人何赎？"的跋语。后来，著名书法家米芾把秦词、苏跋书写下来传到郴州。郴州人为了纪念秦观、苏轼、米芾，把秦词、苏跋、米书刻在碑上，这就是历史上有名的三绝碑。教师的讲述让学生更深刻地了解了这首经典诗词的写作背景及该词的艺术价值。我们就这样将经典阅读与移动课堂巧妙结合起来，真正把中国诗词的思想价值及艺术价值刻入学生的心坎，融入他们的血液。

四、电视媒体传播经典

电影电视这种传播形式因为直观、丰富、绚丽，给人以强烈的视觉冲击，往往更易引起学生们的兴趣。现在已经有很多名著被搬上银幕，如《三国演义》《水浒传》《西游记》等。我们将经典阅读课程与电影电视校本课程结合起来，利用电影电视来引导学生们爱上经典。近年来，《中国诗词大会》在社会上引起了巨大反响，获得社会各界的广泛好评。为帮助学生积累中华诗词，培养学生学习传统文化的兴趣，新学期一开学，学校就组织高年级学生观看《中国诗词大会》。在观看过程中，学生边看边记，还把自己当作参赛选手，积极参与答题、对飞花令、抢夺擂主，尽情享受着这场文化盛宴。他们甚至把节目中的"飞花令"搬到了课间。有的学生决心像《中国诗词大会》（第二季）总冠军武亦姝一样，每天积累一首古诗……学生在享受这场文化盛宴的同时，也从中汲取了养分，滋养了自己的精神世界。

以前很多教师觉得教学任务繁重，无暇给自己充电，知识结构日渐老化，阅读视界仅限于本学科，无法在学生阅读的过程中给予有效指导和建议。通过以上一些有效的方法，以及自己阅读经典提高精神文化品位和修养，完善自身人格，获得专业上的成长，许多教师在课题研究和教学过程中，不断总结教育教学经验，通过与学生"同读一本书"活动，教师的指导能力和朗诵水平也相应得到了提高，真正成为学生进行经典阅读活动的引路人。

我们欣喜地发现，通过阅读经典，学生们从文化素养到精神气质都发生了巨大的变化：无论是在课堂上还是在家里，学生们的语言变得丰富灵动了，常常妙语连珠，出口成章；写作文也常常引经据典，信手拈来。有的学生甚至还能写小论文了。走进我们的校园，看不到随地乱扔的纸屑，看不到墙上乱涂乱画的狼藉，看不到放学时喧哗的场景……浸染在浓浓的书香里，学生的言语不知不觉中多了一分优雅，少了一分浮躁；多了一分高雅，少了一分粗莽。经典就这样一笔一画地镌刻在了学生们的心中。

以"案"说"法"：经典导读的几种策略

阅读经典，是提升语文素养的重要途径，因此，鼓励学生进行经典阅读尤为重要。"授之以鱼，不如授之以渔"，阅读经典的主体是学生，教师应把教给学生阅读方法作为教学的根本出发点，充分重视对学生进行阅读方法的指导。那么，教师应如何指导学生阅读经典呢？

下面我以七种不同类型的阅读课为例，谈谈船山实验小学的教师及我所负责的刘敏（小学语文）名师工作室开展经典阅读导读的具体做法。

一、导读案例之《三国演义》整本书阅读

以衡阳市船山实验小学语文教师、刘敏（小学语文）名师工作室核心成员王涛执教的《三国演义》为例，谈谈小学经典名著整本书阅读的指导方法。

1. 阅读准备

（1）创设浓郁的阅读氛围。其一，创设良好的家庭阅读环境。其二，营造良好的读书氛围，如布置班级图书角，同学之间可交换阅读书籍，提高读物利用率，减轻家庭经济负担。其三，教师以身垂范，与学生共读。

（2）让学生自主选择读书方法。在平常的阅读中尊重学生的个体差异，让学生用自己认为最佳的方法进行阅读，教师加以适当引导即可。阅读的方法有很多种，可以边想边读，可以边表演边读，可以集体读、个人读，可以大声读、小声读、默读，也可以批注阅读。当学生自主选择喜欢的方法阅读时，他们会学得主动、自觉、轻松、愉快，有感而发，有疑而注，有得而写，满足个体学习的需要，促进个性品质的发展。

（3）制订科学的阅读计划。要求学生制订每一天的阅读计划，日积月累，聚沙成塔，在潜移默化中养成良好的阅读习惯，产生阅读经典名著的兴趣；制订寒、暑假读书的计划，根据教师提出的明确要求进行阅读，并且教师

要在开学初检查落实情况，保证学生读书的效益。

2. 阅读指导

（1）激发阅读兴趣。在开始阅读《三国演义》这本书之前，王涛老师从卡牌游戏"三国杀"开始讲起，精美的卡牌，炫酷的技能，一下子就吸引了学生们。在阅读过程中，他事先布置阅读章节，然后选择一个恰当的时机用多媒体放一集电视剧或者易中天教授的《品三国》，让学生的阅读热情保持下去。在阅读指导分享课上，他把整本书分成许多篇章，让学生自己去寻找、去发现、去对比，如兵器篇、武将篇、战役篇、谋士篇、美女篇、赤壁篇、智谋故事篇、外交篇、荆州篇；在阅读之后，教师要有特色地评价、奖励，如将奖状制作成《三国演义》的背景，并配以兵器，还有人物及教师的亲笔签名、寄语。

（2）鼓励坚持读书。教师除了培养学生静下心来读书的心态之外，还得让学生明白，读名著要细嚼慢咽，不能希望每天的阅读都一定有收获，欲速则不达。读名著需要字斟句酌，眉批旁注，赏阅玩味，最后才能消化吸收，这样的阅读才会让学生拥有获得知识的乐趣并受到精神世界的陶冶。

3.《三国演义·义篇》教案

（1）导入。播放《三国演义》开篇词《临江仙·滚滚长江东逝水》，营造氛围。

（2）熟读文本。"猜英雄"：现在教师出示英雄人物图片，大家说一个与之有关的故事。教师出示英雄人物图片（来自三国杀）：董卓、张角、黄盖、关羽、曹操、诸葛亮、刘备。学生的回答精彩纷呈。教师出示提示，学生根据提示猜英雄人物。

（3）精细研究。"品英雄"：猜完了英雄，师生结合实际来品英雄。教师加大难度，先出示英雄人物图片，学生不仅要说出一个与之有关的故事，还要用一个四字词语来概括一下，不能用重复的词语。

（4）分享交流。"论英雄"：品完英雄后，师生就来"煮酒论英雄"。教师提问：《三国演义》中这些英雄人物用一个什么字能够全部关联上呢？经过老师启发、引导，学生进行激烈谈论，分析得出"义"字。

（5）呈现效果。教师出示一系列英雄人物，请学生说一说他们之间的关系，有什么"义"，并能用自己的语言举出一个故事来佐证。学生作答：君臣之义、手足之义、朋友之义、夫妻之义、父子之义、叔侄之义、师徒之义、同乡之义等。

二、导读案例之名著赏析课《西游记》

此以衡阳市市级骨干教师、刘敏（小学语文）名师工作室核心成员邵璨执教的古典名著赏析课《西游记》为例，探讨通过回目读古典名著的导读方法。

1. 教学目标

了解回目特征；通过回目，厘清小说结构，感受名著魅力；激发学生阅读名著的兴趣，提升学生欣赏文学作品的能力与文化素养。

2. 教学设计

（1）游戏导入，链接回目。

（2）通过回目，品味经典的韵味。

第一步，挑出一个回目（出示：第五回　乱蟠桃大圣偷丹　反天宫诸神捉怪）；

第二步，轻轻读读，边读边想（提问：这14个字藏着什么秘密？你有什么发现？）；

第三步，教师指导阅读，读出节奏，感受韵味（断句：乱蟠桃/大圣/偷丹　反天宫/诸神/捉怪）；

第四步，猜一猜、议一议，总结回目名的特征（得出结论：概括内容、字数相同、对仗工整）；

第五步，找几个自己喜欢的回目，读一读，品一品其中韵味。

（3）通过回目，厘清经典的脉络。

①讨论：孙悟空有那么多名字，咱们能不能以其名字为线索来分段呢？

②实践：同桌之间相互讨论，给回目名分段。

③生反馈，师点拨：按事情发展的顺序，整部西游可以分为取经前、取经时、取经后，厘清脉络。

（4）通过回目，感受经典的魅力。

出示：第二十七回　尸魔三戏唐三藏　圣僧恨逐美猴王

试问：根据故事情节，你觉得哪个词用得最精妙？

思考：这个"戏"字什么意思？你能用它组个词吗？用字扩词就能帮助我们理解经典。

对比：对比现代文版和原著版，如白骨精用了三次变化来戏弄唐僧，第一次它变成了什么？请你从这个故事的现代文版中找一找相关的句子。

（5）小结全科，拓展阅读。

小小的回目，它穿珠成串，提纲挈领；它妙结故事，对仗经典。通过它，学生体味了经典的韵味；通过它，学生触摸了经典的脉络；通过它，学生感受了经典的魅力。

三、导读案例之读物欣赏课《乱世权谋建安风骨——曹操》

曹操是一个既奸诈多疑又颇具雄才大略的政治家和军事家的艺术典型，初中历史教材上是这样评价他的：在政治上，他实行屯田，兴修水利，用人唯才；在军事上，他讨董卓、灭袁绍，统一北方，是三国中曹魏政权的缔造者，被拜为东汉丞相，后封为魏王；在文学上，他的诗作套用乐府旧辞，但简洁明净，悲歌慷慨，气韵沉雄，掀起了文学史上的一代新风，后世称为"建安风骨"。

船山实验小学语文教师、刘敏（小学语文）名师工作室核心成员李素文带领学生阅读《三国演义》时，发现学生对作品中曹操表现出来的奸诈多疑、自私残忍则极为不齿。然而，历史上的曹操是怎样的呢？如何让学生对这样一个传奇的人物有一个客观、立体的认识呢？

1. 内容选择

曹操现存诗作20余首，李老师选取了《观沧海》《龟虽寿》《短歌行》这三首带领学生学习。其中，《观沧海》是船山实验小学四年级的背诵篇目，六年级学生已经人人能诵；《短歌行》中典故较多，但学生在六年级上学期已经背诵了20多篇《诗经》经典篇目，借助注释，学生也能读懂诗歌。因为学生有扎实的经典阅读基础，所以李老师能在课堂上大刀阔斧地进行教学。

2. 课前准备

李老师将诗歌的写作背景、重点注释、诗歌大意等编印成册，让学生充分预习。

3. 课堂引导

（1）带领学生利用以前学习诗歌时所积累的学习方法学习诗歌——知背景、读诗歌、明诗意、悟诗境、背名句。

（2）充分利用视频引导学生朗诵、思考。

齐诵：日月之行，若出其中；星汉灿烂，若出其里。（一生说：曹操想

到的比他看到的更为壮观开阔。）

单读：老骥伏枥，志在千里；烈士暮年，壮心不已。（学生谈感想：我的爷爷，已经70多岁了，却还在上班，我想把这句话送给他，表达我对他的赞美。）

师生对诵：师念"慨当以慷，忧思难忘。何以解忧？唯有杜康。忧从中来，不可断绝"，生读"山不厌高，海不厌深。周公吐哺，天下归心"。

4. 提问总结

（1）曹操忧什么？

（2）曹操诗歌的共同点是什么？

5. 感悟

通过学习，学生再谈曹操形象，感悟曹操的诗歌魅力与人格魅力，品味曹操对世界、对生命的认知，对曹操形成立体、客观、公正的认识。

四、导读案例之《"新美南吉的童话"——别样的情谊》群文阅读

所谓群文阅读就是教师在单位时间内指导学生阅读多篇相互关联的文章。群文阅读是一种新的拓展学生阅读思维与方法的教学方式，它十分重视对学生阅读数量、阅读方法、阅读兴趣与自主阅读习惯等方面的培养，对有效提高小学生的语文素养有着重要意义。

下面，我带领大家走进由衡阳市船山实验小学语文教师、刘敏（小学语文）名师工作室核心成员万文艺执教的《"新美南吉的童话"——别样的情谊》群文阅读课。

1. 选材

在课上，万老师选取了日本童话故事作家新美南吉的三篇童话故事——《去年的树》《大鹅过生日》《猴子和武士》。

2. 方法

采用比较阅读的方法，带领学生欣赏同一个作家笔下不同风格的作品。

3. 引导

首先带领学生快速阅读《去年的树》，引导学生边读边思考：文中主要介绍了谁和谁的故事？它们是什么关系？引导学生抓住"天天"两个字来理解，让学生体会到鸟与树的关系非同一般，为下文的鸟离去后第二年春天归来

时，一次又一次寻找去年的树做好了铺垫，自然而然引出文中的四次对话，使学生感受这篇童话的善与美，体会鸟儿淡淡的忧伤。

4. 拓展

组织学生学习第二个故事《大鹅过生日》，让学生感受风格的变化，找出动物们有趣的表现。再组织学生阅读《猴子和武士》这个更短的故事，趁学生意犹未尽之时，让他们以学习小组为单位，为这个童话故事续编一个结尾。学生们当堂口头作文，续编故事生动有趣，把"语用"两个字体现得淋漓尽致。

5. 总结

三篇童话有一个共同的主题——不一样的友情，即人间的真、善、美。《去年的树》揭示的是树与鸟之间的友情；《大鹅过生日》揭示的是动物之间的友情；《猴子和武士》揭示的是人与动物之间的真情。

五、导读案例之读物推荐课《狼王梦》

《狼王梦》是四年级上半学期推荐的必读书目中唯一的一部动物小说，也是沈石溪写的最具代表性的一部动物小说。四年级是学生阅读习惯的强化阶段。这一阶段，学生喜欢阅读，但缺乏良好的阅读方法和习惯。衡南县三塘星火实验小学语文教师、刘敏（小学语文）名师工作室核心成员唐春芳执教如下：

1. 教学目标

（1）掌握一定的读书方法，了解《狼王梦》的主要内容。

（2）感知故事的主角——紫岚，了解她一生的梦想，为阅读整本书做好铺垫。

（3）在阅读、猜想和交流等方式中感受阅读乐趣，激发学生的阅读兴趣。

2. 教学方法

（1）情境教学法。通过语言、多媒体等创设情境，激发学生的阅读兴趣，有利于学生更好地走进文本。

（2）问答法。通过师生间的问答互动，进一步激发学生的阅读兴趣，引导学生学会浏览法、串联法、猜读法和品悟法等阅读方法。

（3）自主探究法。让学生通过读读、议议，自主读悟。

3. 教学过程

（1）激趣谈话，感知狼性。

上课时播放有关狼的图片和视频，让学生说说对狼的印象，说出带有"狼"字的成语，接着出示PPT推荐沈石溪的《狼王梦》。

（2）阅读新书，感知内容。

① 通过浏览封面封底，获取信息的读书方法：浏览法；

② 将目录串联起来，感知内容的读书方法：串联法。

（3）了解人物，走近紫岚。

抓重点段落，运用品读法和猜读法去感知紫岚生命中博大的爱和逐梦过程中的艰辛与执着。

（4）品读片段，感知精神。

课件出示精彩段落，运用猜读法和品读法自由读文段，思考：这是一匹什么样的母狼？感知小说中的紫岚是一位伟大、坚强、执着的母亲。

（5）升华主题，总结归纳。

① 拓展：这是一部关于（　　　）的小说。

② 总结：学生畅所欲言感知小说的主题；总结阅读方法，更好地了解狼鲜为人知的一面，产生自主阅读的欲望。

六、导读案例之绘本阅读课《手不是用来打人的》

"绘本是0～99岁读者都能阅读的图书，它不仅能向孩子传达知识，更多的是带给孩子认识世界的方法，和他对这个世界的感受……"儿童文学作家、绘本课程专家保冬妮这样介绍绘本和绘本的作用。确实，绘本能引领学生们飞翔在一个个神奇梦幻般的空间里，享受精美的图画与文字带来的快乐。

下面以绘本《手不是用来打人的》教学设计为例，谈谈我们把绘本作为语文教材的一种补充，把绘本阅读作为开展语文综合性学习的一种载体，如何通过充分挖掘绘本的内在资源，开启低年级学生的阅读之旅。

1. 创设轻松氛围——乐读

在绘本教学《手不是用来打人的》上课伊始，衡阳市船山实验小学副校长、刘敏（小学语文）名师工作室核心成员李海燕以学生们都喜欢的猜谜活动——"两株小树十个叉，不长叶子不开花。能写会算还会画，天天干活不说话。这是什么呀？"——轻松引出课题，"对，就是我们的小手。今天我们就来阅读一本与手有关的绘本"。在轻松愉悦的氛围中，引发学生的阅读期待。另外，师生引读、同桌互读、自由选读等方式都可以营造轻松的阅读氛围。

2. 教给阅读方法——善读

通过《手不是用来打人的》这节绘本课的学习，学生们掌握了跳读法，即阅读的时候，头脑中带着问题，寻找问题的答案，采取跳跃、选择阅读的方法。还初步掌握了阅读绘本的常用方法——观察图画，关注文字，学习表达。

3. 阶梯训练表达——学读

学生的表达能力是语文素养的一个重要组成部分，绘本教学作为语文阅读课的一种形式，也要在提高学生的表达能力上进行精心设计。遵循由易到难的原则，按照从句到段到篇的顺序，进行阶梯式训练表达。

4. 关注人文素养——悟读

绘本《手不是用来打人的》属于好品德系列读物，自然应渗透品德教育，但应该是"随风潜入夜，润物细无声"式的。

在学生自然而然地说出"手是用来（保证安全的），是用来（照顾自己的），是用来（帮助别人的），而不是用来（打人的），因为（打人是一种不文明的行为）"的段落时，真善美的种子已在不知不觉中种下。

再推荐学生阅读《细菌不是用来分享的》《语言不是用来伤人的》《尾巴不是用来扯的》三本好品德系列读物，并让学生猜测这三本书会写些什么、画些什么，从而引导学生形成正确的是非观。

最后请学生们创作好品德系列读物的第五本、第六本。学生谈到《脚不是用来踢人的》《牙齿不是用来咬人的》《动物不是用来欺负的》等，彰显了他们的正义之心。

由此可见，积极挖掘绘本教学的资源，就能让学生们徜徉在美好的阅读之旅中，并为学生们的品德修养和终身发展奠定基础。

七、导读案例之绘本儿童诗指导课"诗中有画　画中有诗"

作为刘敏（小学语文）名师工作室的核心成员，船山实验小学年轻语文教师唐阳一直致力于将有趣的、传统的中国绘本展示给每一个学生，并与新课标中对低年级学生阅读、写作要求相结合。

在主题为"诗中有画　画中有诗"的绘本儿童诗指导课上，唐老师选取了由中国经典童诗编撰而成的绘本《蝴蝶·豌豆花》中极具代表的几首儿童诗，带领学生们从回顾课文《瀑布》入手，用"品味诗句，想想画面，体会情感"的方法阅读绘本儿童诗。学生们先在老师的引导下，阅读诗歌《野菊花》，从文字中体会诗句的柔美，教师出示书中插图，引导学生仔细观察图片，体会画家是如何品味诗句的，抓住诗中的一句话，描绘出如此生动的画面。接着，教师鼓励学生运用自己的一双慧眼，抓准诗句与画面的联系。在《小鸟音符》这个绘本中，唐老师让学生们根据诗歌猜画面，学生们发挥想象，各抒己见，教师再出示绘本插图，学生们会发现自己的想象和画家的作品不谋而合，开心不已。这时，唐老师再用情境朗读法，使学生们明白诗人的情感寄托在诗歌里，画家的情感则体现在画面中，进一步提升学生对绘本的情感感悟。最后，教师把课堂还给学生，借助一首柔美动人的小诗《如果我是一片雪花》，让学生们运用这一堂课所学的方法，借助想象和创作这双翅膀，仿写小诗，并为自己的小诗配上一幅插图。小组6人合作，就组成了一本富有童趣的小绘本。

　　这样的课堂，由教师引导着学生们一起感受绘本儿童诗的音乐美和画面美，并让学生们打开想象的翅膀创作绘本儿童诗，从而达到阅读经典的目的，提升了学生的写作素养，让学生们在阅读中快乐地成长。

经典涵养性灵

经典是人类文化的瑰宝，是民族智慧的结晶。千百年来，经典万口传诵，哺育了一代又一代人，成为祖国文化的命脉。很多卓有成就的学者，在回忆自己的成长经历时，都感慨得益于早年的启蒙教育，尤其是经典古诗文的诵读。扎实的语言表达能力和鉴赏能力，影响了他们的修身与治学。让学生从小诵读经典，不仅能拓宽他们的知识面，提高人文素养，陶冶情操，还能激发他们的爱国主义情感，全面提升综合素质。

船山实验小学从建校起就开设了经典诵读校本课程，以经典诵读活动为载体，大力推进国学教育，积极构建书香校园，逐步形成了自己的教育特色，取得了较好的成效，为学生的未来奠基。下面谈谈我校是如何落实这项校本课程的。

一、确定内容，解决诵读什么的问题

学校非常重视经典背诵这门校本课程，根据学校的实际情况和学生的接受能力，全校教师和衡阳市刘敏（小学语文）名师工作室的成员们本着"取其精华，去其糟粕"的原则，筛选了优秀传统文化的经典名篇，编成了《衡阳市船山实验小学经典背诵篇目》。我校的经典背诵内容分为"中华经典读物""优秀古诗文"和"经典咏流传"三个部分。

"中华经典读物"包括《三字经》《弟子规》《千字文》《增广贤文》《论语》《声律启蒙》《诗经》。这七本书选自吉林教育出版社出版的《中华国学智慧经典诵读》丛书。其中，《三字经》《弟子规》《千字文》《增广贤文》《声律启蒙》这五本书，我们希望学生能够全书背诵，《论语》和《诗经》背诵指定内容。

"优秀古诗文"共计180篇。收录了部编版小学语文教材和语文S版教材

的古诗文（因部编版小学语文教材目前只印刷、发行了一年级至三年级上册的教材，三年级下册至六年级仍为语文S版教材，待部编版小学语文教材逐步印刷、发行后再进行调整），共计78篇；选择了《义务教育语文课程标准》（2011年版）附录1的"优秀诗文背诵推荐篇目"中的部分古诗文，共计45篇；还选择了唐诗宋词中的部分经典名篇进行补充，共计57篇。

为了多方面调动学生的兴趣，让学生感受古诗文的美好，我们还从中央电视台综合频道2018年推出的文化音乐节目——《经典咏流传》中选取了23首适合小学生的歌曲，在音乐课上教学生咏唱。

本着从易到难、以点带面、循序渐进的原则，以上三个部分的内容，我们分学期进行朗读、背诵、咏唱。

从2019年下半学年开始，我们的教材进行了改版。我们将统一使用部编版教材。为此，在今年暑假里，我们的备课组负责人重新根据教材中的古诗内容进行了修改，确保学生们在6年里的背诵内容不重复。

二、研究策略，解决如何诵读的问题

（一）未雨绸缪抓落实

1. 充分利用假期，提前背诵

寒、暑假期间，经典背诵组提前布置背诵任务，制订了本学期的经典背诵计划，安排了各年级的背诵任务，具体内容是：一年级《三字经》，二年级《弟子规》，三年级《增广贤文》，四年级《论语》90条，五年级《声律启蒙》指定的30篇，六年级《诗经》（指定篇目）共26篇，并向各年级推荐了古诗背诵篇目，由各班班主任组织学生开展相关活动。每学期的第一节背诵课，各班开展班级背诵比赛并评选出寒、暑假的背诵明星。这些背诵明星的照片会被教师发送到班级微信群中以示表扬。这样的激励方式很受学生们的欢迎，如三（3）班的王子王轩同学成绩一般，却十分喜欢背诵，每次背诵都是第一个完成任务；每次抽背，总是他第一个举手站起来背诵。每学期开学，学生们都会自信满满地走到讲台前用洪亮的声音背诵国学经典，这时同学们都会自发地送上热烈的掌声。就这样，普普通通的学生也能在经典国学的乐园里找到自己的快乐，体验到成功的滋味。

2. 每周一节经典诵读课，助力背诵

为促进各班诵读的开展，教导处将经典诵读课排进课表，每班每周一

节，各班语文教师在开学初期做好计划，并按照计划指导学生背诵，充分利用课堂40分钟的时间，将经典诵读落到实处。

3. 定期督查，注意进度

每个月定期检查各班经典背诵情况，并把检查结果汇总上报教导处，发现问题及时提醒督促，确保各年级按计划完成背诵任务。

4. 交叉检查，评定等级

每学期第八周和第十八周利用读报写字课时间，各年级交叉检查学生背诵古诗及国学经典的情况，并评定等级，将情况上报教导处。在检查加评定这种方法的推动下，各班、各年级诵读实效突出，大家你追我赶、奋力争先，形成学经典、诵经典、背经典的浓厚学风。

5. 安排督导，加大检查力度

为确保我校诵读活动的开展，在进行诵读检查评定时，我校不仅安排了各年级的教师交叉检查，还安排了行政领导对各年级背诵情况进行督查，及时发现问题，提出建议。

此外，教导处和经典背诵课程组也会派专人进入课堂进行检查。学校根据学生的背诵情况给教师的课程评定等级。背诵过关率达到90%或者以上为优秀，70%～89%为良好，60%～69%为合格，60%以下为不合格。

6. 健全评价机制，将经典诵读落实到位

为了将经典诵读落实到位，我们还设计了"背诵过级卡"。学生背完一学期规定的中华经典读物和优秀古诗文，教师就在他的"背诵过级卡"上签字，作为评"背诵小达人"的依据。经典诵读课程负责人还会对教师们的"背诵过级卡"填写情况进行检查。

（二）各显神通保质量

为了保证诵读活动顺利地开展，各班语文教师"八仙过海各显神通"，采取了卓有成效的方法，保质保量完成背诵任务。

1. 利用班级QQ群、微信群，家校合力，督促背诵

为了确保背诵任务保质保量完成，教师还请家长配合，利用寒暑假、周末指导并督促学生背诵。学生们在班级群内上传背诵视频，教师及时评价，督促背诵。

2. 视频引导，教师示范，熟读成诵

一年级教师结合了《三字经》全文朗诵视频，教学生们认读，一句一句

地领学生们读，并把《三字经》中的故事讲给学生们听。同时，把经典背诵的内容制成课件，利用诵读课和晚自习时间放给学生们听，教他们读。二年级的教师充分根据学生们的年龄特点，利用课间和学生们做游戏，在游戏中教学生们读背，让学生们在玩中读背。一个学期下来，学生们都能熟练地背诵指定经典书目，记住"诵读"背后的故事。

3. 经典常吟，熟读成诵

各班教师充分利用每周一节的经典诵读课，利用多种有效形式指导学生背诵。中、高年级教师有的还见缝插针，想方设法挤时间，采用积少成多的诵读方法，利用每天课前几分钟进行经典诵读活动；有的每周利用一个早自习组织并指导学生诵读，帮助学生理解并背诵相关内容。总之，各个班主任根据本班的学情，灵活安排诵读，做到读而常吟，形成了课堂教学与经典诵读"两手抓、两促进"的良好氛围。

4. 广播领路，配乐美读

每天中午及放学时段，利用校园广播播放诗文诵读，学生能跟着广播自觉诵读。通过这样的配乐诵读，不但培养了学生依照节律诵读的能力，而且使学生受到了美的熏陶，可谓一举两得。

5. 六一儿童节文艺汇演，融入经典文化

利用六一儿童节文艺汇演，我们将优秀的经典诵读节目《跨越时空的传唱》《礼仪之邦》等在全校师生面前进行展示，扩大经典诵读的影响力。

（三）评星活动促提高

为了让学生们坚持阅读，我校教导处在每个学期放假前都会给每个年级每个学生家长发一封信，布置学生利用寒暑假背诵中华经典诗词，阅读经典名著等。在全校师生的共同努力下，在各位家长的配合与支持下，大部分学生能坚持每天不少于半小时的诵读。根据家长的评价，经班主任审核，2018年寒假，全校共有1371名同学被评为"背诵小达人"。假期学习明星评比活动，不仅让学生的假期过得更充实，还让学生在诵读中进一步理解了经典。在寒假"阅读小明星"颁奖典礼上，四（3）班的蒋涵璐同学给大家分享了她寒假学习的做法及感受，她说："经典是文化的精粹，是人类文明的积淀。在这个寒假里，我每天坚持大声朗读经典一小时，背诵《论语》五条。现在，我能把一整本《论语》正确、流畅地背诵出来，从中我知道了'默而识之，学而不厌，诲人不倦，何有于我哉'等道理。"

学校采取各种各样的形式鼓励学生们多背诵多积累，学生们不仅能有所收获，还能提高自己的自信心。

三、春华秋实，结出累累硕果

著名作家余秋雨说过："在孩子们还不具备对古诗文经典的充分理解力的时候，就把经典交给他们，乍一看莽撞，实际上是文明传承的绝佳措施。幼小的心灵纯净空阔，由经典奠基可以激发起他们一生的文化向往。"通过诵读经典，学生开阔了视野，提升了各方面的素养，涵养了性灵。

1. 提高了学生的知识储备和语文水平

从微观层面看，通过经典诵读，学生识字量和注意力得到提升。《三字经》《弟子规》《增广贤文》《声律启蒙》《诗经》等经典诗文中生僻字较多，需要学生在诵读中注意并识记，久而久之，学生的注意力和识字能力均得到了提升。从宏观角度看，学生丰富了词汇、知识，拓展了思路，开阔了视野，广泛阅读积累的大量词汇和写作方法迁移并运用到自己的学习与写作中，写作水平有了进一步提高，作文中也会适当地引经据典了。每学期的作文比赛，获奖的学生作文，引经据典，旁征博引，名言警句层出不穷，经典诵读功不可没。许多学生在平时回答问题和学习生活中也会不自觉地引经据典，出口成章，如看见春天柳枝发芽，便会自然吟诵"不知细叶谁裁出，二月春风似剪刀"；看见溪水融化，群鸭嬉水，"竹外桃花三两枝，春江水暖鸭先知"便会脱口而出。此类例子不胜枚举。

2. 助推了学生道德品质的养成教育

诵读经典，与圣贤为友，与经典同行。通过经常诵读经典，"仁义礼智信，孝悌忠信，礼义廉耻"等高尚道德信仰和正直的品质无形中根植在学生的脑海中。有助于学生形成自信自强的人格、和善诚信的品质，使师生关系、生生关系及家庭、社会的人际关系得到改善，道德素质得到提高。例如，低年级教师就充分利用《弟子规》的诵读来规范学生的行为，提升学生的思想素养。诵读活动使文明礼仪深化普及，孝亲尊长蔚然成风，学生懂得了"长者先，幼者后"的道理，公交车上给老人让座的多了；读了"父母教，须敬听，父母责，须顺承"之后，与父母顶嘴的现象少了，懂事的孩子多了。很多学生家长，特别是低年级学生家长反映自从孩子进入船小读书后，孩子的行为习惯有了非常大的改观，变得懂礼貌、知礼仪了。

3. 得到了家长的认可

国学经典的背诵成效可能无法在小学语文的分数上体现出来，可它能为孩子整个人生的语文学习打下坚实的基础，能为孩子终生的文化底蕴奠基。船小不为名也不为利，一直在认真地做好这项工作。多年的耕耘结成硕果。现在，走进船小任何一个班级，随机抽测学生的背诵情况，班上的学生都能朗朗上口。家长们也是赞不绝口！三年级黎星呈的家长（该家长是衡阳市八中的一名高三语文教师）在一次家长会上这样说道："听闻船山小学是一所有着深厚文化底蕴的优质小学。这学期，我的孩子转入了贵校，我深刻地了解了'名副其实'一词的含义！"有个今年初三毕业的家长给我打电话说："刘校长，我是××的家长，我儿子考上了长沙的××中学，是长沙的四大名校之一。孩子在船小收获很大，特别是阅读和经典背诵对他有很大的影响，感谢船小对孩子的培养。"听了家长的话，我们能不自豪吗？

经典诵读虽颇见成效，但也有许多不足的地方，如每个班级里都有个别学生存在背诵困难的情况，学生在低年级段背诵过的内容会在高年级段被遗忘，等等。面对这些问题，我们绝不会退缩。一路披荆斩棘的我们相信，春种才有秋收！教育始终默默播种耕耘，美丽的果实定能在美好的季节里成熟！

文化传承，笔墨飘香

新一轮课程改革风起云涌，为学校发展带来了机遇，也带来了挑战。我们船小站在教育发展的前沿，在深入实施素质教育和全面推进课程改革的实践中，牢固树立"以特色求发展，以特色创品牌"的办学思想。为挖掘中华艺术之本，积淀文化底蕴，学校开设了写字教学校本课程，旨在通过以书法教育为载体，营造气息浓厚的传统文化氛围，形成"墨香校园"的办学特色，创建一所有深厚文化底蕴的品牌学校。

一、加强领导，组织到位

课程开设伊始，学校成立了以校长为首的写字校本课程领导小组，在领导小组的引领下，利用假期，积极筹备组织工作。开学后具体工作由教导处分工布置，美术组教师和语文组教师共同组织，语文教师负责落实每节课的教学工作，各项写字课题工作稳步进行。

二、营造氛围，传承经典

汉字是中华民族智慧的结晶，作为中国传统文化艺术的优秀代表，书法对文化传承有着重要意义。通过"书法教学进校园"课程的开展和深入，全校师生掀起了学书法、练书法、品书法的热潮，整个校园满是浓浓的书法艺术氛围。学校的走廊墙上、教室里、教师办公室墙壁上、宣传栏里，都是学生的书法作品，为了让学生的书法练习更有成效，学校着眼于引发兴趣、提高能力，广泛进行书法基础知识传授、技法辅导、临帖指导。要求全校每个学生都有硬笔书法材料，另外要求四年级至六年级学生人手一套软笔书法材料。

书法课程的开展，不仅继承和弘扬了书法艺术这一优秀传统文化，对学生智力的开发、意志的锻炼、良好写字习惯的养成都具有很好的促进作用，推

进了我校学生素质教育的深入开展。

三、设置课程，保证时间

学校将书法纳入常规必修课程，确保在全校一年级至六年级硬笔书法100%的开课率，软笔书法在四年级至六年级100%的开课率。专门开辟每周二、四的读写课时间由教师指导学生学习硬笔书法，每周五第七节课时间为四年级至六年级软笔书法学习时间，保证练习时间充足。

四、常规教学，常抓不懈

学校将书法纳入常规必修课程，一方面，由美术组教师和语文教师担任教学工作，要求制订书法课的教学计划，明确书法班教学内容和进度，以视频的方式来演示书法中的基本技法。另一方面，每周二、四、五的写字课由各班语文教师结合语文课教学，注重学生的坐姿、握笔姿势、汉字的间架结构和笔画、笔顺的指导，督促学生对必须掌握的生字词进行硬笔书法练习，提高学生的书写水平和能力。在写字课教学中，由校本课程组统一提供书法现代化视频教学资料，辅助提高全校一年级至六年级写字课的教学质量。每周对写字课进行常规检查记录，每两周收集一次学生硬笔软笔书法作业，检查并记录，择优拍照和存档，对出现的问题在学校工作群进行通报或者个别交流。

五、多方评价，激发兴趣

《语文课程标准》指出：语文课程的评价应注重定性评价和定量评价相结合，形成性评价和终结性评价相结合，对学生的日常表现应以鼓励、表扬等积极的评价为主。为激发与保持学生浓厚的练字兴趣，提高写字水平，学校及各班开展了丰富多彩的评价活动。

1. 写字明星、书法明星评选及优秀作业展

各班在评价方面，可谓"八仙过海，各显神通"，对于字迹端正美观大方的同学，教师利用各种形式进行公开表彰奖励：有的班级在教室设有"书法园地"，张贴学生书写的优秀作业；有的班级定期评选"写字明星""书法明星""小小书法家"，张榜公布在教室墙壁上；有的班级则通过家校通平台表扬。这些举措极大地鼓舞了学生。

2. 期中、期末试卷的书写情况等级评定

每到期中、期末考试，教导处会对学生的试卷进行检查，根据学生的书写情况进行相应的等级评定，并相应地加、减分，以此促进学生养成课后多练字、作业写好字的良好习惯。

3. 每学期一次的写字段位考核

在学期末我们会进行每学期一次的写字段位考试，考核每个班级、每个学生的书写等级。段位制考核采用学校统一命题的方式，考核的内容分别为一年级学生用铅笔在四字格内书写3句名言；二、三年级学生用铅笔在田字格内书写一首学过的古诗；四年级学生用钢笔在方格里书写110字的文段；五年级学生用钢笔在方格内书写130字的文段；六年级用钢笔在横格内书写170字的文段。试卷上有考核内容的范例，学生可以临摹。评价方式体现了开放性、多元性。试卷上附有评价标准，学生可以对照标准进行自评。师评采用交叉评分，最后学校复查评分，体现了公平、公正、公开的原则。教导处、写字课程组根据段位制考核标准评出每个学生的段位并张榜表扬，考核结果纳入文明示范班的评比。学生们非常重视写字段位考核，每一个学生都认真对待，力争写出工整、漂亮的字。

六、活动多样，成效显著

写字课题组结合语文课程标准中提出的"养成正确的写字姿势和良好的写字习惯，书写规范、端正、整洁"的要求，同时为了使学生重视写字练习，培养学生"规范写字、写漂亮字"的良好习惯，提高全校学生的书写能力，举行了全校性的师生写字比赛。比赛分为铅笔字、钢笔字两类，现场用规定的参赛专用纸书写参赛作品。学生全员现场书写，一年级至六年级每班当场筛选出10名优秀选手的作品代表班级团体赛成绩。教师写字比赛规定35岁以下教师（含35岁）必须参加，35岁以上成熟教师鼓励参与。

通过展示的方式增加学生积极性。为调动师生练习书法的兴趣，我校在平时每周每班上交的优秀作业中选取了一部分具有代表性的作品，和师生写字比赛获奖作品一起，分"书法进课堂优秀书法作业""船小师生规范写字、写漂亮字比赛获奖书法作品"两个专题，在家长会上进行展示，家长们纷纷驻足观看，在家长满意率调查中得到了家长的一致称赞。

在校本教材的研发与实施方面，学校迈出了坚实的一步。展望未来，任重道远，但我们将充满信心，不断努力，让学校的写字校本课程更具生机与活力。

电影电视课，一盏启迪智慧的明灯

　　电影电视，它融形、声、色、光于一体，积淀着历史、传统、文化和社会价值，蕴含着丰富的教育影响因素和巨大的潜在教育意义。小学阶段是一个人良好行为和习惯养成的最佳时期，也是一个人正确世界观和价值观形成的重要阶段，而优秀的影视作品对青少年的健康成长有着极大的影响。从2001年开始，在上好国家部颁课程，抓好常规教学的基础上，学校开发了校本课程，其中就包含电影电视课。2001年12月，学校荣获全国"电影电视实验学校"称号。截止到目前，学校给学生共放映了600余部世界优秀儿童影视作品，在培养学生品德和行为方面起到了很好的作用。

　　在课程实施过程中，学校因材施教、因地制宜、努力探索，形成了独具特色的电影电视教学模式。

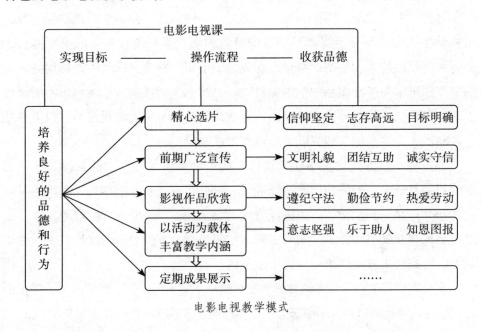

电影电视教学模式

一、配备专职电影电视课教师

课程组配有一名专职教师，主要负责选片、前期宣传、课堂组织、活动组织及落实、成果展示等工作。另配有一名专职维护员，主要负责各班观影设备的日常维护、检修等工作。

二、扎实做好电影电视的播放工作

每周二晚自习为电影课时间，周日、周一、周三、周四晚7：00～7：30为电视课时间。电影电视课程组每周日、周一、周三、周四晚上7：00～7：30播放《新闻联播》等电视节目给学生们观看。每周二晚上7：00～8：05在一年级至三年级播放电影，7：00～8：45在四年级至六年级播放电影。电影电视小主播每周二晚上7：00～7：05进行广播讲话。通过认真地阅读和有感情地朗读广播稿，让同学们更清楚地了解本周电影播放内容。每一次广播稿里都会设计1～3个电影小问题，小广播员以提问的方式，激发学生们的观影热情。每周的电影电视问题答案会在校报《绿草地》上进行公布。每周二晚上由电影电视小侦探进行第一轮课堂纪律的检查，电影电视课程组会在7：30分左右进行第二轮的全面检查。在检查过程中会及时拍摄一些好的照片存档，并及时将检查的情况反馈到学校微信群或者QQ群，确保每个班都能保质保量地开展好电影电视课，让电影电视课获得实实在在的成效。

三、多维度探究，拓展影视教育空间

结合新课标要求，在教学过程中，电影电视课程组会精心选择一些能够对学生心理素质培养和情感熏陶发挥关键作用的影片。课程组不定期从新华书店、当当网、亚马逊等正规渠道购买正版影视作品碟片。影视作品碟片全部按影视作品片名首字母分类存档，并整齐地摆放在档案室的电影资料柜中。随着网络的快速发展，从今年开始，课程组开始采用从网络上下载影片上传到各班的一体机上给学生们观看。这些影片中大部分挑选的是学生特别感兴趣的动画电影，如《神笔马良》《宝贝当家》《我的爸爸是森林之王》《海蒂和爷爷》《一条狗的回家路》《兔子镇的火狐狸》《驯龙高手》《快把我哥带走》《可爱的你》《阳光小美女》等，奇幻、励志、益智、教育、搞笑、家庭、亲子类样样齐全。从这些小小的影片中学生们学会了大道理。除此之外，课程组也根据中国的传统节日安排相应的影片给学生们观看，如在清明节安排了高年级的学生观看催人泪下的《天堂回信》，让学生们体会亲情的可贵，并根据学校的教学活动，在六年级移动课堂后下载了《国家宝藏》第一季第6期之湖南省博物馆给四年级至六年级的学生们看，让六年级的学生在实地考察之后重温省博物馆的三件国宝，巩固知识；让四、五年级的学生提前学习，为来年的湖南省博物馆实地考察打下基础。同时穿插了大家都喜闻乐见的综艺节目《经典咏流传》。随着我国语文课程改革的不断深入，古诗词在小学语文教学中发挥着越来越重要的作用。因此，课程组从网上找到了央视首档全民参与的诗词节目《中国诗词大会》给学生们观看，让学生们感受诗词之趣，从古人的智慧和情怀中汲取营养，涵养心灵。

四、广泛宣传，营造浓厚的观影氛围

每学期开学初，课程组会将本学期即将放映的大部分影视作品的简单图文资料制作成一张大型宣传展板，张贴在校园内的醒目位置，供学生了解熟悉，达到宣传、预热的效果。每周一课程组会准时更换校园内每周"电影预告"宣传海报，电影电视小画家手绘的宣传底板，生动活泼，富有童趣；教师排版的影片内容，图文并茂，内容翔实。课程组还充分利用学校的广播系统，就影视作品创作背景、故事梗概、制作手法、获奖情况、社会影响等进行宣讲，帮助学生对影视作品内容、思想情感、表现形式等进行理解。同时，向全体学生提出1~3个问题，要求学生带着问题去影片中寻找正确答案，让学生观影时突出重点，引发思考。

五、保障课堂质量，调动学生的主观能动性

为了保障电影电视课的上课质量，充分调动学生的能动性，课程组突破传统教学模式，大胆创新，从2015年起，每学期在全校学生中招募三种类型的"电影电视小达人"。一类是电影电视小主播，负责电影电视课广播稿的撰写及播音工作；另一类是电影电视小画家，负责电影电视课宣传海报的绘画工作；还有一类是电影电视小侦探，负责电影电视课观影期间，各班纪律的检查工作。经过系统地培训，每批"电影电视小达人"均能胜任工作，工作能力、服务质量得到了全校师生的高度认同和大加赞赏。

六、开展丰富多彩的活动，启迪智慧人生

为了让学生动起来，课堂活起来，课程组积极开展各类活动。一是开展影视歌曲歌唱比赛。每次的歌唱比赛都能吸引全校学生的目光，学生们参赛热情高涨。在比赛中，参赛选手用清脆的歌声唱出心中美好的向往，传递着积极向上的精神风貌。二是开展影视作品情景剧表演。例如，学生表演的《白雪公主》和《灰姑娘》两部大型情景剧让人耳目一新，小演员们在台上落落大方、形神兼备，举手投足间尽显船小学子表演天赋。三是开展电影电视趣味活动，具体游戏包括掷飞机、袋鼠跳、夹气球、抢凳子、正话反说、快乐传真等。趣味活动主要结合一学期播放的电影剧情、人物等元素，让学生在参与活动的过程中，感受到电影带给自己的快乐。四是为了验收学生的观影成果，开展电影电视知识竞赛活动。考虑到学生的年龄特征，课程组一般把参考对象设定为三年级至六年级学生。考试后，及时评选出一、二、三等奖，颁发奖状，以资鼓励。五是开展影视作品观后感征文活动。每学期至少开展两次影视作品观后感征文活动，并从所有的来稿中，整理出优秀观后感，刊发在校报《绿草地》上。

总之，影视作品是我们进行小学教育不可或缺的宝贵资源。在开辟电影电视课新天地的道路上，只要我们用心发掘，善于利用，巧妙引导，就可以轻松高效地教育学生。让优秀影视作品在学生的思想品德教育中展现出蓬勃的生命力，发挥其不可替代的作用。

让学生如见其人，如闻其声，如临其境

——爱国主义教育影片在语文教学中的运用

苏联教育家苏霍姆林斯基曾说："不要让那些高尚而神圣的词句，特别是关于热爱祖国的话，变成磨光了的旧分币。"在语文教学中，我们不能让那些神圣的词句变成磨光了的旧分币，更不能让那些真挚的爱国主义情感变成简单的说教。而爱国主义教育影片，是一种独特的能对学生进行言语熏陶、语文教育的方式。

一、教材与影片结合，提高教学效率

语文教材作品涉及古今中外，内容丰富，熔自然美、社会美、人物美于一炉，其人文性、思想性很强，语文教师以《大纲》为指导，充分发挥语文学科工具性与思想性辩证统一的基本属性，然而，单纯的思想教育是不能奏效的，往往流于片面化、形式化。而把爱国主义教育影视片与初中语文教育结合起来，寻求它们的最佳契合点，则不失为提高初中语文教育质量的一条佳径。

如何利用契合点将二者结合起来呢？我在教学过程中发现，初中语文教材中大量的篇章均涉及爱国主义教育这一主题，可以说爱国主义教育是贯穿初中语文教材的一条主线，而与之相应的影视片也很多。在教学中，结合课文，精心准备一些相关的影视片让学生观看，然后结合课文讲解，使学生既学好了课文，又接受了爱国主义教育。其具体结合形式如下表所示：

与初中课文相对应的爱国影视片一览表

类型	课文名称	影视片名	备注
革命传统与社会主义教育	《挺进报》 《分马》 《记一辆纺车》 《到五月花烈士公墓去》 《七根火柴》 《老山界》	《烈火中永生》 《暴风骤雨》 《创业》 《大决战》 《万水千山》 《老山界》	
抗击帝国主义侵略	《刘胡兰慷慨就义》 《假使我们不去打仗》 《致黄浦江》 《"友邦惊诧"论》 《故宫博物院》 《谁是最可爱的人》	《刘胡兰》 《屠城血证》 《南京大屠杀》 《火烧圆明园》 《鸦片战争》 《上甘岭》 《英雄儿女》	
人物传记	《纪念白求恩》 《读一位共产党员的遗嘱》 《壮丽人生的最后闪光》 《一件珍贵的衬衫》 《周总理，你在哪里》 《为中华崛起而读书》	《白求恩大夫》 《焦裕禄》 《蒋筑英》 《周恩来》 《毛泽东》	
国情教育	《中国人民寻求救国真理的道路》 《人民英雄纪念碑》 《雄伟的人民大会堂》 《苏州园林》 《中国石拱桥》	《新中国的诞生》 《开国大典》 《步入辉煌》	可补充观看一些中华风光纪录片

二、独特的审美价值与塑造功能启发、引导学生

　　电影电视是形象化、大众化的艺术，集娱乐、审美、教育功能于一体。优秀的爱国主义教育影视片蕴藏着丰富的思想内涵，具有形象直观、感染力强的特点，并对初中学生的成长有着极强的塑造功能。

　　爱国主义教育影视片其独特的审美价值在于：首先，影视艺术作为一种动感的、形象化的艺术，可以营造出生动形象、如临其境的艺术氛围，并能以新颖丰富的内容激发学生的求知欲，使学生在无形之中受到教育；其次，爱国主义教育影视片蕴含着丰富的思想内容，所选取的题材具有崇高美，无论是先

进人物事迹，还是中华民族不屈的抗争史，都灌注着美的情愫，都是千百年来中华民族优良传统和思想智慧的结晶。因而，让初中学生观看这样的影片，无疑可以使学生提高鉴别美丑的能力，有助于学生形成正确的价值观，陶冶情操。

三、感染性与激励性培养爱国情怀，助推学生作文

首先，爱国主义教育影视片有强烈的感染性，它通过形象和声音，将学生引入所创设的意境，激发学生的情感，引发其想象和联想，并通过再现人物和环境，使学生如见其人，如临其境，如闻其声，如感其情，能帮助学生很好地理解课文内容。我曾在讲授诗歌《假使我们不去打仗》《致黄浦江》和驳论文《"友邦惊诧"论》时，先简介历史背景，然后组织学生观看《屠城血证》《南京大屠杀》等影片。学生看到了无论是农村还是城市，都成了日本侵略军的杀人场；看到了手无寸铁的骨肉同胞，被日军枪杀、刀砍、刺刀戳、活埋、焚烧……这一场场，一幕幕，这最残暴凶很、最狰狞无耻、最骇人听闻的罪行，都深深地印在学生的心中，他们从心底领会了"假使我们不去打仗，敌人用刺刀杀死了我们，还要用手指着我们的骨头，说：看，这是奴隶"！这些高度凝练的诗句的真正内涵，他们对日寇的兽行和"友邦人士"纵虎作恶表现出极度的愤慨。他们对文章的思想内容理解得更为深刻，难点便迎刃而解，重点全面掌握，一种"国家兴亡，匹夫有责"、富国强民、振兴中华的高度民族责任感油然而生。

其次，让学生带有目的地观看爱国主义教育影视片，还可以丰富写作素材，激发创作欲望，促进初中语文的作文教学。现在初中学生普遍反映作文难，难在哪儿？难为无米之炊。学生的生活体验有限，每遇作文总苦于腹中无物。带领学生观看爱国主义教育影视片，学生登山观海，跨越时空，与革命导师会晤，与英雄人物神交，了解中华民族遭受列强侵略的屈辱史，纵观中华民族志士仁人为拯救祖国不屈不挠的斗争史……这样便为作文找到了源头活水，写作素材丰富了，创作激情也迸发出来。训练形式可多种多样，或采用写观后感的方式，或展开集体讨论进行影视评析，或在观看完一个系列的片目后组织学生写演讲稿，举行演讲比赛等，以多种形式配合作文教学。例如，我们在组织学生看了电影《周恩来》之后，利用一节"社团活动课"组织学生讨论学习伟人的风范及其崇高的品德的体会，并结合《一件珍贵的衬衫》《周总理，你

在哪里》《为中华崛起而读书》等课文，要求学生写一篇观后感。许多学生在教师的指导下经过讨论，采用心理换位方式，进入影片角色与主人公之间产生感情共鸣，从而有了自己独到的体验与感受，很多学生当堂就完成了作文，写作文的水平明显提高。

最后，爱国主义教育影视片对于初中语文的思想教育功能的贯彻也有重大作用。可以弥补初中语文教学中单纯的思想说教之不足，其感染力强，可以塑造学生高尚完美的人格。初中学生正处于人生观、价值观形成阶段，观看优秀的爱国主义教育影视片，对他们形成健康高尚的审美观，培养社会主义道德情操十分有利。

可见，爱国主义教育影视片具有独特的审美价值和塑造功能，能在初中语文教育中发挥显著的优化作用，在进行爱国主义教育的渗透中更是成绩斐然。我们应当充分利用，取得事半功倍的效果，达到教书育人的目的。

"移动课堂"，移动的是什么

长期以来，一些地方中小学教育教学由于远离学生生活实际，仅仅重视书本知识的教学与训练，极端地强调认知性学习，忽视生活学习和实践学习，导致部分学生存在高分低能、低分低能、缺乏动手操作能力和社会实践能力等问题而被诟病。

为了克服教育脱离社会生活、脱离儿童生活的弊端，美国著名教育家杜威提出了"教育即生活"的思想，主张学校教育要与社会相结合，与儿童的生活相结合，教育应体现生活、生长和发展的价值，建构一种美好生活，直接参与儿童的成长过程，要让儿童"从做中学"，认为儿童不从活动而由听课和读书所获得的知识是虚缈的。

而我国著名教育家陶行知也提出了"生活即教育"的教育思想，也就是在生活中教育、教育在种种生活中进行。无论是杜威提倡的"教育即生活"，还是陶行知提倡的"生活即教育"，都主张教育与生活的一致性，强调教育环境的和谐发展和学校管理的开放性，强调学生要走出教室，置身于社会和大自然，在生活中学习。

我校的"移动课堂"就是践行这些教育家的先进教育理念。从2008年开始，我校就开始探索"移动课堂"，把课堂移到绚丽多彩的大自然中，移到文化底蕴深厚的名胜古迹里，移到那些最能触发学生们思维和想象力的地方，打破了传统的教学模式，走出了一条实施素质教育的新路。

那么，"移动课堂"与传统课堂相比，它"移动"了什么呢？

一、打破了传统课堂封闭性的局限，具有较强的开放性

"移动课堂"突破了传统课堂围于一室、严格封闭的特性，将课堂搬到校外，让学生在亲近大自然、接触社会的过程中去自主体验，在体验中学习，

在体验中成长，呈现了开放性的特点。课堂不再受到地域与空间的限制，整个湖湘大地均成了学生学习、教师授课的课堂，到处都有"移动课堂"的身影。苏联教育家苏霍姆林斯基提出的扩大孩子们的知识面，让他们由认识家乡的田野和树林而逐渐扩大到了解祖国以至全世界的梦想在我校的"移动课堂"上正得到逐步实现。

二、打破了传统课堂重知识传授、轻实际操作的弊端，具有较强的实践性

与传统的脱离社会生活、脱离儿童生活的"应试教育"不同，"移动课堂"重视的是学生们在具体的生活实践中获得的知识和技能。我校教师通过在"现场"上课，让学生在"移动的"课堂环境和具体情境中学习和成长。这种学习和成长不只是知识面上的扩大，学生在掌握必要知识的前提下，其维持生存的基本素质（身体素质、心理素质和文化素质）和自我发展的基本素质（实践能力和创新能力）都得到了协同发展，实践能力大大增长。

三、打破了传统课堂教师讲、学生听的课堂教学格局，具有较强的自主性

在传统课堂上，教师难免陷入一言堂的怪圈，而在"移动课堂"上，以了解、学习湖湘历史文化为中心，教师带领学生考察了韶山、花明楼、岳麓书院、省博物馆、橘子洲头、南岳及耒阳等文化圣地。在这种"课堂"上，不仅教师们的创造潜能得到了充分的发挥，更重要的是，学生们的自主性也得到了充分的展示。

对于学生，它以"减压""增能"为两大教育目标，尝试引导学生们自主地亲近大自然和人文社会，力图让学生们的学习压力在昂然的学习兴趣中悄然释放，同时提高了他们的学习能力和学习欲望，使学生们慢慢地学会发现、感知周围的事物，思维方式在"移动课堂"中得到积极的改变。

对于教师，"移动课堂"无论是课程设置还是教学模式都有了巨大的变化，它对教师提出了更高的要求，即不能满足于当一名普通的教书匠，而要尊重教育规律，在"移动课堂"教学内容、校外课堂地点的选择、学生已有认知程度的把握、课程教学环节和技巧等的设置、可能出现的问题及解决方案等方面，都要精心准备。这种教育观念及行为的转变无疑对教师的研究能力、教学能力、组织能力等都是巨大的考验。

研学旅行：寓学于游，寓教于乐

从2019年4月中旬开始，我们响应国家研学旅行的倡议，开展了一系列活动，将课堂搬到了校外。4月14日，我们带领船山实验小学六年级的学生，探访伟人故里，追寻先辈足迹。在毛泽东铜像广场前，在家长们和学生们面前，我作了简短的发言，表达了对伟人的景仰之情，与大家分享——

今天，我们船山实验小学六年级学生开展研学旅行活动——在这里，我首先要感谢所有家长的支持，特别要感谢今天和我们一起站在这里的家长志愿者们，其次要感谢为这次活动付出了大量心血的老师们，你们辛苦了！

孩子们，你们是幸福的，因为有这么多的人为你们此次活动保驾护航，更因为你们将感受到浓浓的湖湘文化，将在韶山、省博物馆、岳麓书院等地方了解到许多的历史文化。相信此次的研学旅行活动不仅能丰富你们的文化知识，更能培养你们的学习能力、研究能力、观察能力和审美能力，还希望此次活动能增强你们的纪律意识、合作意识和集体意识。

我们研学活动的第一站是物华天宝、人杰地灵的韶山，我们伟大的毛主席生于斯，长于斯。今天我们来到伟人故里，用脚去寻访伟人走过的路，用心去体会韶山的厚重。

毛主席是从韶山走出去的一位伟人，他的人格魅力和高超的智慧是中华民族的骄傲。他带领中国共产党领导中国人民进行28年的浴血奋战，打败了日本帝国主义，推翻了国民党反动统治，完成了新民主主义革命，建立了新中国——中华人民共和国；他还缔造了一支人民的军队——中国人民解放军，创立了一个科学理论——毛泽东思想。无论岁月如何流逝，这个伟大的名字——毛泽东，都会在历史的星空熠熠生辉，他的丰功伟绩永远值得我们缅怀。

今天，我们站在这个广场，深情纪念毛泽东主席，深切缅怀这位为民族解放、为人民幸福奋斗了一生的伟大领袖。站在毛主席铜像前，不由想起"孩儿立志出乡关，学不成名誓不还"的壮志；想起"俱往矣，数风流人物，还看今朝"的豪迈，想起"全心全意为人民服务"的追求；想起"军民团结如一人，试看天下谁能敌"的霸气，也想起伟人读书的故事。

研学旅行，与学生们在毛泽东故居

毛主席自小酷爱读书，在"父子之间"一节中这样描述："一旦读起书，老天响雷都听不见！"14岁，毛泽东被父亲停了学业，回家种地。当他挑起粪桶随父亲下田时，父亲满心欢喜，可他哪里知道，自己儿子的心思并不全在粪桶上。少年毛泽东每天下地时总是带着书，一有机会便溜到山坡后面的大树下津津有味地阅读起来。为了完成父亲规定的工作量，毛泽东总是提前挑起粪桶下地干活，干完活后又迅速捧起书来。

为更好地读书学习，毛主席开始与命运抗争——"我要上学，走出韶山。"在东山小学读书期间，同学形容他"像猫捉老鼠"一样到处搜寻书籍，一旦发现新书便千方百计拿来一读，每次阅读总要拿起笔标记重点，写下评论和感想。考入湘乡驻省中学，除了认真学好功课外，他最大的爱好就是看报，从中学到了大量的新知识、新思想。

一天，有一名同学发现毛泽东在最嘈杂的城门洞里聚精会神地看书，忍不住叫起来："你怎么到这种地方来看书啊？人来人往那么乱，能看下去吗？"毛泽东笑着说："就因为乱，我才来这里看。我要锻炼自己！我们的国家不乱吗？我要锻炼自己不为乱所动，在乱中仍然集中全部精力去办成一件事，朝着自己的目标走下去！"那年，毛泽东才18岁，不仅能在乱中读书，还说出了这样的豪言壮语。

有了信念，便有了行动。第一次走进湖南图书馆，他就"像一头牛跑进了菜园子"，扑进书堆中。他从书中了解了国情，为日后领导中国革命打下了政治、文化和思想等方面的坚实基础。

关于毛泽东读书的特点，学校架空层下面有两块展板进行了介绍，毛主席一生都与书相伴，不论逆境顺境都能坚持学习，他读书求知的宝贵经验和伟大风范，就是他留给我们无数堪称无价之宝的精神财富之一。不知你们是否看过，如果没有看，回去以后可以再去读一读。

亲爱的同学们，如今，你们有着良好的学习环境和广阔的发展空间，更应该多读书、读好书。你们马上就要跨入中学的大门了，相信你们在高新的知识面前不会有畏难情绪，在思想上肯定会保持一种进取状态，并付诸实际的行动。希望你们像少年毛泽东那样，热爱学习，从书中汲取养分，积极强健体魄、放大胸怀、砥砺品格，使自己真正成为有担当的一代青少年！

我认为，开发研学旅行课程，能够寓学于游，寓教于乐。沿着伟人的成长足迹，开展德育实践活动，既丰富了教育的文化内涵，又增强了学生们的研学体悟。

每一场研学实践活动，都有它独有的价值和意义。通过不断挖掘伟人精神的时代特点和实质，不断变革伟人精神教育方式，不断创新伟人精神的教育载体，使伟人精神深入学校师生的骨髓，学校师生从被动接受到主动参与，有成功，有喜悦，有收获，有感动。这些都会成为师生精神成长、思想丰满的精神财富。

心理健康教育：构建"四位一体"新模式

心理健康教育是品德教育的基础，没有健康的心理就不能形成良好的品格。《中小学心理健康教育指导纲要》中明确指出："良好的心理素质是人的全面素质中的重要组成部分，是未来人才素质中的一项十分重要的内容。"然而，学业负担过重、家庭教育不当、社会种种诱惑等或多或少给正处于半独立半依赖、半成熟半幼稚成长期的小学生带来各种心理困惑和问题，严重的甚至出现各种心理障碍和心理疾病。

严峻的现实提醒我们，不能只关心学生学习成绩而忽视他们心理健康素质的培养。那么，学校和教师如何培养出心理素质良好的现代人呢？衡阳市船山实验小学充分认识到教育现代化下学校心理健康教育的重要性，关注学生的健康成长，在教育现代化的大背景下，开设了心理健康教育课程，立足校情，以生为本，积极探索心理健康教育的途径和方法，初步形成了具有船小特色的心理健康教育模式。

一、构建"四位一体"心理健康教育模式，打开心理健康教育突破口

在学校管理中，我们发现有少数学生管理起来相当棘手，这些学生表现为情绪不稳定、易冲动、坐不住、拖拉、不停地眨眼等。学生的这些问题可以概括为三大类：严重心理问题、一般心理问题、正常但不健康。前两类需由精神科医师和心理专家来诊治。为此，学校大胆尝试，把心理专家请进校园，如曾邀请衡阳市第二人民医院心理治疗师陈卉教授来校指导。根据专家的指导意见，学校结合教育教学工作实际，构建了专家、学生、教师、家长"四位一体"的心理健康教育模式，实现对小学生心理健康教育全覆盖，真正实现小学生良好心理素质的养成。

1. 实施心理咨询辅导

学校邀请心理专家每周三晚来校为教师和学生做一对一的心理辅导工作。辅导前由班主任对在工作中发现的问题学生及自身困惑上报学校，再由学校从中筛选出三名学生排队进行一对一的心理辅导。针对在辅导中评估出来的比较严重的学生立即告知家长前去就诊，同时学校做好保密工作；对于一般问题的学生则进行咨询、疏导；对于教师的困惑及时予以解决。

除了一对一个别辅导，学校也开展团体辅导。这一途径具有覆盖面大、针对性强、经济而高效的特点。例如，2018年，学校邀请陈卉教授为全体教职工开展主题为《青少年常见心理行为问题及处理》的心理健康教育讲座，让教师对学生常见的心理和行为问题的原因有了更进一步的认识，对学生心理健康辅导技术也有了进一步的掌握。

在实践中，学校将个别辅导与团体辅导点面结合，灵活运用。例如，利用学校广播站专门开辟"心理健康教育"栏目，定期播放心理教育的教学视频，建立心理辅导室，为小学生开展心理辅导工作，对个别存在心理问题的学生进行有针对性的跟踪辅导，帮助学生解除心理障碍。

2. 将心理测试融入一年级新生面谈工作

学校大胆创新，在进行一年级新生入学面谈时融入心理测试。学校邀请心理专家进行专业指导，面谈内容采用学校自命题和心理测试题相结合的形式。心理测试题以《儿童韦氏智力量表》《父母养育调查问卷》为蓝本，与国际标准接轨，确保题目客观、公正、合理，符合儿童心理发展特点。这一举措为学校开展幼小衔接工作提供了更精准的大数据支持。

3. 开展个案督导

在关注全体学生的同时，也开展个案督导。例如，某班主任提出班上一学生情绪不稳定，易与同学发生冲突，上课插嘴，讲小话。学校咨询室了解情况后，及时开展了心理辅导，该学生情绪稳定性有所好转，但咨询师遇到"瓶颈"，难以进一步深入。学校便邀请心理专家进行个案督导，由校领导、咨询师、班主任、家长共同参与。经了解，该学生自幼听话，父母管教严格，期望值高，生育妹妹后没有足够的时间和精力来陪伴他，并常在他面前说及妹妹表现好，从而分析出该学生的行为背后是渴望被关注，从被父母宠爱状态跌入忽略状态，进而通过各种不正确的方式来寻求教师和父母的关注。通过督导，大家收获很大，咨询技能得以提升。

二、全方位覆盖，开创心理健康教育新局面

学生的心理健康教育，与学生自我成长有关，也与我们所有教师和家庭有关。小学生本身的参与、教师的参与、家庭的参与，都是小学生心理健康教育必不可缺的环节。

首先，在学生层面，我们主要从两个方面着手。

一是开设心理健康教育主题班会。每周一的第五节课为主题班会课，学校根据不同年龄阶段学生的心理发展特点，安排相应的心理教育活动内容，将心理健康教育知识融入主题班会课中。例如，低年级学生侧重学习习惯和行为习惯的养成教育，通过正面疏导，使他们初步形成良好的心理素质；中年级侧重调节情绪，增强自信心，克服自卑心的教育；高年级侧重沟通、互动，促进良好人际关系的培养。同时，做好各年级的衔接，使学生的心态循序渐进地向健康的方向发展。通过向学生全面系统地传授心理知识，引导学生初步掌握自我心理调节的方法，懂得有问题要学会求助，在学校可以找教师、心理辅导教师谈心，在家里可以找长辈、亲朋谈心；或者写日记，用笔与自己交谈。学校还邀请专家来校为学生开展心理健康教育讲座，教会学生们如何合理地处理自己的情绪，做情绪的小主人，掌管"快乐的钥匙"。

二是建立心理档案和个案库。为总体掌握学生心理健康状况，学校注重日常心理健康教育基础资料的积累，并积极配合衡阳市教育科学研究院组织开展的一年级至九年级在校学生心理问题流行病学调查项目，认真填写《衡阳市1～9年级在校学生心理问题初筛个案卡》，建立心理档案和个案资料库。档案建立注重保密性、教育性和科学性。对确定有心理困扰及障碍的学生跟踪辅导，定期开展交流活动，认真分析行为原因及教育效果。

其次，对于作为心理健康教育主要实施者的教师，我们从提高其心理健康水平着手，让每位教师都成为心理健康教育师。

教师在学生心理教育中起着十分关键的作用，只有心理健康的教师才能培养出心理健康的学生，因此培养教师积极健康的心态也是极其重要的。现代社会，广大教师的工作节奏加快，工作压力增大，要面对升学率、独生子女、高离婚率等问题，工作负担、心理压力确实比较重。学校加强对教师的人文关怀，关心关爱每个教师的工作、学习和生活，切实做好教师生活条件改善、工资待遇提高、业余活动丰富等工作，使教师在一个和谐的环境中工作和学习，

减轻教师的工作和心理压力，让他们学会心理调节，增强应对能力，有效地提高自身的心理健康水平。

为了让所有的学生得到心理健康教育，学校加大教师的培养力度，先后组织教师学习《如何说，孩子才肯听》《正面管教》《非暴力沟通》等书籍，把他们送出去培训，参加沙盘治疗、绘画治疗、咨询实操训练等学习，要求教师将现代教育学、心理学知识巧妙地运用到实际工作中，同时鼓励年轻教师报考心理咨询师。

最后，家庭是学生心理健康教育的第一课堂。家庭的参与，对学生心理健康教育有着尤为重要的作用。

大量调查结果显示，儿童问题多源于家庭环境不良。不良家庭环境带给学生的影响，不仅体现在学习、生活、健康等方面，更为严重的是对孩子的情感、个性、品德等方面造成恶劣影响。因此，在开展学校心理健康教育的同时，学校建立了校级、班级家委会，开辟和拓宽与家长的沟通渠道，积极为家长搭建亲子沟通的平台，确保家庭心理健康教育和学校心理健康教育同频共振。从最初召开家长会、邀请部分家长来学校听教育讲座和心育辅导，到后来的家长携手校长进课堂、全体家长聆听教育讲座，可以说家长参与的面越来越广，参与的度越来越深。家庭教育讲座既有面对面的现场讲授，也有可以反复播放的微视频讲座，让更多家长在关心子女生理健康和学习成绩的同时，懂得如何关注他们的心理健康，并充分意识到家庭教育在儿童成长中的重要作用，帮助家长读懂孩子，与孩子一起成长为更好的人。

三、多维探究，拓展心理健康教育的空间

小学开展心理健康教育，既是学生自身健康成长的需要，也是教育现代化对人的素质要求的需要。小学生心理健康教育是一项任重道远的工作，需要我们多维度地探究，拓展多样化的教育空间。

1. 将心理健康知识渗透到课堂教学

每门学科的教材都蕴含着各自独特的心理素质培养的优势。教师通过科学、合理的教学手段、教学情境及教学组织形式，有意识地在学科中渗透心理健康教育，能有效地促进学生心理健康地发展。语文、思想品德课可以陶冶学生心灵，激发学生热爱生活的热情；美术、音乐课可以利用特有的旋律、线条、色彩培养学生审美能力，塑造学生高贵优雅的品质；体育课可以锻炼学生

的意志，培养学生竞争、拼搏、进取的精神，同时可以培养学生通过合理的体育运动学会转移和释放不良情绪；电影电视课可以通过优质的影片促进学生感知世界，培养他们的探究精神和创新能力；在书法、绘画、歌唱活动中，创造各种机会让学生充分发挥自己的特长和优势，满足学生施展才华的需要，增强自信。例如，在教《两只小狮子》这篇课文时，我们可以侧重于讲解独立能力，帮助学生克服依赖心理。在《桃花心木》一文中，我们可以引导学生去体会生存的艰辛，让学生明白要想生存，必须想方设法地面对挫折，找出方法，克服困难，锻炼出一颗独立自主的心。在观看电影《海蒂和爷爷》时，我们可以引导学生学习海蒂健康、活泼、热情、善良的品质。通过课堂的无痕渗透，课堂轻松活泼了，效率提高了，学生变得自信而谦逊、正直而善良。

此外，学校还充分利用"社会实践"这个大课堂。每年春季，学校组织全校同学开展一年一度的"移动课堂"活动，深入发掘衡阳及周边丰富的山水人文资源、科学文物资源，以研究性学习、自主性体验为特质，把课堂"移"到大自然、工厂、农村、部队、社区、名人故居、历史文化景点，以及图书馆、科技馆、博物馆。学生从最初到课堂外去走一走、看一看，逐渐演变成对湖湘历史名人和名胜古迹等的深入考察。事实证明，这些活动对开阔学生的眼界，激发学生热爱祖国的情感及学习的兴趣，提高心理适应能力、自我控制能力，体验成长的快乐等都极为有益。

2. 寓心理教育于活动之中

作为基础教育的小学，教育的目标首先是要全面育人，其次是要培养有个性的人。充分了解学生心理特征、个性特征及兴趣爱好，挖掘学生的潜力，因材施教地关注和发展学生的个性，十分重要。

为了培养学生的特长，学校开办了丰富多彩的活动课，艺术类的有国画、美术、声乐、管乐、少儿舞蹈等，体育类的有足球、排球、篮球、羽毛球、啦啦操、少儿武术、围棋等，科技类的有电脑绘画、科学小实验等，学科类的有书法、数学素养、阅读写作等。学校从社会聘请专业人士及本校专业教师进行辅导，学生可根据自己爱好及特长选择参加活动课。同时，学校积极开展各种活动和比赛，为特长生提供一个施展才能、锻炼提高的实践舞台，充分发挥他们在美术、音乐、表演、朗诵、手工制作、体育竞技等方面的才能，让他们品尝到成功的喜悦。此外，少儿茶艺课、红领巾去敬老院送温暖、学生进厨房、消防安全知识讲座、火灾逃生及灭火演练活动、校园田径运动会等一系

列以个性潜能发展为导向的实践活动，真正做到了寓教育于娱乐之中，让学生们的身心得到放松，减轻了学生们的心理压力。

3. 让心理在阅读中实现自我疗愈

阅读绝不仅仅在于教给学生某种知识和技能，更重要的是通过凝聚着作者思想、眼界和智慧的文字，潜移默化地增长学生的见识，丰富学生的情感，以及提升学生的修养，并最终积淀成为学生的世界观、人生观和价值观。所以，以阅读为载体的心理健康教育不仅能够提升学生的心理素质，开发学生的潜能，培养乐观向上的心理品质，还能促进学生人格的健全发展。

许多与心理健康教育有关的书本都由资深儿童心理学家撰写，其本身就可以成为小学生情绪体验与性格培养课程的辅助教材。爱阅读的学生在遇到困难和问题的时候，往往会把自己的遭遇与书中的主人公联系起来，用主人公的精神来鞭策自己，借鉴主人公处理问题的方法，来解决自己遇到的难题。例如，在阅读《我有友情要出租》一书中，能够让学生们感受友情的珍贵，了解友情的真谛，并学会如何与朋友们友好相处。在《苏菲生气了》一书中，学生发现原来跑步、外出散心、感受大自然是调节情绪的好方法……

阅读，不仅丰盈、润泽了学生们的心灵，而且把阳光、自信、豁达、博爱注入了学生们的胸怀。

4. 减负提质，减轻学生心理负担

减轻学生的心理负担，让学生快乐学习、健康成长是教育现代化的本质要求，而在课堂有限的时间与空间内最完美地实现教育教学目标，是减轻学生负担，提升教学质量的关键，因此，学校需要多管齐下。

一是严格按照国家课程计划要求开齐课程、开足课时，学好、上好每门课程，不随意调课或挤占、更改课时计划。

二是严格控制作业总量，丰富作业形式。要求每节课都预留时间给学生当堂训练，当堂消化，且一、二年级不留书面作业，三、四年级每日课外作业总量不超过45分钟，五、六年级不超过1小时，不得布置重复性、机械性、惩罚性作业，更不能给学生家长安排一大堆任务。在作业设计方面，一改以往单一的书面作业形式，变枯燥为情趣，变单一为多样，让学生动脑、动手、动口，各种感官一起参与，充分调动起学生做作业的积极性、主动性，把过去的作业苦差事变成乐事、美事。

三是教师专业成长，打造高效课堂。教师加强备课，以备课组为单位，在备课组长的带领下，钻研教材、吃透教材、活用教材，抓难点、突难点，倡导集体共研，备出精品，注重教后反思，加强复备，并结合多媒体技术的教学功能，让课本知识丰富起来，使课堂变得生动有趣。另外，以听课、评课活动促进高效课堂的产生。倡导教研组内、备课组内，同学科、跨学科教师互相听课，互相学习，取长补短，提高教学水平。校外教学督导、教导处、年级负责人、教研组长、备课组长随时到班听课，且对青年教师、教学能力暂时薄弱的教师重点听，点面结合，并及时将听课意见与上课教师交流，共同分析原因，提出改进意见，以便执教老师及时改进教学方法，提高课堂教学效果。这样，学生学得轻松，学得有效，心中无负担，健康而阳光。

生命之水，源自运动

我曾多次和同学们讲述一个有关运动改变命运的故事。

有一名老师因患癌症，不得不离开工作岗位，家中两个孩子嗷嗷待哺，妻子也没有工作，这个家庭陷入绝望之中。在消沉了一段时间后，他没有放弃，而是积极与命运抗争，后来在医生和亲友的建议下开始了几十年如一日的跑步运动。通过两年的跑步，他重新回到了三尺讲台；通过30年的跑步，他的病再也没有复发，健康地活了下来。体育锻炼不仅帮助他战胜了病魔，更帮助他重获了生活的自信及自力更生的能力，帮助他的家庭走出了困境。

通过这个故事，告诉同学们一个道理：生命的真谛在于运动，一个真正优秀的学生，不仅要有优异的成绩，更要有强健的体魄。

体育作为人类的一种社会活动，是在人们的社会生产和生活中产生和演变的。它以人的全面发展为研究对象，通过身体锻炼增强人的体质，通过体育的社会实践促进社会发展和文明进步。体育运动可以使我们更接近自然，接近自己本原，体现自由开放的精神，起到净化身心的作用。体育活动和竞赛，展现着体育精神。我认为，体育精神是体育运动中所蕴含的对人的发展具有启迪和影响作用的有价值的思想作风和意识，它超出了体育运动本身，内化为人类心中的一种信念和追求。

船山实验小学历来非常重视素质教育，注重培养学生德、智、体、美、劳全面发展，值得一提的是，体育活动课程和体育竞赛，多年来备受师生重视。

我认为，一个人不仅要道德高尚，知识丰富，还应该有强壮的体魄，这样未来才能担当起重任。很多教师、学生都看过《恰同学少年》这部电视剧，剧中的毛泽东、蔡和森、陶斯咏、向警予等热血青年，他们比现在的某些"青春偶像"更灿烂夺目，打动人心。这部电视剧让观众深刻地感受到，青少年既不能做病恹恹的"书呆子"，也不能做没有头脑的"莽汉"，而是要做一个德才兼备、文武双全的人。

为提升学生们的体育素质，船山实验小学进行了体育课程改革，创新教学方法；船山实验小学的教师们也特别注重对学生们"爱"与"严"的教育。

其一，构建"以学生为中心"的课堂。基于这一要求，在小学体育素质教育中，教师特别重视学生的主体作用，积极构建"以学生为中心"的课堂，从而让学生积极参与到课堂教学中来。例如，在踢毽子这项运动中，教师让学生组织踢毽子比赛，由学生制定比赛规则。踢毽子比赛整个活动都是由学生来负责的，可以更好地培养学生的组织能力和协调能力。游戏规则是学生共同参与制定的，这样有利于学生的积极遵守，从而实现高效运动。

其二，教学方法的创新。船山实验小学的教师不断探索新的教学方法，结合新课程改革理念，寻找符合现代教育发展的教学方法。在教学方法的创新过程中，教师坚持师生统一的原则，即教学过程中既要重视学生的主体作用，也要发挥教师的引导和指导作用，进而促进小学体育教学目标的实现。

其三，教师在体育教学中做到爱、严结合。没有艰苦的付出就没有丰硕的果实，小学体育素质教育也是如此。教师若只是单纯地"爱"，对学生采用放任的做法，这不是建立体育良性教学模式的基础和前提，反而是忽略学生发展、漠视体育教学规律的大忌。教师若只是单纯地对学生采用"严"的做法，将会引起学生的抵触与反感，影响到体育教学的开展和学生运动技能的形成。作为体育的主导者，教师结合教学内容、学生特点和学生情感需求，以学生身心两方面发展的规律作为切入点，以刚柔并济、爱严结合的策略重构小学体育课堂。

第三章

铸造品格的

教育随想

奔跑吧，为了梦想！

有一个关于梦想的小故事：有一个匈牙利木材商的儿子，从小就呆笨，学什么都不行，同学们都喊他"木头"。12岁那年的一天，他做了一个梦，梦到有个国王给他颁奖，因为他写的字被诺贝尔看上了，他想把这个梦告诉同学，又怕同学笑话他，最后他把这件事告诉了妈妈。妈妈说："我听说上帝把一个不可能的梦放在谁心中，就是真心想帮谁完成这个梦。""倘若我经得起考验，上帝就会帮助我。"小男孩怀着这样的信念开始了写作生涯。三年过去了，上帝没有来，又三年过去了，上帝还没有来，他依然坚持写作。就在他不再关心上帝是否会来帮助他的时候，瑞典皇家文学院宣布：2002年诺贝尔文学奖得主是小说《无命运的人生》的作者——凯尔泰斯·伊姆雷。他听后大吃一惊，这正是他的名字。

这个故事给我们的启示是，梦想就藏在努力实践梦想的人中间。

一、为梦想，从学礼开始

梦想不在未来，而在当下。孔子说过："不学礼，无以立。"也就是说，一个人要有所成就，就必须从学礼开始。英国哲学家约翰·洛克也说过："礼貌是儿童与青年所应该特别小心地养成习惯的第一件大事。"船山实验小学的教师们，要求学生们时刻以《小学生日常行为规范》为准则，从身边的小事做起，讲文明，守礼仪：遇见长辈和教师主动行礼问好；上下楼梯时不拥挤，靠右行走；集会时保持安静，不大声喧哗；上课专心听讲，按时完成作业；课间不随地乱扔垃圾，养成弯腰行动的好习惯；爱护公物，爱护校园里的一草一木；与同学和睦相处，互相帮助；改正学习中的一些不良习惯，争做文明学生。因为师生都明白，行动是最有说服力的"语言"。

二、为梦想，要勤读书

中国现代伟大文学家、思想家和革命家鲁迅先生从小就爱读书。少年时，他在江南水师学堂读书，第一学期由于成绩优异，学校奖给他一枚金质奖章，鲁迅拿到奖章后立即拿到南京鼓楼街头卖掉换来了一些钱，之后用这些钱买了几本书，又买了一串红辣椒。每到夜晚寒冷难耐的时候，鲁迅便会摘下一根辣椒，放在嘴里嚼，直到辣得额头冒汗，鲁迅先生就是用这种办法来驱除寒冷坚持读书的。通过长年累月地广泛读书，鲁迅先生的个人综合素养得到了极大的提高，最终成为一位伟人。

培根曾说："读史使人明智，读诗使人灵秀，数学使人周密，科学使人深刻，伦理学使人庄重，逻辑修辞之学使人善辩。"我始终认为，多读书，便能获得更多的精神收获，也是实现梦想的重要途径。期望每一位学子都能积极地行动起来，亲近书本，喜爱阅读，博览群书，享受读书的快乐。

三、为梦想，要多实践多运动

船山实验小学除了开展一年级至六年级"移动课堂"学习考察活动和活动课之外，还启动了三、四、五年级科学实践活动和"家长进课堂"等活动，通过这一系列的活动，同学们获得了许多在书本中学不到的知识和技能。"船山小画家""船山小书法家"评选活动和庆六一文艺汇演等，也给同学们搭建了一个展示才艺和风采的大舞台。相信这些实践平台，在助力学生们实现梦想的途中，发挥着极为重要的作用。

除了多实践，多运动也是我担任校长以来一直提倡的。在奥林匹克运动的故乡，古希腊奥林匹亚阿尔菲斯河岸的岩壁上，至今仍保留着古希腊人的一段格言："如果你想聪明，奔跑吧！如果你想强壮，奔跑吧！如果你想健美，奔跑吧！"运动，带给我们强健的体魄，培养我们坚韧的毅力和拼搏的精神，教会我们团结与合作。生命有限，运动无限！船山实验小学的教师，一直鼓励学生们坚持走进运动场，沐浴阳光，积极投入运动，上好每一节体育课，踊跃参加各项体育活动。

期望每一位学子都能明白，要实现梦想，需要崇高的品质，需要强健的身体，还需要健康的心灵。

内化于心，外化于行

中华优秀传统文化博大精深，历经五千余年连绵不断，蕴含了中华民族的精神追求，也包含了中华民族最根本的精神基因，其中所蕴含的哲学思想、道德理念及丰富的人文精神，对当下公民道德素养的提升具有深刻的启迪。

每个学期的开学典礼，我都会带领同学们了解"爱国、勤学、识礼"这三项中华优秀传统文化，帮助同学们吸取中华优秀传统文化的思想精华与道德精髓，使之内化于心，外化于行，争做中华美德少年。

孟子曰："天下之本在国，国之本在家，家之本在身。"由此可见，先贤们很早就认识到，个人的美好生活与国家的前途命运是紧紧联系在一起的。什么是爱国？简单地说，就是人们以振兴中华为己任，促进民族团结，维护祖国统一，自觉报效祖国。在我们身边，有太多太多这样的爱国之士。下面我和大家谈谈我国著名桥梁专家茅以升爱国有为的故事。

1916年，20岁的茅以升到美国留学，成为康奈尔大学桥梁专业的研究生。很快，他以优异的成绩获得硕士学位。为了获得实践的机会，他晚上上课，攻读博士学位；白天到一家桥梁公司实习，亲手绘图、切削钢件、打铆钉、刷油漆，终于成了一个既懂理论又有技术的人才。美国人很佩服他，一份份聘书从各地寄来，请他担任工程师。但是，茅以升没有接受聘请，而是决定回国。美国有些人劝他："科学是没有祖国的，是超越国界的。科学家的贡献是属于全人类的。中国条件差，你留在美国贡献会更大。"茅以升回答道："科学虽然没有祖国，但是科学家是有祖国的。我是一个中国人，我的祖国更需要我。我要回去为祖国服务！"1919年，茅以升带着一身本领回到了国内，开始了为国造桥的事业。现在浙江省钱塘江上那座雄伟壮观的大桥，就是茅以升设计并主持建造的。不要把爱国想象得太困难、太复杂，更不要觉得它高不可攀。对一名小学生来说，爱国就是要从点点滴滴的小事做起，从日常行为规范做起，把爱国化为具体的行动。学生们爱国，就要爱自己的父母、爱家庭、爱学校、爱班级、爱老师、爱周围的人、爱周围的环境。当然，还要爱学习，只有好好学习，丰富了知识，增长了才干，长大才能成为国家的栋梁之材，将国家建设得更加美好，更加强大。

学生的天职就是学习，学习要想取得成绩，离不开一个"勤"字。苏联作家、诗人高尔基说过："天才出于勤奋。"这句话说得千真万确，古往今来，几乎所有的成功之士都有一段勤学、刻苦、奋斗的历史，绝少有靠投机取巧取胜的。东汉的孙敬悬梁刺股，才成为赫赫有名的政治家；波兰的居里夫人十年如一日勤奋研究，才发现了镭元素；复旦附中学生武亦姝从小熟读古诗词，才摘得了《中国诗词大会》第二季的桂冠。"千淘万漉虽辛苦，吹尽狂沙始到金。"作为学生，应勤奋学习，从而跨越崇山峻岭，遇见更好的自己。

中国素有"礼仪之邦"的美誉，礼仪对每个中国人来说是十分重要的，无论是会见亲朋好友还是与他人打交道，都离不开礼仪。礼仪被认为是一个人道德修养的表现。一个人如果不注重礼仪，那么他在学习、生活、工作时都不会很顺利，因为没有人愿意和这样的一个人相处。有这样一个故事，一天，小王请同事去饭店吃饭。小王当时在饭店里为了吃得畅快，开始用餐之后，便一而再，再而三地减轻自己身上的"负担"。他先是松开自己的领带，接下来又解开领扣、松开腰带、卷起袖管，到最后，竟然又悄悄地脱去鞋子。尤其令人感到不舒服的是，小王在吃东西时，嘴巴总爱有意无意地发出声响，并且响声是一波未平，一波又起，一浪高过一浪。小王在饭店里的所作所为，不仅令前来就餐的其他客人瞠目结舌，还让他的同事们无地自容。大家就此纷纷指责小王：丢了自己的脸，丢了单位的脸，也丢了大家的脸。可见，一个人的礼仪修养是多么重要。我认为，学生们应该从八个方面加强个人礼仪修养：面容整洁、衣着得体的仪表之礼，文明用餐、爱惜粮食的餐饮之礼，礼貌用语、谦逊有礼的言谈之礼，宽容礼让、诚信待人的待人之礼，遵守交通规则、有序乘车的出行之礼，遵守秩序、维护环境的观赏之礼，善待景观、尊重民俗的游览之礼，严肃庄重、积极参与的仪式之礼。这八个礼仪就如同五线谱中的哆、来、

咪、发、唆、拉、西、哆，缺一不可，只要全部做到了，相信自身的礼仪修养定会达到一定境界。

习近平总书记说："优秀传统文化是一个国家、一个民族传承和发展的根本，如果丢掉了，就割断了精神命脉。"作为祖国未来的建设者，传承传统文化、弘扬民族精神，学生们应是义不容辞的。我们作为教师，更应该肩负起这种培养学生的责任。

也说"勿以善小而不为"

——从爱护环境说起

"勿以恶小而为之，勿以善小而不为"出自《三国志·蜀书·先主传》，这是刘备遗诏中的一句话。我从爱护环境这个点，来诠释此观点。

在我们的校园里，房屋桌椅、教学仪器、图书资料、体育器材、生活设备、花草树木等都是公共财物。那么，作为学校小主人的大家，应该怎样保护公物，爱护环境呢？这让我想起了一个小故事。

中国加入世界贸易组织的首席谈判代表龙永图在瑞士谈判期间，遇到一件事情令他终生难忘。有一次，龙永图部长到瑞士的公园去散步，中途他上了一趟厕所，那个厕所的装修和我们学校弘船楼的新厕所一样，里面是用隔板隔断的。上厕所时，龙永图听到隔壁卫生间里发出"砰砰啪啪"的响音，当时他就很纳闷儿。走出厕所后，一位女士很着急地问他有没有看到自己的儿子，她的儿子进厕所十多分钟了还没有出来，她又不能上男厕所去找。龙永图想起隔壁卫生间传出的响声，就走回去敲开隔壁卫生间的门。门一打开，他看到一个七八岁的小男孩满头大汗地在修抽水马桶。龙永图问："小朋友，你为什么要修这个马桶？"小男孩说："抽水马桶坏了，无法正常冲水，我得把马桶修好，把水冲干净，好让下一个人用。"瑞士小男孩高尚的社会公德心和为他人着想的良好品德，确实值得每一个学生学习。

值得大家学习的还有吉林省浑江小学的同学们。学校规模不大的浑江小学，只有80张课桌，令人称奇的是这80张课桌居然是在1949年中华人民共和国成立那年制作的，历经了60年的蹉跎岁月，它们依然完好如初，整洁如新。在浑江小学，每一个学生都有爱护公物的良好品德。他们爱护公物，爱护课桌，就像珍爱自己的眼睛一样。

那么，应该如何爱护公物、保护环境，做一个文明的小学生呢？其实这并不是一件很难的事情，只要大家平时养成良好的习惯，把学校公物当成家里的物品，当成自己的物品来爱护就行了。如果每个人都能把自己的文明程度迈进一小步，那么校园的和谐肯定就会前进一大步。

当我们长时间在户外活动时，请别忘了将教室里或办公室的灯关上；当我们打扫完卫生，请妥善放好卫生工具；当我们使用完教学仪器设备或书籍，请整理、保管好仪器设备或书籍，以延长它们的使用寿命；当我们坐在课桌椅前，请不要随意刻画、晃动，请轻开轻关抽屉；当我们在花草树木旁玩耍时，请不要去攀折；当我们在饮水机上取水时，请正确开关；当我们就餐时，请争做"光盘行动"的实践者；当我们洗完手，请将水龙头拧紧；当我们见到摄像头、广播等安防、广播设施时，请不要随意去触碰、损坏；当我们运动时，请注意保护好手里的运动器材；当我们走在崭新的足球场上时，请不要随意用手去扯人工草；当我们路过塑胶跑道时，请不要用木棍、刀子等尖锐的物品去划伤它，因为塑胶一旦被划伤，就会大面积地整块脱落。

我认为，不管做任何事情都和爱护环境一样，从小做起，勿以恶小而为之，勿以善小而不为，细微处发现人生真谛。

成功就是，简单的事情反复做

——谈习惯的力量

　　我想和大家分享两个小故事。大家知道世界上第一位进入太空的宇航员是谁吗？他是苏联著名宇航员加加林。1961年4月12日，苏联宇航员加加林乘坐4.75吨重的"东方1号"航天飞船进入太空遨游了89分钟，成为世界上第一位进入太空的宇航员。他为什么能够从众多的宇航员中脱颖而出呢？原来，在确定人选的前一个星期，航天飞船的主设计师罗廖夫发现，在进入飞船前，只有加加林一个人脱下鞋子，只穿袜子进入座舱。就是这个细小的举动一下子赢得了罗廖夫的好感，他觉得这个27岁的青年既懂规矩，又如此珍爱他为之倾注心血的飞船，于是决定让加加林执行人类首次太空飞行的神圣使命。加加林长期以来养成的"脱鞋进舱"的好习惯，展现了他珍爱他人劳动成果的修养和素质，也使他成为遨游太空的第一人。

　　我们再来听一个相反的例子：某企业招工，薪酬丰厚，要求严格。一些高学历的年轻人过五关斩六将，几乎就要如愿以偿了。最后一关是总经理面试。到了面试时间，总经理突然说："我有点急事，请等我10分钟。"总经理走后，踌躇满志的年轻人围住了老板的大办公桌，你翻看文件，我翻看信件，没一人闲着。10分钟后，总经理回来了，宣布："面试已经结束，很遗憾，你们没有被录取。"年轻人惊讶地问道："面试不是还没有开始吗？"总经理说："我不在期间，你们的表现就是面试。本公司不能录取乱动他人物品的人，更不能录取随意翻阅他人文件的人。"听到这样的回复，年轻人全都傻眼了。因为从小到大没有人告诉他们这一常识，更谈不上习惯的养成，而这一不经意的行为致使他们丢掉了一份宝贵的工作。

上面两个例子说明，习惯对每个人来说，都有极其深远的影响。任何一种习惯都不是天生的，同学们从小就要试着做到每天按时起床，把书本文具带齐，做事情不拖拉，写字姿势端正，写作业时专心，勤于思考……只要养成了做事专注、珍惜时间等好习惯，进步就会常伴我们左右。

养成一个习惯，要坚持一个月至三个月。行为心理学研究表明：21天以上的重复会形成习惯，90天的重复会形成稳定的习惯，即同一个动作，重复21天就会变成习惯性的动作；同样的道理，任何一个想法，重复21天，或者重复验证21次，就会变成习惯性想法。所以，一个观念如果被别人或者自己验证了21次以上，它一定已经变成了你的信念。

习惯的形成大致分三个阶段。第一阶段：1～7天。此阶段的特征是"刻意，不自然"。你需要十分刻意提醒自己改变，而你也会觉得有些不自然，不舒服。第二阶段：7～21天。不要放弃第一阶段的努力，继续重复，跨入第二阶段。此阶段的特征是"刻意，自然"。你已经觉得比较自然、舒服了，但是一不留意，你还会回到从前。因此，你还需要刻意提醒自己改变。第三阶段：21～90天。此阶段的特征是"不经意，自然"。其实这就是习惯。这一阶段被称为"习惯性的稳定期"。一旦跨入此阶段，一个人已经完成了自我改造，这项习惯就已经成为他生命中的一个有机组成部分，它会自然而然地不停地为人们"效劳"。

做一个有计划的成功者，有计划地为自己养成好习惯。当然，因为与之相对应的坏习惯已经十分顽固，因此要形成某些好习惯时，你可能需要花更多的力气同时去克服坏习惯。

中国有句古训：江山易改，本性难移。这句话的含义有两层：人的本性是很难改变的；人的本性虽然很难改变，但并非改变不了，只是难了一点而已。

改掉一个坏习惯为什么会这么困难呢？只是因为你的思想意识处在矛盾中，任何一种习惯的形成，是因为你在这样做时，会得到一时的快感，而且这种快感有无比的诱惑力，使它变得难以抗拒。

所以要改掉一个坏习惯，首先要激发自己的欲望，让要改掉一个坏习惯的欲望，比想坚持它的欲望更强烈，这样你就已经成功了一半。

我们的本性中有一些阻碍成功的因素，如果我们不改变，岂不是注定要失败？如果你对改变自己的劣根性没有信心，裹足不前，请扪心自问：我是要快乐与成功，还是要痛苦与失败？不改变，就意味着失败；要快乐，要成功，就别无选择，只有立即改变。

成功其实是很简单的。重复的行为就能形成习惯，良好的习惯就能导向成功。成功就是简单的事情反复地做。

永远爱自己

——寄语小学六年级学子

　　毕业的时候，师生相聚，学生们以毕业典礼的形式来告别母校，告别恩师，告别小学六年的青葱岁月，举行一场开始人生新旅程的仪式。

　　六年时光，教室里琅琅的书声还回荡在耳边，运动场上的加油声仿佛此起彼伏，宿舍里好朋友的音容笑貌仍然触手可及，食堂里的饺子、卷子、糯米鸡还没吃够，移动课堂里大家共同背的那些诗、唱的那些歌、走过的那些路，仍然历历在目……六年中，学生们有太多的欢笑，也流过泪；有很多的成功，也失败过；教师们有太多的期盼，也有不少的失望……我们说，这就是成长。

　　是啊，孩子们悄悄地成长，知识、智慧、良知和身体一并长大，幸福地成长。同学们始终相伴左右，教师们总是牵着大家的手，家人关切的目光始终注视着大家。

　　分别时刻，学生们心中有着千般的留恋，教师们也强忍着离别的泪水，他们多想再送学生们一程，但大家都知道，向前一步，便是学生们的青春，而我们注定只能注视着他们的背影，鼓励他们走向远方。

　　2018年5月，衡阳师院法学院的青年教师匡宏博士，给学生们做了题为《打开哲学之门的七把钥匙》的讲座，那是这些学生人生中，第一次有人系统地引导他们去思考关于世界、关于人生、关于社会、关于历史的一些最根本的大问题。教师们希望同学们要一辈子善良、正直、热爱生活；要永远保持求知的欲望，坚持独立思考，坚持阅读；要学会清晰准确地表达；等等。这是教师们反复的叮咛，相信这些叮咛能伴学生们安稳前行。

　　在一场告别童年开始人生新旅程的仪式中，作为校长的我也有太多的话要叮嘱同学们，而我最想说的一句话便是：希望同学们永远相信自己，永远爱自己。

船山实验小学的学生们，一年级刚进校的时候，走进源船楼的一楼大厅，就会看到悬挂在墙上的一副对联，它从建校不久的2003年起就悬挂在那里，一直没有动过，它是学校的办学宗旨，上联是：求知、求真、求善，为孩子的发展和幸福奠基。同学们要毕业了，懂事了，应该明白，母校给大家六年的小学教育，都是着眼于大家未来的幸福和发展的，而同学们在未来能有很好的发展，能过上幸福的生活，其中很重要的一点，就是永远要相信自己，爱自己。

每位同学都希望得到来自他人的肯定，比如在学校，如果得到教师的表扬和同学们的赞美，就会感受到被肯定的快乐，感觉自己的学习和生活更有劲了。能得到他人的肯定当然很好，可是同学们应该明白，社会构成的因素比较复杂，随着进入初中，大家可能会发现，自己的优点并不一定会被他人肯定，甚至不会被发现，就像韩愈说的那样，"千里马常有，而伯乐不常有"。所以同学们不管遇到什么情况，都要相信自己，爱自己，只有自己对自己才是最了解的，别人发现不了你，你可以自己发现；别人不欣赏你，你完全可以自我欣赏。不要将对自己价值的认同完全建立在别人的正面评价上，不要因为受到了别人的误解而丧失自己前行的动力。要真正爱自己，珍惜自己。唯有爱自己，才有能力去爱家人，爱别人，爱社会，爱国家。

当然，相信自己不是目中无人，妄自尊大。相信自己的人会把比自己更优秀的人当作一面镜子，时刻照见自己的缺点，随时修正自己的行为。

相信自己也不是认为成功唾手可得，一蹴而就。相反，我们心中非常明白，要想取得成绩，需要不遗余力地去努力。懒惰与生俱来，拖延症人人都有，困难无处不在。我们相信自己，是相信我们拥有克服它们的能力和毅力。

相信自己也无须考试得到多高的分数，自身拥有多少才艺，无须成为人群中最耀眼的那几个。你的自信源于对自己的长处和短处的清醒觉察，你会扬长避短，你会知道，人的能力体现在不同的方面。如今的社会，为不同的人提供了不同的机会，条条道路通罗马，天生我材必有用。只要每天能看到自己的进步，只需从点点滴滴的自我欣赏中获得快乐，我们就会让自己越来越自信，越来越优秀。

相信自己也不是以自我为中心，不顾及他人的感受。自信的人更清楚人际关系对自己成长的重要性，我们会注重别人的感受，做谦和有礼的人，营造

足以让自己和谐快乐的人际关系。

自信的男同学，不会与别人比谁的力气大，不屑于用拳头证明自己多么孔武有力，这是一个法治的社会，每一个冲动的举动不仅会给别人带来无尽的痛苦，也会给自己和家人带来无尽的麻烦和苦恼。我们有旺盛的精力和强壮的体力，不妨去运动场上叱咤风云。男子汉的魅力，应该体现在睿智、博学、多才上，应该体现在对责任的担当上。自信的女孩子，心里会明白，整洁的衣着、得体的举止、恰当的言语就是自信的来源，更重要的是，自信还来自你的善良、智慧和才华。不管是活泼开朗的孩子，还是羞怯内敛的孩子，如果你有积极乐观的生活态度，你就是自信自爱的人。

同学们毕业后，会去各个不同的中学，遇到不同的教师和同学。从本质上讲，学校的差异并不能完全决定大家未来的差异，只有对待人生的态度和自身的努力，才是决定大家未来的主要因素。不管将来遇到什么，大家都要相信自己，爱自己，要让自己配得上最好的人生。

船山实验小学的校训是，努力创造奇迹。这个校训有多角度多层次的解读，其中一个解读是，平凡人同样能创造奇迹，奇迹就是平凡人创造的。

愿同学们始终带着自信与感恩，永远地爱自己，去创造属于自己的未来，创造属于自己的奇迹。

感恩的力量

有人说，"感谢是天底下最美丽的语言"。有人说，"感谢是两个人之间最短的距离"。感谢究竟有什么魅力呢？我不想把答案直接告诉大家，只想给大家讲一个小故事。

这个故事讲的是一个生活贫困的男孩为了积攒学费，挨家挨户地去推销商品。可他没有经验，推销很不顺利，以致有些绝望。傍晚时分，饥寒交迫的他敲开一扇门，希望主人能给他一点食物。开门的是一位美丽的女主人，男孩结结巴巴地描述了自己的经历，然后问女主人："您能给我一点喝的吗？"女主人当即给了他一大杯牛奶。男孩怯怯地问："我应该付多少钱？""一分也不用。""那我可以知道您的名字吗？"女主人浅浅地笑了笑："我叫史密斯·琼。"男孩深深鞠了一躬，大踏步走了出去。一走出巷子，男孩觉得自己浑身都充满了力气。其实，他原本是打算退学的。

许多年后，男孩成了一位著名的外科大夫，他就是大名鼎鼎的霍华德·凯利。而那位曾给他恩惠的史密斯女子，患了一种十分奇怪的病，当地的大夫查不出病因，便被转到了霍华德·凯利所在的医院。当看到患者的名字时，霍华德·凯利立刻冲进了病房。果然不出所料，那位女子正是多年前热情地给过他一大杯牛奶的年轻女子。当年正是那杯牛奶使他又鼓足了信心，完成了学业。

凭着霍华德·凯利高明的医术，史密斯很快就康复了。当她去交医疗费用时，只见支付单上写着：一杯牛奶。霍华德·凯利。

听了这个小故事，我们会发现"感谢"真的像一颗神奇的种子，在不经意间落入人的心田，萌芽生长，带给人无限的希望与温暖。

我要送给同学们四个"感谢"：第一，感谢自己的父母，是他们赋予你生命，让你来到这个精彩的世界；第二，感谢自己的老师，是他们引领你一

路向前，让你获得知识的营养；第三，感谢你的朋友，是他们给予你帮助与鼓励，共同度过这美好而难忘的岁月；第四，感谢生活中的所有体验，成功也好，挫折也罢，是它们让你学会在反思中成长，进步。

我总是要求船山实验小学的学生们，不仅要有丰富的知识和高超的专业技能，还要有健全的人格和健康的体魄；不仅要积淀深厚的人文底蕴和科学素养，还要发展对未知事物的好奇心和探索欲，培养质疑、批判和独立思考的能力；不仅要具有创新精神和实践能力，还要树立全球视野与全球思维，培养参与国家竞争的意识和能力；不仅要树立"顶天"的壮志与豪情，还要具有"立地"的踏实与坚韧。

而这一切的基础，我认为，应是感恩之心。谁言寸草心，报得三春晖。鱼知水恩，乃幸福之源也。

船小毕业生捐赠的感恩文化石

做最好的自己

飘落的树叶，像极了飞舞的枯叶蝶，这不禁让人想起了蝴蝶的一生。它本不是蝴蝶，却通过自身的努力，熬过那一段暗无天日而痛苦的日子，终于破茧成蝶。从人人厌恶的毛毛虫蜕变为人人喜爱的绚丽的蝴蝶。它努力地让自己成为最好的自己。

一只小小的毛毛虫都可以努力蜕变，更不要提我们这些比它不知庞大了多少倍的人类了。我们又有什么理由不去做那个最好的自己呢？

那么，怎么做才能实现自己的目标，做最好的自己呢？

我通过几个故事，提出几点建议，同大家一起探讨。

一、铭记责任，在日常的实践中成为更卓越的自己

美国第40任总统里根11岁时和小朋友在院子里踢足球，他不小心将邻居家的玻璃打碎了。邻居很生气，非要他赔偿12.5美元。要知道在1920年的美国，12.5美元可是一笔不小的数目啊！里根吓得赶紧回家，恳求父亲帮帮他。父亲却说："我不会替你还钱的！你现在首先要做的就是先到邻居家里赔礼道歉，然后自己还钱。"里根疑惑地说："我赔？我哪里有那么多钱啊？"父亲说："你必须对自己的过失负责，我可以借钱给你，但一年后你必须还钱给我。"按照父亲的要求，里根到邻居家还了钱，然后便开始了课余打工生活。半年后，里根靠自己的双手挣够了12.5美元，把钱还给了父亲，弥补了自己的过错。后来，里根成了美国总统，可只要里根回忆起这件事情，他就会说："通过自己的劳动来承担过失，使我懂得了什么叫责任。"里根能成为美国的总统，原因有很多，其中一个重要的原因，我想应该是他的责任感。试想一下：假如里根是一个做事不认真或缺乏责任感的人，美国人会将那么大一个国家交给他管理吗？

对于人生来说，成功就是一架梯子，不管你攀登的技术是好是坏，双手插在口袋里的人是永远也爬不上去的。为此，要想有所作为，就必须伸出双手去大胆实践，在日常的实践中，成为更卓越的自己。

二、珍惜时间，在勤奋的学习中成为更美好的自己

爱迪生是一位伟大的科学家和发明家。一天，爱迪生在实验室里工作，他递给助手一个没上灯口的空玻璃灯泡，说："你量量灯泡的容量。"他又低头工作了。过了好半天，他问："容量多少？"他没听见回答，转头看见助手拿着软尺在测量灯泡的周长、斜度，并拿了测得的数字伏在桌上计算。他说："时间，时间，怎么费那么多的时间呢？"爱迪生走过来，拿起那个空灯泡，向里面倒满了水，交给助手说："你把里面的水倒在量杯里，马上告诉我它的容量。"助手立刻读出了数字。爱迪生说："这是多么容易的测量方法啊，它既准确，又节省时间，你怎么想不到呢？还去算，这岂不是白白地浪费时间吗？"助手听了脸涨得通红。爱迪生则喃喃地说："人生太短暂了，太短暂了，要珍惜时间，多做事情啊！"

爱迪生的事情，给予我们很多启发。可见，珍惜时间，不只是主观地节省时间，更重要的是，有足够的能力去节省时间。

对于正在为梦想拼搏的学生而言，人生能有几回搏？每一位学子，汇集了老师更多的目光，倾注了家长更多的心血，希望每一个学生，都能释放出自己的"洪荒之力"，在勤奋的学习中，成为更美好的自己。

校训：努力创造奇迹

三、快乐学习，在美丽的校园中成为更幸福的自己

开国元帅陈毅有一次到一个亲戚家过端午节。他进门后，看见桌子上有一本自己找了很久都没找到的书，于是，忘了走几十里路的疲劳，立即躲到房间里专心致志地读起来。到了吃饭的时候，他都舍不得把书放下，亲戚见他这样用功就把糖和粽子给他端去。陈毅把全部的注意力都集中在书本和摘录上，粽子本来是要蘸着糖吃的，可他竟把粽子伸到书桌上的墨砚里蘸着墨汁往嘴里送，一连吃了两个粽子，都没有尝出味道不对。大家见了，都忍不住大笑起来。陈毅起初还不知道大家在笑什么，他用手抹了一下嘴巴，见手上沾了很多墨汁，才知道自己误吃了墨汁。他诙谐地对大家说："吃了墨没关系，我正觉得我肚子里的'墨水'太少了呢！"故事中，陈毅对学习乐在其中的精神，实在是让人敬佩。当代著名教育改革家魏书生老师曾说："你只有从学习中找到乐趣，才能学得更好。"其实，对每一个同学而言，学习都为大家自身素质的提高提供了充沛的营养，为此，正在努力求学的学生，千万不要把各类学习当作一件痛苦的事情，因为学习的意义，是为了让我们未来生活得更幸福。

青春需早为，岂能长少年。为了让同学们快乐学习、自主学习，多年来，船山实验小学一直努力为同学们创设良好的学习生活条件，以提高同学们的幸福指数。学校举办了一系列丰富多彩的活动，如少先大队干部竞选活动，船山小歌唱家评选活动，眼保健操比赛，最美少年、美德少年等身边榜样学习活动，三年级至四年级校园足球联赛，二年级至四年级经典阅读展示等。我们相信，这样的活动一定能给学生们带来快乐。只有走近快乐，才能成为更幸福的自己。

给孩子们的三件礼物

新的学期又到了，同学们，我要送给你们三件礼物，它们是什么呢？我的礼物，其实就是三句话。

第一件礼物：没有目标的人生，是无意义的人生

一心向着自己目标前进的人，整个世界都会给他让路；而一个没有目标的人生，是无意义的。

这里，我要给大家讲一个小故事。

非洲撒哈拉大沙漠中有一个叫比塞尔的地方。据说，比塞尔人从来没有离开过那块贫瘠的土地，不是他们不愿意离开，而是尝试过很多次都没能走出去。当地人说，在这里无论你从哪个方向走，最后都只能回到原地。英国皇家学院的院士肯·莱文很纳闷儿比塞尔人为什么走不出去，于是他雇了一个名叫阿古特尔的比塞尔人，让他带路，看看到底为什么。他们带上半个月的干粮和水，牵了一头骆驼，肯·莱文收起了指南针，只拄着一根木棍跟在阿古特尔的后面。十天过去了，他们走了1200多公里的路程。第十一天早晨，他们果然又回到了原地。这样，肯·莱文终于明白了，比塞尔人之所以走不出大漠，是因为他们根本不认识北斗星。在一望无际的沙漠里一个人凭着感觉往前走，他只会走出许多大小不一的圆圈，最后的足迹十有八九是一把卷尺的形状。因为比塞尔人没有认识到这一点，所以他们一直都没走出沙漠。肯·莱文在离开比塞尔时，带上了上次与他合作的比塞尔人阿古特尔，告诉他白天休息，晚上朝着北斗星的方向走。阿古特尔照着肯·莱文的方法做，只用了三天就走出了沙漠。阿古特尔因此成了比赛尔的开拓者，他的铜像被竖在小城的中央。铜像的底座上刻着一行字：新生活是从选定方向开始的。这个故事给我们的启发是：一个人设定了目标，他的人生才有意义。可见，教师应注重引导学生们给自己设定一个目标，针对目标做出具体的计划，列出自己每个月、每一周、每一天甚至每个小时的阶段目标，并持之以恒，争取早日实现目标。

第二件礼物：做一个有素养的人

一个人的素养，不是为了别人，而是为了增强自己的生活能力。有素养的人，首先是喜欢读书、善于积累的人；其次是有修养、懂礼仪、尊敬长辈、友爱同学、习惯良好的人；最后就是有思想、会思考、会学习、会生活、有责任、懂担当的人。如何成为一名有素养的小学生呢？教师应引导学生们以《小学生日常行为规范》为准则，时时处处严格要求自己。要努力做到四点：一是会使用"您好""请""对不起""谢谢""没关系"这些文明用语，还要学习使用体态语言，如微笑、点头、招手、鼓掌等。二是在学校里要做到课堂有纪律，课间有秩序。下课后不在教室里或走廊上奔跑、跳跃、打球、跳绳，不大声喊叫，不做危险游戏；上下楼梯要靠右侧行走，不拥挤、不追逐、不推搡。三是爱护花草树木，不损坏课桌椅和厕所的隔断门，不堵塞下水道，不在墙壁上、课桌椅上涂抹刻画，不随地吐痰，不往地板上扔纸屑，不从高处往下扔东西，看到垃圾随手捡起来扔进垃圾桶，保持校园的整洁、优雅。四是学会感恩，要感谢父母的养育之恩，感谢教师的教诲之恩，感激同学的帮助之恩，感激一切善待自己、帮助自己的人。

第三件礼物：只有强健的体魄才能承载美丽的梦想

身体是革命的本钱，拥有了强健的体魄才可以为梦想扬帆。俄罗斯现任总统普京，年轻时在柔道项目上多次获奖，一度成为圣彼得市摔跤和柔道冠军，并获得桑勃式摔跤和柔道大师的称号。当上总统后，不管多忙，他每天总要抽出一个小时来运动。由此可见，积极地锻炼身体对人的日常生活和学习都有很大的帮助。同学们，你们不仅要做好"两操一课"，还要选择一个或者两个自己喜欢的运动项目，坚持每天锻炼，达到强身健体的作用。

这三件礼物很特别，比一般的礼物更珍贵！我相信，你们拥有了这三件礼物，将来一定会有美丽的人生！

让儿童节回归它的本义

"请把我的歌带回你的家，请把你的微笑留下。"每年的六一儿童节，教师和同学们都在歌声与微笑中，欢聚一堂，隆重举行六一文艺演出活动。船山实验小学六一儿童节的文艺演出，节目形式多样，不仅有舞蹈和歌唱，还有小品、武术表演等。这些节目都是各个代表队和各个年级的师生精心编排的，在这个过程中，他们热情高涨，全情投入，家长们也给予了很大的支持。

我认为，在这个对儿童来说尤为重要的节日，既要感受节日的仪式感，更要有精神和思想的感悟和启迪。

历史的脚步走到今天，随着城市化的发展、网络时代的来临，在商业化的潮流中，无论在哪个国家，儿童节的原味都淡化了，并渐渐转向了娱乐化、消费化。不仅如此，成年人在儿童节给孩子丰厚的物质奖励，带孩子进行高端消费，并无助于孩子成长的心理需求。儿童节需要仪式感，更需要回归它特定的意义。

我认为，在这个节日里，要多满足儿童的情感需要与精神诉求，多关心儿童精神世界的发育和成长，提升学生们对爱的理解与表达能力，更有利于他们未来追求美好的生活。

儿童节应该让儿童享受幸福，但也应该让儿童知道，如今虽然富足，但仍然不是所有的儿童都是幸福的。在巴勒斯坦、伊拉克、索马里等战火纷飞的国家，有许多儿童在冲突中受伤甚至死亡。据统计，在近几年战争伤亡者当中，儿童多于士兵。给学生们讲讲那些不幸儿童的故事，兴许是一份充满精神价值的礼物。

不妨给学生说说，这个世界上存在各种各样的家庭，每个家庭成员都承载着爱与关怀的使命。比如，孩子需要爸爸妈妈陪伴，爷爷奶奶、外公外婆需要爸爸妈妈陪伴。有了陪伴的理念，随着孩子们的不断成长，他们的情感世界才会超越自我的界限，向社会释放大爱。

真正爱孩子，必为之计之长远。培根在《习惯论》中写道："思想决定行为；行为决定习惯；习惯决定性格；性格决定命运。"有什么样的思想就有什么样的行动。孩子们能否树立正确的世界观、人生观、价值观，其关键在于幼小的心灵能否生发好的思想。童年是人一生中最宝贵的时期，在这个时期打好底子，树立正确的人生目标，培养好思想、好品行、好习惯，对于孩子的明天，比什么都有用。

在这个节日里，更应该让学生们知道六一儿童节是怎么来的。很多人不知道，美丽的六一儿童节，其实与一个悲伤的故事有关。

第二次世界大战期间，1942年6月，德国法西斯枪杀了捷克利迪策村16岁以上的男性公民140余人和全部的婴儿，并且把妇女和90名儿童押往集中营。村里的房舍、建筑物全都被烧毁，好端端的一个村庄就这样被德国法西斯给毁了。为了悼念利迪策惨案和全世界所有在战争中死难的儿童，1949年11月，国际民主妇女联合会在莫斯科召开执委会，正式决定每年的6月1日为全世界少年儿童的节日。从那时起，全世界各地儿童都以不同的形式纪念并庆祝这个节日。

毋庸置疑，童年的时光是弥足珍贵的。孩子们除了欢度六一儿童节，还应该幸福快乐地度过每一天。为了让孩子们真正得到长久的快乐，内心种上快乐的种子，船山实验小学每个学期都会开展一系列丰富多彩的活动。比如，一年级至六年级"移动课堂"活动，同学们读万卷书，行万里路，将童年的精彩书写在大地上；首届"校长杯"校园足球联赛，同学们在运动场上挥洒着汗水和活力，让健康的体魄在蓝天下成长；"我是船山小书画家"大赛，同学们书画几百幅美术作品和毛笔书法作品，完美体现了感悟美和表达美的能力；"科学小达人"科技小制作活动，同学们开动脑筋想创意，动起手来搞创作，充分展示了良好的科学素养；三年级至六年级学生英语才艺比赛活动，同学们准确流利的发音、声情并茂的歌唱、惟妙惟肖的表演，尽情展现了在英语方面的才艺与技能。

童年是一生最美妙的阶段，这时的孩子，是一朵花，是一颗果子，是一片朦朦胧胧的聪明，是一种永远不息的活动，一股强烈的愿望。由衷地期望，所有的家长和教师，在孩子们宝贵的美丽的童年，让孩子们播种爱的种子，珍藏美丽，心怀梦想，关爱他人，插上梦的翅膀，展翅高飞。

第四章

基于实践的科研之果

以船山精神，促品格提升

——《船山思想促进小学生品格发展的研究与实践》开题报告

一、问题的提出

人们道德品质的提高是一个永恒的话题。1989年，联合国教科文组织召开了"面向二十一世纪国际教育研讨会"，得出结论：道德、伦理、价值观念是21世纪人类面临的首要挑战。

自改革开放以来，中国出现了道德滑坡，人们的思想出现了某些严重问题，一些人的道德行为缺失，善恶不辨，是非不分。同时，成年人身上存在的这些问题在青少年身上也同样存在。

针对这些问题，2012年教育部颁布了《完善中华优秀传统文化教育指导纲要》，要求在中小学开展中华优秀传统文化教育，培养青少年的道德品质、理想人格和政治素养，明确了中小学在中华优秀传统文化教育中所承担的责任。

2017年1月25日，中共中央办公厅、国务院办公厅颁发的《关于实施中华优秀传统文化传承发展工程的意见》提出："围绕立德树人根本任务，遵循学生认知规律和教育教学规律，把中华优秀传统文化全方位融入思想道德教育……"

根据21世纪人类面临的问题和国内出现的道德问题，以习近平同志为核心的党中央提出了"用中华优秀传统文化为人民提供丰润的道德滋养，提高精神文明建设水平"的策略，船山实验小学响应党中央的号召，以船山思想作为切入点，来提升小学生的思想品格。王船山是明末清初的大哲学家、大思想家，是中华优秀传统文化的代表，更是优秀的湖湘文化的代表，他的思想影响了曾国藩、毛泽东等一批精英人物。作为船山文化传承的重要载体，用船山思想来解决小学生的品格问题，为最佳选择。

二、研究意义与研究价值

1. 研究意义

（1）传承中华优秀传统文化是党中央和国务院的战略决策。习近平总书记指出，深入挖掘中华优秀传统文化蕴含的思想观念、人文精神、道德规范，结合时代要求继承创新，让中华文化展现出永久魅力和时代风采。船山思想是中华传统文化的典型代表，研究和传承船山思想是落实党中央和国务院的战略决策。

（2）自改革开放以来，我国物质文明得到高速发展，但精神文明一度缺失。本课题立足培养人，强调从小抓起，"帮助孩子扣好人生第一粒扣子"；从细节抓起，从日常行为习惯抓起，使小学生养成完善的品格，从根本上解决当前社会道德滑坡的问题。

（3）培养学生全面发展，是党中央和国家的教育方针。习近平总书记在党的十九大报告中指出，要全面贯彻党的教育方针，落实立德树人根本任务，发展素质教育，培养德智体美全面发展的社会主义建设者和接班人。本课题坚持立德树人，研究和传承船山思想促进小学生品格发展，是落实党中央和国家的教育方针。

2. 研究价值

（1）将文化传承与小学生品格发展相结合，具有应用价值。在船山实验小学，学生不但学习船山文化，感悟船山思想，而且运用船山思想，汲取符合小学生的思想精髓，促进道德培养，完善品格发展，具有应用价值。

（2）船山思想的研究理论很丰富，但运用实践还不够。本课题从小学生的生理、心理、思想角度出发，尊重人格，遵守规律，科学论证地研究，筛选出小学生关键的行为细节，形成模式，来规范小学生的行为；从小学生行为细节入手，抓小学生行为习惯，促进其品格的完善。因此，本课题具有实验价值。

三、研究综述

1. 国外研究述评

中华传统文化以儒家文化为代表，影响着全世界，尤其是东亚地区。在古代，儒家文化对日本、韩国、越南等东亚地区的国家产生重大影响，后来受西方文化的影响有所削弱。自20世纪80年代以来，不少国家和地区又掀起了一

股研究、探索中国传统文化的热潮，并且把儒家思想作为学校教育的内容。在韩国，各郡县300多所乡校利用寒、暑假对中小学生进行儒家修身和忠孝仁爱的道德教育和行为规范教育。在新加坡，教育当局宣布在中学三、四年级开设《儒家伦理》课，以培养具有儒家伦理道德观念和价值观念的一代人。船山思想作为中国传统文化的代表，也有日本、韩国、新加坡及我国港澳台地区的专家学者在研究。在美、俄、法、德，船山思想也受到前所未有的关注，并有大量的专家学者研究。然而，用船山思想促进小学生品格发展的研究还没有发现。

2. 国内研究述评

在国内，船山思想很受国家领导人推崇。开国领袖毛泽东青年时期在船山学社聆听关于船山思想的讲座。习近平同志担任党的总书记以来，多次引用王船山名言来阐述义理。例如，2015年10月，在党的十八届五中全会上，习近平引用了船山先生"理者，物之固然，事之所以然也"一语。

船山先生逝世300年以来，一直被国内学者、专家关注和研究。侯外庐的《船山学案》、冯友兰的《王夫之的唯物主义哲学和辩证法思想》、张岱年的《王船山的唯物论思想》、嵇文甫的《王船山学术论丛》都强调船山思想是中国古代唯物主义思想，船山哲学是中国唯物主义哲学的高峰。我国著名哲学家、新儒家思想代表熊十力先生用八个字概括船山思想和品格的特点："尊生、明有、主动、率性。"

综观国内外，虽然学术界的研究很深入、很广泛，但用船山思想促进小学生品格发展的研究和实践在国内外还不多。因此，研究和实践船山思想促进小学生品格发展很有必要。

四、课题概念界定

1. 船山思想

根据我们的研究认为，船山思想有以下几种：忠于祖国与中华文化的爱国思想；循公重民的人文思想；推故开新的创造思想；崇实重有的辩证唯物主义思想。

2. 小学生的品格发展

品格指的是一个人的品性操守与性格。小学生的品格处于一个发展的过程，具有极强的可塑性。运用船山思想，通过课堂教学、课外实践、日常行为规范使小学生的思想品格在六年的教育过程中，逐步得到发展和完善。

五、理论依据

1. 中华优秀传统文化

中华优秀传统文化蕴含着丰富的道德理念和规范，如天下兴亡、匹夫有责的担当意识，精忠报国、振兴中华的爱国情怀，崇德向善、见贤思齐的社会风尚，孝悌忠信、礼义廉耻的荣辱观念，体现着评判是非曲直的价值标准，潜移默化地影响着中国人的行为方式。

中华民族具有五千年的悠久历史，积淀了众多的具有民族特色的传统文化。以船山思想为主要标志的湖湘文化，代表了中国传统文化中最先进的文化，为培育湖南几代风云人物、推动中国社会进步发挥了极其重要的作用。

2. 人本主义学习理论

人本主义的学习理论从全人教育的视角阐释了学习者个人的成长历程，以发展人性。人本主义者特别关注学习者的个人知觉、情感、信念和意图，认为它们是导致人与人的差异的"内部行为"，因此他们强调要以学生为中心来构建学习情景。

3. 建构主义学习理论

建构主义学习理论认为，学习是一个意义建构的过程，是学习者通过新、旧知识经验的相互作用，来形成、丰富和调整自己的认知结构。另外，学习也是一个文化参与过程，学习者通过借助一定的文化支持参与某个共同体的实践活动来内化有关的知识。

4. 认知发展理论

皮亚杰认为儿童的道德发展源于主体（儿童）与社会环境的积极的相互作用。集体和同伴的影响对儿童道德发展也有重要的意义。当代英雄楷模和伟大思想为儿童的品格形成提供了参照标准。

六、研究目标、研究内容及拟解决的关键问题

1. 研究目标

通过本课题的研究和实践，引导学生理解船山思想的内涵，以船山思想规范学生的道德言行，促使小学生自觉养成良好的品格，使之成为健康活泼、爱国诚信、求实创新的一代新人。

2. 研究内容

（1）船山思想的要义及当代教育价值研究

船山思想博大精深，随着研究的深入，研究领域的不断扩大，研究成果也非常丰硕，然而并非所有的船山思想都符合小学生学习。船山思想中的理想人格是多种品格的统一，并非所有的理想人格论都能促进小学生品格的发展，从中摄取符合小学生品格发展的思想精髓进行研究是本课题的研究基础。王船山认为，德之大亦与天载而同其实，德为万化之本原。他追求以仁为核心，修身、齐家、治国、平天下的道德人格与社会主义核心价值观高度契合。其思想蕴含的民族爱国精神、豪杰精神对于构建公民"爱国、敬业"价值理念具有引领作用；而他强调的"仁、义、礼、智、信"道德修养观，其精神内核就是"友善、公正、文明、敬业、诚信"。

（2）小学生品格发展的调查研究

多轮次、多阶段调研当前小学生的品格现状，从多角度分析原因，找出造成现状的根本原因，再根据调研结果制订方案。方案实施一个阶段后，分析学生行为细节的变化，然后再根据分析结果修改完善方案。如此反复，找到最佳切合点，形成最佳方案。

（3）船山思想促进小学生品格发展的途径和方法

通过营造文化氛围、课内教学与课外实践相结合、写日记记录所见所闻所感等方式熏陶学生的思想，让小学生领悟船山思想，规范自己的行为，从而养成良好的品格。

3. 拟解决的关键问题

将船山思想以生动有效的形式渗透到儿童的内心世界，用学生们喜欢的形式，形成德育新策略，解决目前小学生中存在的文明礼仪、行为习惯、道德品质、理想信念缺失问题，以船山思想促进小学生自觉规范、自我养成良好的品格。

七、研究思路

本课题将以调查现状问题为基础，以习近平新时代中国特色社会主义思想为指导，集结课题组及学校的力量，努力探究船山思想促进小学生品格发展的教育与实践的策略，同时以学校学生的教育为个案进行实践，研究具体的操作办法和措施，在实践、完善、再实践、再完善的基础上，得出研究结论，再推广实践。

八、拟采取的研究方法

1. 文献研究法

阅读船山思想成果推广方面的专著和论文，收集相关的文献资料，进行归纳总结。

2. 调查研究法

采用问卷调查、访谈调查、座谈调查等多种调查研究的方法进行现状、问题及其策略研究。

3. 行动研究法

在实践中不断探究、反思、提升，逐步修改、完善课题研究方案。不断总结经验，使理论与实践、成果与应用有机统一起来。

4. 案例研究法

通过实践探索与研究，不断总结学生在船山思想教育实践中品格发展、形成的典型案例，并不断反思、验证，形成新的措施。

5. 经验总结法

通过对实践活动中的具体情况进行归纳总结反思，使之系统化、理论化，形成船山思想研究与实践的实施方案，并将成果推广和运用，在推广中完善研究。

九、研究基础及可行性分析

1. 已取得的相关研究工作成绩

（1）课题主持人承担下列课题取得的成绩

2011年申报的课题《特色信息资源库的建设及其在教育教学中应用的研究》获湖南省现代教育技术"十二五"规划课题中期评估优秀奖。2011年申报的课题《移动课堂对小学生素质发展的实效性研究》，2014年通过专家、教授鉴定，准予结题，鉴定等级为"优秀"，研究成果先后荣获衡阳市第九届基础教育优秀教研教改成果一等奖、第三届湖南省教育科学研究优秀成果奖二等奖、第四届湖南省基础教育教学成果奖二等奖等多项荣誉；2016年7月，该课题成果还被省教育厅推荐参加第五届全国教育科学研究优秀成果评选。2016年9月，课题《小学生经典阅读的有效策略研究》被正式立项为湖南省教育学会

"十三五"规划课题。

（2）课题组成员有如下专著出版、论文获奖或发表

专著《小学移动课堂的理论与实践》于2013年12月由团结出版社出版；成员合著的《船山学简明读本》于2016年由湘潭大学出版社出版；《倡导经典阅读，开启智慧人生》发表于《湖南教育》第896期；《让孩子在"移动"中减压增能——移动课堂》获湖南省中小学教师队伍建设"双百工程"2017年度优秀教育教学论文三等奖，发表于《教师》第334期；《移动课堂，让孩子在"移动"中减压增能》发表在中小学教师核心素养指导丛书——《湖湘教育论坛》，2017年被《湖湘教育论坛名校长演讲录》收录；《当学生犯错误的时候，我这样说》荣获中小学教学教研成果比赛二等奖；《谁言寸草心，报得三春晖》一课在2015年度全市中小学生养成教育成果展评中获说课一等奖；《把经典刻进孩子心间》《在绘本里学会情绪表达》《经典阅读的方法》《阅读是生活的必需》《让学生成为阅读的主人》发表于《湖南教育》第960期。

2. 本课题已具有的研究基础

学校与衡阳师范学院一直有着很密切的联系，作为RCCSE中国核心学术期刊、中国人文社科学报核心期刊的《衡阳师范学院学报》中就有教育部名栏——船山研究，这本期刊是学校的常存刊物。朱迪光、唐红卫、杨旭明等教授编写的《船山思想与社会主义核心价值观研究》一书中就有关于"王夫之理想人格论及其当代启示"的论述，这些都为本课题的研究提供了非常宝贵的参考信息。在前期，学校还邀请朱迪光教授来校讲学，介绍船山思想，引领船山学子认祖归宗。

学校始终将船山文化视为精神之源和立校之本，我们已将船山思想打造为学校的理念文化，并将核心理念"以诚立教，仁植义育"刻在文化石上，将校风、教风、学风及《船山小学赋》刻在学校大厅的文化墙上，将王船山铜像矗立在校园内，营造文化氛围。

为了将船山思想内化为行为，学校师生认真学习学校理念文化，努力践行船山思想，以此规范自己的日常行为，出台了"船山七星好少年"的评价方案，设置了不同学段的评价标准，开展"船山七星好少年"评选活动，进一步促进学生的品格发展。

读万卷书，行万里路。从2008年起，学校还开设了移动课堂，将课堂搬到教室之外，根据学生的年龄特点，选择移动课堂考察地点，其中有几处考察地点是船山先生的出生地、船山故居和船山书院，让学生现场参观王船山著书立传的地方；在湘西草堂前放声朗诵《船山小学赋》《学生誓词》等，感悟船山思想。

总体来说，一方面，学校在研究经费、研究设备、研究资料、研究时间等方面已有保障；另一方面，学校已有的研究成果也可尝试着应用到本课题当中。因此，开启本课题的研究与实践已是水到渠成。

十、本项目的创新之处

1. 研究内容的创新

将船山思想与小学生品格的发展结合起来研究，填补了国内的研究空白，促进小学生品格发展，为构建和谐社会打开了另一扇窗。

2. 研究方法的创新

强调调研，从小学生的问题及日常行为规范入手，解决小学生的品格问题。

3. 研究角度的创新

充分利用地方特色，与培养人的品格发展结合起来。衡阳是王船山的故乡，学生天然受到其思想的熏陶，为我们的研究提供了便利，使我们这个研究能更好地开展。

十一、实施步骤与措施

第一步：准备阶段（2017年9月—2018年4月）

（1）成立课题组，进行调研。

（2）收集、整理相关资料，研究国内外现状。

（3）问卷调查并分析整理，撰写调查报告。

（4）制订研究方案。

第二步：实施阶段（2018年4月—2019年4月）

（1）课题立项后组织开题，进一步完善研究方案，制订实施计划。

（2）根据实施方案，开展实践活动。

① 营造文化氛围。船山实验小学以船山文化为精神之源和立校之本，以船山思想打造学校的理念文化，并将核心理念"以诚立教，仁植义育"刻在文化石上，将校风、教风、学风及《船山小学赋》刻在文化墙上，将王船山铜像

矗立在校园内，以此激励全校师生。

② 邀请专家来校讲学。船山思想博大精深，其文言文隐涩难懂，为了让学生明白船山思想的要义，我校邀请专家教授来校对学生进行船山思想教育，以小学生喜闻乐见的方式讲述船山故事，介绍船山思想，引领学生做船山传人。

③ 课内教学。通过课前诵读船山先生的经典语句，让学生受到思想熏陶；通过引导学生阅读《船山学简明读本》《王船山绘本》等书籍来领悟船山思想。

④ 课外实践。通过移动课堂考察，将学生带到船山先生出生地王衙坪、船山故居湘西草堂、船山书院等地，去寻访船山足迹。穿越空间和时间，让小学生实地体验、感悟船山思想，促进小学生品格的发展。

⑤ 以日记为载体，研究小学生的行为细节。让学生以日记的形式来记录自己的日常行为及看到的现象，并对看到的现象进行是非辨别，在以后的日常生活中规范自己的行为。教师要求学生要讲真话、写真事、吐真情。"真"就是真实、诚实。这样，教师通过日记不仅能全面了解学生的行为表现，制定相应的行为规范，而且无形中培养了学生诚实的良好品格。

⑥ 践行船山思想，规范学生行为。在日常学习、生活中，以船山思想为指引，不断修正学生的行为。

（3）继续调查问卷，并分析问卷调查，修正研究内容，撰写调查报告。

（4）开展研讨活动，定期向省市课题组进行研究汇报；撰写经验论文；完成阶段性研究工作总结，进行阶段性成果评估。

第三步：总结推广阶段（2019年5月—2020年6月）

（1）检验研究效果，收集、整理过程资料，进行全面分析。

（2）进一步调整研究实施方案。

（3）总结提高，进行实验成果的综合评估，撰写研究报告。

（4）编辑相关专著，编印成果集。

（5）推广研究成果。

参考文献

[1] 王兴国.船山学研究的新进展——2002王船山国际学术研讨会综述[J].船山学刊，2003（1）.

［2］沈建萍.小学生不良行为习惯的现状分析及转化策略［D］.上海：上海师范大学，2010.

［3］朱迪光.船山思想与社会主义核心价值观研究［M］.北京：中国社会科学出版社，2017.

［4］张齐政.以王船山研究为契机，促进海外及台港澳地区对中国传统文化的认同［J］.衡阳师范学院学报，2014（1）.

［5］王夫之.读通鉴论［M］.北京：中华书局，1975.

［6］王夫之.船山全书［M］.长沙：岳麓书社，2011.

经典，是孩子们永远的精神食粮

——"小学生经典阅读的有效策略研究"研究报告

一、问题的提出

1. 国外关于课外阅读研究现状的评述

苏联教育家苏霍姆林斯基说过："让学生变聪明的方法，不是补课，不是增加作业量，而是阅读、阅读、再阅读。"我国西汉文学家刘向也说过："书犹药也，善读可以医愚。"书籍是人类文明的结晶，是智慧的源泉，是人类的营养品，而课外阅读对开阔学生的视野、丰富学生的知识、提高学生各方面的能力起着重要的作用。因此，课外阅读日益受到世界各国人民的重视。从1995年开始，联合国教科文组织就把每年的4月23日确定为"世界读书日"，鼓励人们多读书、读好书。世界各国纷纷开展了各种形式的读书活动，并集结政府、社会、学校、家庭的力量，为阅读保驾护航。例如，曾任美国总统的克林顿在1998年10月签署了《阅读卓越法案》，美国的儿童每天有一个小时在阅读作业室工作；2004年7月，英国前首相戈登·布朗还宣布给地方性的阅读推广活动——"阅读起跑线"计划提供资金，以扩大影响，从而确保每个孩子在三个关键时期都能得到免费的图书，成为引起广泛影响的世界性幼儿阅读运动；日本政府把2000年定为"儿童阅读年"，2001年年底，日本儿童阅读推进法颁布，指定4月23日为日本儿童阅读日；2005年，新加坡创办了全民阅读活动 "Read! Singapore"，活动内容不断丰富，参与的读者也在逐年增加。

2. 国内关于课外阅读研究现状的评述

国内关于课外阅读的研究与实践活动也在广泛地开展，并取得了大量研究成果。近年来，我国不少专家学者在课外阅读方面也进行了独特的、有益的探索研究，课外阅读实验活动在全国各地开花结果，如当前非常有影响的十大课外阅读实验：①广州华南师范大学附小陈琴老师的素读经典实验，已成为小语园地里的一朵奇葩，其所开创的经典"素读"课堂，目前正被业界许多老师纷纷效仿；②山东省潍坊市北海学校韩兴娥老师的课内海量阅读实验，推动了小学语文课堂教学的深度变革，引领了教师成长及教育教学改革的方向；③北京铁路二中特级教师程汉杰老师的高效阅读实验，取得了可喜的成绩，其影响远播到中国香港、新加坡等地；④深圳市宝安区黄田小学刘宪华老师的主题阅读实验，引领深圳市宝安区、东莞市等地区20多所实验校走出了主题阅读的研究之路；⑤南方报业传媒集团南方分级阅读研究中心倡导的分级阅读实验，在阅读推广的深度、广度、渠道等多个层面进行创新，引领儿童阅读新时尚；⑥河南省教研室语文教研员孟素琴老师的扩大阅读实验，给河南本土的教改者提供了一个新的样本和发展方向，也让不断呼吁本土教改力量出现的专家和媒体看到了希望；⑦山东省高密一中李希贵校长的"语文实验室计划"，为阅读研究开辟了一个新的视域；⑧《新语文读本》推广实验，为中小学生提供了一套高品位的营养套餐，由钱理群、王尚文、曹文轩等主编的《新语文读本》被誉为"第一语文读本"；⑨洛阳市洛龙区教育局张欣局长倡导的经典诵读与思品课整合及阅读行为彰显实验，在培养大成智慧之材中起到了人文方面的奠基作用；⑩朱永新教授创办的新教育实验开发的"毛虫与蝴蝶——新教育儿童阶梯阅读实验"，为各个年龄阶段的儿童寻找到最适当的阅读书籍，为广大教师探求到最适合的指导方式，为很多学校营建起最适宜的阅读情境，其影响遍及全国。这十大有影响力的课外阅读实验，为人们提供了丰富的实践经验和开阔的理论研究空间。在进行理论研究的同时，国内一些专家学者和科研机构还进行了一系列课外阅读实践活动，如2011年，儿童文学作家童喜喜发起了"新教育萤火虫"亲子共读项目；2013年，树人教育研究院联合教育部西南基础教育课程研究中心等多家学术单位及国内外阅读教育研究专家在国内大范围地探索群文阅读，举行了每年一次的"群文阅读现场课大赛"，取得了丰硕的成果；2014年5月29日，中国儿童文学研究会教育研究中心（部）与清华大学附属小学联合举办的"首届北京国际儿童阅读论坛"在清华大学附属小学隆重召开，活动引进国际先进儿童阅读理念，交流国内外最新儿童阅读经验，总结儿童阅读推广与教学的方法与策略，构建全国儿童文学阅读教育交流平台。

近年来，课外阅读越来越被国家政府所重视，近几年来，全民阅读连续被李克强总理写进《政府工作报告》中，阅读已上升至我国的国家战略层面。

3. 课题的提出

课外阅读越来越受到国内外人民的重视，但对经典阅读的研究不多，而经典阅读对小学生的成长及其今后的人生却有着重大的影响。阅读经典，是学生们的精神和心灵的需求。它有利于人类经验的传承，有利于人类想象力的延续。一个人如果从小能得到经典的滋润，长大后，他就有可能成为一个经典的人。阅读经典是"终身学习"型社会发展的需要，是学校发展的需要，更是学生健康成长的需要。虽然众多专家学者在课外阅读这方面做了许多的研究，但对经典阅读的研究涉及还不多，对提高经典阅读的有效性的方法、策略等问题的研究还没有深入拓展。因此，我们提出了《小学生经典阅读的有效策略研究》这一课题。

二、概念的界定

"经典"，是指经过时间考验的，具有重要影响、经久不衰，能作为典范和权威的著作。正如中国现代文学研究会副会长钱理群教授说的那样："经典的选择与阅读，必须有开阔的视野，不仅要读古代经典，还要读现代经典；不仅要读中国经典，还要读外国经典；不仅要读文学经典，还要读社会科学、人文科学和自然科学的经典；等等。"

"经典阅读"，是指小学生在教师的指导下，用有声朗读或无声默读等方式精读或浏览中外经典名篇名作，在阅读过程中获得精神愉悦，逐渐培养其仁义敦厚的高尚人格，开启其创新思维。

"有效策略"，是指在推进经典阅读课程的过程中，为实现具体的经典阅读目标所采取的一系列有意义、有实效的解决问题的行为方式。

三、研究假设

学生是经典阅读的主体，如果教师能够根据不同阶段学生的心理和智力发展状况，建立科学的经典阅读课程模式，采取切实可行的对策，有针对性地指导学生阅读，持续地开展形式多样的阅读活动，就能够充分调动学生的阅读主动性，形成良性循环，提高经典阅读的有效性，从而改善当前学生经典阅读的现状，激发学生阅读经典的兴趣，提高学生的语文素养、人文素养、科学素养和道德素养，丰富校园文化，提升学校办学品位，促进学校特色发展。

四、理论依据

1. 教育学理论

阅读是发展学生智力的主要方法，苏联教育家苏霍姆林斯基指出，孩子的阅读开始得越早，阅读同他的全部精神生活越能有机地发生联系，阅读时思维过程就越复杂，阅读对智力发展就越有裨益。他还指出，小学阶段学生应具备的各种能力中，阅读能力居于首要的地位。快速地、会思考地阅读，是学生学好各门学科的基础。

2. 多元智能理论

美国著名心理学家霍华德·加德纳认为每个人都同时至少拥有8种智能，每个人的智能强项是不同的，也并非一成不变，教育的责任就是发现和发展学生的智能强项，使学生能在发展过程中及早地体会到成功的快乐。课外阅读特别是经典阅读就能使人的各种智力得到不同程度的发展。

3. 教育心理学理论

阅读是一种心理过程。这个过程首先是满足阅读者对文字信息及其他符号信息的识别、筛选、区分和判定的需要；其次是满足审美的需要。经典阅读恰好满足了阅读者的这种心理过程，是人与外界进行信息交流的重要途径，能帮助小学生从阅读中获得知识，培养性情，汲取营养和前进的力量。

4. 新课程实验理论

朱永新教授说："一个人的精神发育史实质上就是一个人的阅读史。"阅读可以涵养性灵，阅读可以增长才情。语文教育应回归到那些积淀了人类思想精髓和民族文化精华的经典文本中，承担起传承经典文化、建构学生优秀人格、提升语文素养的重要责任。

5.《语文课程标准》的要求

《语文课程标准》明确指出："语文教学要培养学生广泛的阅读兴趣，扩大阅读面，增加阅读量，提倡少做题，多读书，好读书，读好书，读整本书。"强调"整个小学阶段学生要背诵古今优秀诗文160篇（段），课外阅读总量不少于145万字"，要求学生通过阅读经典，认识中华文化的丰厚博大，吸收民族文化智慧，关心当代文化生活，尊重多样文化，汲取人类优秀文化的营养。

五、研究目标

本课题旨在采取切实可行的对策，有针对性地指导学生阅读经典，激发学生阅读经典的兴趣，提高学生的综合素养，使其终生受益。

（1）根据学生的年龄、学段、性别、性格、心理特点等方面的差异，探索出小学各阶段学生的经典阅读目标，以及为达到该目标适合阅读的书目，形成小学生经典阅读读物分类遴选的策略，从而正确引导学生进行经典阅读，提高学生的语文综合素养，并养成终生阅读的习惯。

（2）遵循学生的认知规律和心理发展的特点，形成小学生经典阅读课型构建的策略，从而提高教师的指导实效和学生的阅读质量。

（3）通过本课题的研究，形成小学生经典阅读实践活动设计与组织的策略，从而激发学生的阅读兴趣，产生阅读经典的强烈愿望，陶冶情操，汲取智慧，增强文化底蕴，成为有修养、道德高尚、人格健全的中国人。

（4）通过本课题的研究，形成小学生经典阅读与各学科教学有机融合的策略，彰显经典阅读的魅力，从而提高教师和学生的素养。

（5）通过本课题的研究，探索构建书香班级、书香校园的途径，丰富学校的文化内涵，提升学校的文化品位，促进学校的校园文化建设，突显学校的办学特色。

六、研究内容

围绕"小学生经典阅读的有效策略研究"这一课题，主要进行以下几个方面的研究：

（1）各学段小学生经典阅读的实施要求及操作方法的研究。

（2）小学生经典阅读实践活动设计与组织的策略研究。

（3）提高小学生经典阅读技能及效果的策略研究。

（4）小学生经典阅读课型构建的策略研究。

（5）小学生经典阅读与各学科教学有机融合的策略研究。

七、研究方法

本课题研究主要以行动研究法为主，辅之以调查研究法、文献研究法、行动研究法、案例研究法和经验总结法等。

1. 调查研究法

采用问卷的形式，了解教师、学生、家长对经典阅读现状的看法，就学生经典阅读状况细致调查，客观分析，找准问题所在，确定研究的突破口和着力点，有针对性地展开课题研究。

2. 文献研究法

广泛收集和查阅文献资料，吸收全国其他学校在经典阅读方面的宝贵经验和研究成果。收集、整理、筛选前沿理论信息，为课题研究提供科学的论证资料和研究方法。

3. 行动研究法

组织校本教研，坚持教育性、实践性、趣味性、合作性、持续性、创造性原则，采取个别研究、小组研究、群体观察相结合的方式，在实践中不断探究、反思、提升。

4. 案例研究法

结合学生在经典阅读活动中各方面素养提高的典型案例，不断地反思、验证，形成新的措施，以利于进一步的推广应用。

5. 经验总结法

及时总结研究和实践过程中的收获，反思失误，及时改进。坚持写教学随笔，选取典型案例，进行分析归纳，总结推广。

八、研究过程

本课题研究注重理论与实践相结合，注重课内与课外的有机结合，注重课题实验的发展性、综合性、创新性和实效性，有计划、有步骤、扎扎实实地完成研究任务，具体分为三个阶段：

第一阶段：准备阶段（2014年11月—2015年4月）

（1）成立课题组，制订研究方案。

（2）收集、整理相关资料，问卷调查并分析整理。

第二阶段：实施阶段（2015年6月—2017年6月）

1. 申报立项，争取专家指导

我所带领的课题组成员虽有一定的实践经验，但理论水平还达不到专业水准，研究的深度、广度不够，急需学习与培训，所以积极创造各种学习机会，通过各种形式的培训，以切实提高课题组成员所需的科研能力。

一方面"请进来"，聘请省、市专家到校进行指导、培训；另一方面"走出去"，多次派课题组的核心成员参加省内外、市教科所举办的各种培训，返校后再进行学习汇报，从而达到"一人学习，全体提高"的目的。

2. 深入实践，具体实施

（1）营造书香氛围，激发阅读兴趣

加强书香校园、书香班级的建设，营造浓郁的书香环境，让学校的每一面墙壁都说话，让学校的每一个角落都发光，让学校的每一个地方都洋溢书香，使学校处处体现书香特色。充分利用"红领巾广播站"播放经典诵读录音，使校园时常回荡经典诗文的优美旋律，激发学生阅读的兴趣。

（2）确定阅读书目，提供图书资源

指导学生开展经典阅读，首先面临的重要问题就是读什么。我们坚持从学生的实际出发，以学生的兴趣为中心去考虑，根据学生的心理需求，参考新课程标准和朱永新教授主编的《中国小学生基础阅读书目》，给学生规定了经典阅读的必读书目和选读书目，并购买了相应的书籍，为学生提供充足的图书资源。

（3）确立各年段经典阅读目标与内容，做到有的放矢

作为小学生，因年龄、学段、性别、性格、心理特点等方面的差异，不同学段的学生，其阅读能力和兴趣也随之不同，因此研究经典阅读目标与内容是课题研究的核心任务。

（4）制订阅读计划，确保阅读教学的有效性

根据所制定的目标和内容，课题组在学期初认真讨论制订各年级经典阅读指导教学计划。计划涵盖了学情分析、必读书目与选读书目的分析、教学重难点、教学措施、阅读方法指导、特色阅读活动、评估考核阅读进度表等方面。

（5）创造阅读条件，增强阅读实效

利用学校图书室丰富的图书资源，鼓励学生多读书，读好书。班级建立"图书角"，鼓励学生交流阅读，实现资源共享。把阅读课纳入学校课程体系，每周安排两节经典阅读课，充分保证学生阅读的时间。坚决禁止把阅读课挪作他用，学校安排专人从阅读课的开展、纪律、教师的上课情况等方面检查阅读课的实施情况，并进行登记、反馈、总结，作为评选书香班级的依据。

（6）加强方法指导，提高阅读效率

阅读方法的指导有利于提高阅读质量和阅读效率，有助于学生将对经典名著的阅读由随意性、消遣性提升到有品位的研究性、积累性阅读，让学生真正读有所获。

① 指导学生有序阅读。学生阅读作品前首先要阅读前言、后记和目录，对这本书的写作背景、作者情况、写作目的和大致内容有个初步了解，为深入阅读奠定基础。

② 指导学生充分利用工具书，养成良好的阅读习惯，勤查字典，排除字词障碍，以扩展视野。

③ 指导学生多种阅读方法融合。培根说得很好："书籍好比食品，有些只需浅尝，有些可以吞咽，有些则需仔细嚼，慢慢品味。所以，有的书只要读其中一部分，有的书只需知其中梗概，而对于少数好书，则要通读、细读、反复读。"学生通过浏览、速读、泛读、精读等不同的读书方法，根据不同文体、不同读书目的及自我需要，采用不同的读书方法。对于名篇名著和其他文质兼美的优秀作品即经典作品，就要精读，需要深入细致地研读，有的经典作品还要反复地读几遍，甚至熟读成诵。

④ 指导学生做好读书笔记。阅读时，教师要指导学生做好读书笔记，养成"不动笔墨不读书"的习惯。读书笔记的形式多样，可以是抄名言、写摘要、作批注、列提纲、制卡片、画图表、写心得、制作剪贴本等。

（7）采取多种形式，提高授课实效

① 按期召开课题例会。课题组确定每月第一周周二下午召开课题例会，组织教师进行课题研究学习。要求各位教师到图书馆查找相关资料，阅读《小学语文教师》《人民教育》等专业期刊，经常浏览中国知网等网站的文章，不断提高教师的理论水平。要求教师和学生一起进行经典阅读活动，加强经典诗文的积累，夯实文化底蕴。

② 加强教师培训。聘请经典阅读方面的专家来校讲座，提高教师们的教育科研能力。2015年下学期，学校先后邀请管建刚、辛晓明、王迎春等专家来校授课、讲座，让教师们在观摩学习中成长，在思考研究中完善自我，从而促进教师们自身专业的成长，为教师们的经典阅读教学指明了方向。

③ 研究课型。在研究过程中，我们一直努力探索经典阅读课型的开发，目的是在多类型的阅读指导课中培养学生阅读兴趣，提高阅读能力。我们每学

期安排八位教师上经典阅读的研讨课、展示课，做好经验总结，确定经典阅读的课型。根据制定的经典阅读的目标和内容，我们已确定的课型有：读物推荐课、读物指导课、读物欣赏课、读物分享课。

④ 开展经典阅读方面的论坛活动。自2014年开展课题实验以来，每学期语文组都会围绕经典阅读的研究内容开展论坛活动。例如，2015年下学期一年级组李珊老师作了《让绘本陪伴孩子一同长大》的发言，二年级组马彬老师作了《如何激发低段学生经典阅读兴趣》汇报，三年级组刘雪娇老师以《如何上好阅读方法指导课》来展示自己的做法，四年级组梁瑞莲老师讲了《在语文教学中怎样开展有效的读写结合训练》，五年级组王涛老师、语文组教研组长万文艺老师和主管教学的李海燕副校长赴重庆参加"第五届儿童阅读与语文创意教学观摩活动"暨"全国第三届群文阅读现场课大赛"，回校后都做了群文阅读学习汇报……论坛活动开展得有声有色，教师们受益匪浅。

（8）开展读书活动，搭建展示平台

开展丰富多彩的系列读书活动，为学生搭建一个个读书成果展示平台，不但检验了学生读书的效果，还让学生在交流中分享阅读的快乐，进而提高他们阅读的兴趣：

① 每学期期末分年级举行相关的经典阅读活动，如"小小擂台赛""经典名著知识竞赛""经典诵读比赛""诵读表演唱""经典童话讲述""成语故事大赛""读书交流活动""经典阅读手抄报"等多样的活动，评选班级"阅读之星""阅读小能手"，以此来激发学生经典阅读的积极性。

② 每年举办一次读书节，运用朗诵、吟唱、表演等不同形式演绎经典，全方位、深层次、多角度展示经典阅读成果。

③ 开展家校联动读书活动。小学生的自制能力比较差，在学校里，有教师的引导和同学的影响，能积极主动地阅读，然而，回到家里，容易受到电视、手机、游戏等影响，导致经典阅读的连续性和效率性无法得到有效保证。所以，积极寻求与家长的配合，共同营造家校阅读氛围，形成家校阅读机制，显得尤为重要。我们鼓励家长参与学生的阅读计划，每天用半小时左右相互听读，讲见闻，赏美文，分享阅读心得。每学期的家长会上，教师向家长强调读书的重要性，同时让亲子阅读方面做得好的家长在家长会上传经送宝，帮助所有家长投身到伴随孩子读书的活动中来；每学期开学初或上个学期末，发家校通或通过班级QQ群告知家长一个学期的必读书目和选读书目，让所有家长了

解孩子要阅读的书目，帮助孩子购买要阅读的书目，并帮助孩子阅读。我校每学期一次的经典阅读家长开放日活动、"亲子共读一本书"等亲子阅读活动，已成为学校读书活动中一道情意浓浓的风景线。特别是经典阅读家长开放日活动，更是让家长深切感受到家庭读书氛围的营造、家长示范作用的重要性。

3. 收集资料，开展研究，编写校本教材

根据学生的年龄特点、认知规律和实际需要，以《语文课程标准》总目标为依据，课题组的教师按照学段阅读目标进行资料汇编。汇编的内容既有古代经典，又有现代经典；既有中国经典，又有外国经典；既有西方经典，又有东方经典；既有文学经典，又有社会科学、人文科学和自然科学经典等。按照课程目标，我们拟编写小学生经典阅读系列读本，目前已经编写了《绘本阅读校本教材》，分年级开发了《经典诵读校本教材》和《儿童文学阅读校本教材》，引入了《百家姓》《千字文》《弟子规》《三字经》《声律启蒙》《增广贤文》《论语》和《诗经》等经典诵读读本。

4. 对研究成果进行分析，撰写论文，形成阶段性研究成果

通过专家的指导和课题组全体成员的及时分析、不断总结，本课题厘清了经典阅读的内涵，从经典阅读的内容设计策略、组织形式、课型构建、实施流程、保障机制等方面完善了经典阅读的课程体系，为小学生经典阅读构建了一种新的模式。课题组成员也形成了各自特色鲜明的理论观点，共撰写了16篇论文，获得省级以上奖励3项，在省级以上公开刊物发表3篇。

第三阶段：总结推广阶段（2017年7月—2018年7月）

（1）收集、整理过程资料，进行全面总结分析。

（2）总结提炼，进行实验成果的综合评估，撰写研究报告。

（3）邀请专家结题、验收，并上报材料参加评审。

（4）编辑小学生经典阅读系列读本，编印成果集，推广研究成果。

九、初步研究成果

通过近年的研究与实践，我们初步厘清了经典阅读的内涵，从经典阅读的目标设计策略、经典阅读书目推荐策略、经典阅读指导基本课型、经典阅读与各学科及校本课程的有机整合等方面提高了经典阅读的实效性。同时，我们将研究成果应用在实际的教育教学中，教师的专业素养、科研能力不断提升，学生在"经典"中品味成功，在"经典"中快乐成长，学生的语文素养、人文

素养、科学素养和道德素养均显著提高，得到了家长的大力支持，也在社会各界引起了极大反响。

1. 确立了各年段经典阅读目标与内容

根据小学生各学段的特点，课题组在研究之初便以新课程标准为依据，确立了比较完善的经典阅读目标与内容。

第一学段（一年级至二年级）：阅读浅近的童话、寓言，诵读儿歌、童谣和浅近的古诗，欣赏温情四溢的绘本，积累自己喜欢的成语和格言警句，背诵优秀诗文50篇（段）。读完本年级的两本必读书和两本选读书，课外阅读总量不少于5万字。

第二学段（三年级至四年级）：阅读著名童话、寓言、故事集和浅显的科技文章、儿童文学、儿童报刊、人物传记、历史名著，学习阅读的一般方法，学会在阅读时做批注，学会做摘录笔记；诵读优秀诗文，背诵优秀诗文50篇（段）。读完本年级的两本必读书和四本选读书，课外阅读总量不少于40万字。

第三学段（五年级至六年级）：扩展学生的阅读面，阅读文学名著和科技类文章，会写阅读笔记，掌握一些如精读、泛读、速读等阅读方法；诵读优秀诗文，背诵优秀诗文60篇（段），初步鉴赏经典名著，利用图书馆、网络等信息渠道尝试进行探究性阅读。阅读本年级的两本必读书和四本选读书，课外阅读总量不少于100万字。

2. 确定了系统的经典阅读推荐书目

当今社会不断进步，科学知识迅猛发展，市场上的小学生读物可谓浩瀚如海，但小学生的辨别能力不高，家长们面对五花八门的少儿读物也不知所措。因此，选择符合小学生年龄特点及认知和心理发展规律的阅读文本，是本课题研究的另一个重点。几年来，课题组根据各年段的经典阅读的目标，本着"教育与趣味并存，细致与全面兼顾"的原则，在实践中不断探索，初步总结出了小学生经典阅读书目的推荐内容：

（1）推荐经典绘本：绘本是以图文并茂的形式，反映儿童生活为主的儿童图书。好的绘本，不仅图画精美，构图、色彩使学生在视觉上引起愉悦，对培养学生的认知能力、观察能力、沟通能力、想象力、创造力，以及情感发育等，都有着难以估量的潜移默化的影响。根据绘本的特点，从儿童心理出发，针对刚步入经典阅读之路的一、二年级的学生，我们推荐了《爱心树》《我爸爸》《猜猜我有多爱你》《你看起来好像很好吃》《大卫，不可以》等经典绘本让学生们阅读。现在，这些绘本都已成为学生们爱不释手的阅读作品。

（2）推荐经典的神话、童话故事书：每个学生在小的时候，都有一个个浪漫的梦想，而经典童话故事和神话故事就像每个夜晚在空中眨着眼睛的星星，它用一种浪漫温馨的手法为孩子们支起了一个个神奇的世界，用一种最简单的方式告诉孩子们什么是真、善、美。《格林童话》《安徒生童话》《中外神话传说》《一千零一夜》《希腊神话故事集》等正是其中的经典佳作。

（3）推荐科幻类、探索类的书：好奇心强、爱冒险是学生的天性，而科幻类、探索类的书正好满足了那些乐于幻想、爱好冒险的学生。我们推荐了《海底世界》《神秘岛》《格兰特船长的儿女》及《哈里·波特》系列等科幻类的书，让学生们经历了一段段神奇的魔幻之旅。

（4）推荐科普类书籍：科普类书籍既能让学生一窥科学世界的美丽，又避免了大量的科学公式和枯燥的文字叙述，让学生在愉悦的阅读体验中乐享科学所带来的美好；既能启发心智，又能给生活增添乐趣，还能让学生了解世界的奇异。

（5）推荐动物小说：孩子的天性是善良、纯真的，而动物小说就能充分挖掘孩子内心的这份"柔软"。例如，沈石溪的动物小说《狼王梦》《第七条猎狗》《最后一头战象》《斑羚飞渡》等，加拿大作家、动物小说体裁的开创者西顿的《西顿野生动物集》等都是小学阶段的学生应该饱读的经典读物。

（6）推荐经典名著：经典的魅力是无限的，但并非所有的经典都适合小学生。因此，选择适合小学生认知水平和理解能力的名著尤为重要。在推荐此类书籍时，我们以语文课堂教学为中心，选择贴近学生语文课堂相关的经典文学作品，有了课文作为范例，再去读相关的书，更有利于学生消化与吸收，也更能理解名著的精妙和主题的深邃，像中国古代四大名著、现代著作《城南旧事》、科普巨著《昆虫记》等，就很容易引起学生的阅读兴趣，所以我们就推荐了这些书籍让学生阅读。

（7）推荐贴近学生生活的书：这类书一般能贴近学生们的童年生活，书中人物的年龄与学生相仿，其言行举止也贴近学生的心理需求，容易引起学生的共鸣。像《窗边的小豆豆》《皮皮鲁》《草房子》及《马小跳》系列等都是学生们的最爱，所以在我们的图书室，这类书籍也很丰富。

（8）推荐新书：时代在发展，知识在更新，书的种类更是日新月异。学

生们除了了解过去，也必须与时俱进。推荐适合学生读的新书，是每个学期推荐书目的重点。每个学期学校都会根据学生的特点购买新的经典书籍，及时向学生推荐，吸引学生的眼球。

3. 研发了系统的、可操作性强的经典阅读课课型

通过两年的探索，课题组研发了一套系统的、可操作性强的经典阅读课课型。有读物推荐课、绘本阅读指导课、阅读方法指导课、读物欣赏课、读物分享课等，各种课型力求遵循儿童认知规律和心理发展的特点，既有共性，又体现个性。下面介绍这几种主要课型的基本做法：

（1）读物推荐课：每阅读一本新书之前，我们都要给学生上读物推荐课。其教学流程为"推荐这本书—介绍该书的作者、社会影响、出版社等—分享书中精彩内容—提出阅读要求—自由阅读"。

（2）绘本阅读指导课：此课型适合低年级段学生，其教学基本流程为："激趣导入—观察了解—引导品读—自由赏读—拓展迁移"。例如，段志强老师在执教绘本《你看起来很好吃》时，首先引导学生观察封面图画和文字，设置悬念，了解作者，然后带领学生一页一页地品读故事，并在趣味点上引导学生思考、想象。师生共同读故事、谈体会、悟情感，一幅幅含意深刻的画面，一行行意味深长的文字，化为学生眼眸中闪亮的星星。

（3）阅读方法指导课：在阅读指导课上，我们针对预定的阅读指导目标，在不同年级进行相应的阅读方法的指导和探讨。例如，指导低年级学生学会读书动笔的方法，指导中年级学生学会用读书符号做阅读批注，指导高年级学生撰写读书笔记，以及浏览和速读的方法等。其基本流程为"提出目标—讲解阅读方法—范文引导—练习巩固"。例如，二年级胡蓉老师执教《金拇指》一课时，引导学生把文中的好词圈出来，把好句用横线画出来。四年级的梁瑞莲老师执教《学写读书笔记》一课时，课前要求学生准备好"阅读摘抄本"，授课时先和学生交流"什么是读书笔记""为什么要做读书笔记"，接着具体指导学生怎么写读书笔记，最后以必读书目为范例指导学生写摘抄笔记。五年级的王涛老师执教的"走进《三国演义》"一课，则是在教学中指导学生如何速读。

（4）读物欣赏课：这类课主要是就书中的某一个章节或某一篇精彩的文章，师生一起赏读。课堂上或是品味故事中人物丰富的情感世界，或是赏析作者独到的表达方式，或是感悟不同作品特有的语言文字魅力……读物欣赏课让学生在不断品味和思考、想象与拓展中，将书读得更丰富、更深入、更透彻。其教学基本流程为："整体回顾读本的主要内容及作者的有关信息—指导学生品读书中令人印象深刻的语段—引导学生感悟语言文字背后的情感—对学生进行语言文字训练—渗透阅读方法的指导。"

（5）读物分享课：这种课型主要是学生在课前广泛阅读的基础上，与同学分享自己在经典阅读中的感受与收获。学生通过讨论、演讲、朗诵、表演、讲故事、写读后感等多种形式将读书心得与大家交流分享。其教学基本流程为："简介作者—了解内容—走进故事—点评人物—交流片段—分享收获。"

除了以上几种课型，还有"读书成果汇报课""阅读实践课"等课型，在课题组教师的不断探索和实践中也逐渐完善。

4. 把经典阅读与各学科有机融合，彰显经典阅读的魅力

在实验中，我们不仅在语文教学中充分渗透经典文化，探索有效的教学策略，还将经典阅读与美术学科、音乐学科、体育学科、科学学科、电影电视校本课程、移动课堂考察活动等结合起来，彰显经典的魅力。

（1）将经典阅读与语文课结合起来

张志公先生说过："三分课内，七分课外。"叶圣陶先生也说过："得法于课内，得益于课外。""语文教本好比一把钥匙，学生拿了它去开其他的书库。"教师要指导学生将语文课所学到的阅读方法运用到课外阅读中。在日常教学中，教师要根据语文课本里学习的内容做课外延伸，向学生推荐相关的经典文学作品，引导学生沟通课内、课外知识的内在联系。例如，学完《七律·长征》一课后，教师拓展延伸，推荐学生阅读《丰碑》《金色的鱼钩》《一袋干粮》等红军长征的小故事，课外背诵毛泽东的《沁园春·长沙》《沁园春·雪》《卜算子·咏梅》《忆秦娥·娄山关》等诗词；学完《少年闰土》一课后，推荐学生阅读鲁迅的《故乡》；学完《赤壁之战》一课后，指导学生阅读《三国演义》；学完《景阳冈》一课后，引导学生阅读《水浒传》等。

（2）将经典阅读与写作结合起来

叶圣陶先生曾说："阅读是写作的基础。"由此可见，作文离不开阅读，作文得益于阅读，因为阅读为作文提供了"怎样写"的范例，作文运用了阅读中积累的词句和关于素材整合的知识。在阅读经典时，可以摘抄其中的精彩句段，可以写读书随笔；读了经典之后，可以缩写、改写、扩写、仿写，为人物写内心独白，为角色写人物小传等，如经典名著《水浒传》塑造了108个

英雄好汉的形象，其人物描写个性鲜明，各具风采，其人物描写方法值得我们学习，所以阅读《水浒传》之后，可以仿照作者描写人物的方法写一写"我们这个大家庭"。指导学生从不同的方向切近经典作品，不仅优化了经典阅读的效益，而且提升了学生的写作素养。

（3）将经典阅读与音乐学科结合起来

音乐与诗歌相结合，是一种综合艺术形式，在音乐教学过程中，教师可因材施教，寻找或自编教学内容，将相应的经典诗文诵读与音乐融为一体。例如，母亲节时，在音乐课上，教师教学生唱《游子吟》，在吟、诵、唱、演的音乐活动中，让学生体验到古诗《游子吟》中慈母的爱子之情和儿子的感激之情。

（4）将经典阅读与美术学科结合起来

在经典阅读过程中，学生可在自己的阅读摘抄本上配上精美的插图，增加美感；教师还鼓励学生进行绘本创作，从而提高学生的想象能力和绘画能力。在美术教学中，教师可指导学生给经典诗文配画，如王嫦昭老师执教的《古诗配画》一课，将古诗中蕴含的意境美通过学生的画笔描画出来，使学生的想象力得到培养，表现力得到提高，绘画语言得以丰富。

（5）将经典阅读与体育学科结合起来

爱玩是孩子的天性，教师将经典诗文利用体育课游戏的形式对学生进行边诵唱边活动的指导，发挥学生的想象力。

（6）将经典阅读与科学学科结合起来

在科学教学中，教师将教学与经典阅读结合起来，激发学生对科学的热爱，提高科学素养。例如，五年级的教师教完《风的形成》一课后，引导学生阅读《十万个为什么》；六年级的老师教完《植物博览》一课后，引导学生阅读《一粒种子的旅行》。

（7）将经典阅读课程与电影电视课程相结合

电影电视这种传播形式因为直观、丰富、绚丽，给人以强烈的视觉冲击，往往更易引起人的兴趣。现在已经有很多名著被搬上银幕或荧屏了，如《三国演义》《水浒传》《西游记》《汤姆叔叔的小屋》《海底总动员》《草房子》等，还有动画片《爱丽丝漫游奇境》《大闹天宫》《尼尔斯骑鹅旅行记》等，学生们都很喜欢。我校从2002年至今，一直开设电影电视校本课程，所以，我们将经典阅读课程与电影电视校本课程结合起来，利用电影电视来引导学生们爱上经典。例如，中央电视台播放电视连续剧《三国演义》的时候，我们举办"读名著，看电视"活动。观看名著改编的电影，并与原著进行比较，让学生更深入理解名著的主题、人物和语言表达等方面的精彩之处。

（8）将经典阅读与移动课堂考察活动结合起来

每年我校每个年级都会开展移动课堂考察活动（移动课堂考察活动是我校的特色活动，我校从2008年4月起就开展了这项活动，申报了《移动课堂对小学生素质发展的实效性研究》的课题，2014年获得了湖南省"十二五"教育科研课题二等奖。我校的"移动课堂"，不仅仅是做课堂，更是做课程，不仅包括传统意义上的校外实践活动，更多的是将学生带到大自然、工厂、农村、部队、社区、历史文化景点等进行文化考察和文化知识的学习实践，让学生在移动的课堂环境和具体情境中学习、成长，注重课内外知识的结合，注重理论与实践的结合，注重学生综合素质的培养）。在活动中，教师们根据移动课堂考察的内容，将经典阅读融入其中。例如，六年级开展"韶山—花明楼—岳麓书院"历史文化考察活动，教师们就指导学生背诵毛泽东诗词、梁启超的《少年中国说》，阅读《恰同学少年》和余秋雨的《千年庭院》。这样的活动，不仅丰富了学生的课余生活，还有效地提升了学生各方面的素养。

5. 促进了校园文化建设

学生阅读素养的发展离不开隐性课程的作用，营造一种浓厚的阅读氛围，能使经典阅读成为小学生个体的无意识自觉行为，成为经典阅读的实践者。毋庸置疑，校园文化建设就是隐性课程建设的主要阵地。本课题的研究，促进了学校校园文化的建设，营造了阅读的育人环境。例如，在校园草坪上放置造型奇特的核心理念文化石，在教学楼大厅镶嵌了校风、教风、学风、办学理念、校赋等，在教学楼台阶上贴满了《三字经》《弟子规》《百家姓》《千字文》《增广贤文》《论语》《诗经》《声律启蒙》《小学生必背古诗80首》中的经典名句，在新教学楼一楼的长廊上贴满了名人读书的故事、阅读方法、名著介绍、好书推荐等。漫步校园，处处充满文化气息，校园里的每一面墙、每一棵树、每一块草坪、每一个角落都溢满书香，可以说经典无处不在，无时不有，既有无声的熏陶和感染，更有有形的引导和教育，处处凸显经典文化的魅力，让校园书香四溢。

6. 丰富多彩的活动，提高了经典阅读的质量

在课题研究与实验的过程中，我们组织开展了丰富多彩的经典阅读实践

143

活动，通过家校互动、师生互动、生生互动等方式，展示学生经典阅读的成果，提高了学生经典阅读的质量，激发了学生经典阅读的热情。学生在丰富多彩的活动中明白了读书的意义，我们常常见到学生三五成群地聚在一起交流读书体会的身影；学生的阅读兴趣、阅读热情也空前高涨，经常在课余时间找书看，每个学生每期至少能阅读 3 本经典课外书，部分学生达到了两周一本。

7. 提高了学生的阅读能力

在阅读过程中，学生逐步学会了常用的阅读方法，如精读法、略读法、选读法、读思结合法、摘录批注法等。高年级学生还能根据书籍种类的不同、读书目的的不同，灵活运用读书方法，收到事半功倍的效果。

通过实验，学生养成了制订经典阅读计划、合理安排阅读时间、查字典或其他工具书、圈点批划、记笔记、勤思考等良好的阅读习惯，阅读量也随之不断增加，独立阅读能力日益增强，语文综合素养得到了整体提升。在阅读中，学生对作品的兴趣不再只停留在"故事情节"上，不再满足于"看书"，而是开始了真正意义上的"读书"。他们已经懂得了如何通过抓重点词句、重点段落精心阅读，仔细品味，会从篇章结构、字里行间体会表达方法，具备了从文字中萃取精华，筛选出自己所需要的知识和信息的能力。

8. 提高了学生的语文素养、人文素养和道德素养

"经典"是人类智慧的结晶，不仅能给人智慧的启迪、美的熏陶、情感的陶冶，还可以使学生身临其境地感受经典作品语言的凝练、构思的巧妙、意境的幽远，既能提高语文素养，更能健全学生的人格，培养学生良好的情操，还能锻炼他们的思维能力。实践证明，经典阅读的确是提升学生品性和修养的有效途径。在经典阅读的引领下，学生的阅读与写作相互交融，产生了和谐的共鸣。现在，学生们还能动笔写小论文了，四年级至六年级的每个学生都写了移动课堂考察小论文，学校评选出优秀小论文，并将优秀小论文结集成册印制刊发。2015年上学期，学生们参加由衡阳市教育科学研究所、衡阳日报社举办的首届"星瀚杯·中国梦"作文大赛，就有46篇作文获奖，其中，特等奖1名，一等奖3名，二等奖7名，三等奖35名。

经典阅读这样一个宽松、愉悦的环境，让学生摆脱了"分数"的束缚，更轻松地去阅读，更真实地去表达，其语文学习能力也在无形中得到培养与提升。几年来，学校虽将大量时间用在学生们的经典阅读的引领上，但可喜的是，学生的学习成绩和教师的教学质量不但没有受到影响，反而不断提高。

2015年12月，参加衡阳市教育科学研究所举办的小学生"博文杯"语数竞赛，学校有119人次获奖，成绩名列前茅。

学校每学期举办一次的"经典诵读比赛""诵读表演唱"等活动，让学生养成了诵读有法、发声有情的良好诵读习惯，掌握了读中悟意、读中悟法、读中悟情的朗读方法，形成了"读出感情，读出味道，读出节奏"的自觉读书意识。如今，学生朗读时的声音、表情，以及那种"如入书境"的陶醉感，已成为学校最美的画面。这种富有情感的诵读能力，也得到了社会各界的认可。2015年3月23日、24日，学校四年级全体学生在"郴州—耒阳"的移动课堂实地考察活动中，在苏仙岭朗诵了秦观和杜甫的诗词，学生们甜美的嗓音、声情并茂的朗诵获得了游客的好评。2015年3月31日—2015年4月2日，学校六年级全体学生在"韶山—花明楼—岳麓书院"历史文化考察活动中，分别在韶山毛泽东铜像广场、南岸私塾、橘子洲头毛泽东雕像前，深情地朗诵了毛泽东诗词、梁启超的《少年中国说》和余秋雨的《千年庭院》。学生们满怀激情的诵读得到了游客的高度赞扬，"天下韶山网"对此还进行了相关报道。

"腹有诗书气自华。"学生们在长期愉悦的阅读和潜移默化的教育中，开阔了视野，陶冶了情操，净化了品格，全面提升了综合素养。

9. 提升了教师的专业素养和科研能力

经过实践研究，教师对经典的认识已经逐步提高，并深切地体会到：读儿童经典，能感悟童心童真；读经典名著，能提高自己的文化底蕴；读教育经典，能走近苏霍姆林斯基、叶圣陶等大教育家，能增长自身的教育智慧。经过经典文化的滋养，教师学会了正心、修身、养德，自身的素养得到了提高。教师从中外名著中得到了提升精神文化品位的动力，从经典回味中完善了人格，丰富了文学修养，从教育专著中获得了专业成长的养料。许多教师在课题研究过程中，不断总结教育教学经验，不断提高自己的反思能力与理论水平，认真撰写随笔。通过与学生"同读一本书"活动，教师的指导能力和朗诵水平得到了提高，真正成为学生经典阅读前行路上的指路人。

通过参与课题研究，课题组成员的教研能力也有了很大的提高。大家共同编写了《绘本阅读校本教材》《经典诵读校本教材》《儿童文学阅读校本教材》及经典阅读教案集、经典阅读优秀论文集、经典阅读活动集、经典阅读学生作文集等。教师们通过理论学习、听专家讲座、集体备课和课例研讨，教学理念得到更新，科研意识正不断增强，知识的储备丰富了，视野开阔了，经典阅读指导的水平提高了。教师明白了经典阅读的重要性，深刻地意识到必须多读书，读好书，不读书就要落后，也无法与学生进行阅读交流。

通过经典阅读，教师的教学水平得到大幅度提升，学校李海燕、何冬玲两位教师被评为市级骨干教师，我被评为市级骨干教师和市级学科带头人，并且还成立了以我名字命名的名师工作室。同时，通过这一课题的开展，激发了广大教师的科研热情，使广大教师的科研意识得到增强，科研水平得到提高，为学校今后的课题研究积累了宝贵的经验。除此以外，课题组成员也在各类研讨活动中不断磨炼，茁壮成长。例如，2015年11月24日，王涛老师为全市20所学校的教师代表上了一堂经典名著《三国演义》的阅读分享课。2015年，学校接待了衡阳市兄弟学校观摩、学习共4次。同年9月，学校还承接了"国培计划（2015）"，衡阳师院小学语文班学员们前来学校进行跟岗实践培训活动。在学习交流活动中，学校多次开放经典阅读课，并将我们的研究成果与各地教师分享。

10. 产生了良好的社会反响

经过近三年的研究，学校师生在经典阅读领域取得了明显成效，引起了教育界乃至社会各界的关注。

其一，《衡阳日报》《衡阳晚报》《衡阳新视报》及衡阳电视台等新闻媒体对学校经典阅读活动进行新闻报道，发表学校师生作品20多篇。特别值得一提的是，"天下韶山网"的一名记者看到学校六年级移动课堂考察的学生在韶山毛泽东铜像广场声情并茂地朗诵毛泽东诗词，被深深感动，他饶有兴致地跟踪拍摄，我们学生走到哪儿，他就跟到哪儿。之后，在"天下韶山网"大篇幅地报道了学校学生诵读毛泽东诗词的事迹。

其二，众多学校纷纷学习学校开展经典阅读活动，且普遍反映学校的经典阅读活动对小学生综合能力的培养卓有成效。本市许多兄弟学校，如衡阳市一中、衡阳市七中、衡阳市第十六中学、衡阳市实验小学、衡阳市高新开发区祝融小学、衡阳市高新开发区华新小学、衡阳市高新开发区蒸水小学、衡阳市高新开发区衡州小学、衡阳市雁峰区高兴小学、衡阳实雁峰区飞雁小学、衡阳市环城南路小学、衡阳市西湖小学、衡阳市蒸湘北路小学、衡阳市蒸湘区联合小学、衡阳市船山第二实验小学、衡阳市成龙成章小学、衡阳市愉景新城小学、衡山县望峰完小、祁东县归阳一中、衡阳市祁东县船山实验学校、衡阳县江山学校、耒阳市明德小学、衡东县大浦镇中心学校、衡阳县元培学校、衡南县雅文学校等诸多学校，慕名前来参观学习、交流取经，学校的经典阅读活动，持续在社会上产生良好的反响。

其三，家长对经典阅读形成了新的理解，感受到阅读带给孩子的快乐，对孩子经典阅读的态度也发生了根本变化。如今，每学期开学初，家长都会积极主动地与孩子一起到书店或在网上买书，并和孩子一起阅读，交流阅读感受，比赛阅读收获，互评阅读笔记，低年级的家长还主动到学校给学生们讲故事。在"绘本阅读、爱润童年、和谐共读、情系船小"绘本阅读家长开放日活动中，陶鑫宇的妈妈主动给全年级所有的学生讲了绘本故事《大卫，不可以》，并做了《亲子阅读——快乐绘本阅读，播种幸福的种子》的发言，与二年级所有的家长分享了自己亲子阅读的经验和体会。总之，家长们普遍认为船山实验小学好，教育理念新，经典阅读对提高学生的素质起到了良好的作用，学校真正为学生们的发展和幸福着想。随之，学校在社会上的口碑也越来越好。

十、尚待深入研究的问题

本课题的研究让全校师生受益匪浅，在收获满园书香之时，我们也在不断地总结与反思。课题研究至今，如下一些问题仍值得我们继续探究：

其一，在成绩和减负双重压力面前，怎样处理好经典阅读与课堂学习的关系，合理安排好课堂学习与经典阅读的时间，切实提高经典阅读的质与量是我们一直思索的问题。

其二，该课题的研究使每个学生得到更多课外拓展的机会，学习兴趣与潜能得到发展，各层次的学生都有不同程度的发展。但还有极个别学生阅读兴趣不浓，如何激发这部分学生的阅读兴趣，也是困扰我们的一个难题，需要我们在教学实践中进行更加深入的思考。

其三，在课题实验的过程中，我们深深地感到：一名教师只有实践经验是不够的，更为缺乏的是理论的提升。只有在正确理论指导下的实践研究才更科学、更有效。如何提升教师们的理论知识，也将是我们今后主要努力的方向。

其四，在信息技术日新月异发展的今天，如何充分利用和开发经典阅读课程资源，不断为学生建构更加良好的阅读环境，也是要进一步探讨的重要问题。

参考文献

［1］苏霍姆林斯基.给教师的100条建议［M］.北京：教育科学出版社，1984.

［2］白淑珍.多元智能理论对思想政治课教学的启示［J］.吕梁教育学院报，2005（4）.

［3］韩然.阅读能力首先是获取信息的能力［J］.中学语文教学参考，2000（11）.

［4］王丽.让经典涵养性灵　让阅读增长才情——小学生经典阅读的意义与方法［J］.新课程导学，2011（33）.

［5］教育部.语文课程标准［M］.北京：北京师范大学出版社，2012.

［6］朱永新.中国小学生基础阅读书目［M］.北京：中国人民大学出版社，2011.

［7］叶圣陶.语文教育论集［M］.北京：教育科学出版社，1980.

让学生在"移动的课堂"里发展素质

——"移动课堂对小学生素质发展的实效性研究"课题报告

一、问题的提出

为培养21世纪全面发展的新型综合人才，增强中华民族的竞争力，党和国家从时代发展的角度提出了"要培养青年一代的创新精神和实践能力，实现中华民族伟大复兴"的目标，这就要求我们青少年必须是全面发展、富有创造力的一代，要求我们的教育必须为培养各方面综合发展的人才而努力。

然而长期以来，困扰我国中小学教育的一个突出问题就是："高分低能"——相对欧美发达国家而言，我国中小学生对书本知识的把握程度好，考试分数高，但在现实生活中，普遍存在动手能力差、实践操作和社会适应能力不强、缺乏自主学习意识和创新精神、综合素质不高等现象。

究其原因，主要是学校教育上出现了一些问题，主要表现在：重分数，轻能力，片面追求升学率；不注重学生综合素质的培养，尤其是在道德品质、学生持续学习能力、心理素质等方面更为明显；不注重课内外知识的结合，不注重理论与实践的结合等，阻碍了学生全面、有个性的发展。

传统的封闭式课堂教学已不能适应新型人才培养的要求，必须进行课堂教学及人才培养模式的变革。

苏联著名教育家苏霍姆林斯基在《给教师的建议》中提出，带孩子们做环球"旅行"，小学教师应当努力去扩大学生的知识面，使他们由认识家乡的田野和树林而逐渐扩大到了解祖国以至全世界的自然界和生活；上思维课——到自然界去"旅行"。特别强调大自然在智育中的作用。

新课改理念也特别强调大课程观和大课堂观，即强调课程、课堂无处不在，每位教育工作者都要树立这种思想，并践行之。《国家中长期教育改革和

发展规划纲要（2010—2020年）》特别强调，创新人才培养模式必须注重知行合一。

基于此，我们结合学校实际，提出了"移动课堂对小学生素质发展的实效性研究"课题。此研究课题符合新课程理念，也符合《国家中长期教育改革和发展规划纲要》、新《义务教育法》的指示精神，对更新教师的教育教学理念，推进学校素质教育，创建学校特色，促进学生素质发展具有重要意义。

二、解决问题的过程与方法

（一）解决问题的过程

第一阶段：准备阶段（2008年4月—2008年5月）。主要工作如下：

（1）成立组织机构。

（2）制订方案计划。

（3）收集相关资料。

（4）编制问卷，进行研究前的初步调查。

第二阶段：实施阶段（2008年5月—2013年9月）

具体做法如下：

1. 申报立项，争取专家指导

课题组成员虽实践经验丰富，但理论水平达不到高尖的专业水准，研究的深度、广度不够，急需学习与培训。为此，我们积极创造各种学习机会，通过各种形式的培训，以切实提高课题组成员所需的科研能力。

一方面"请进来"，从课题的开题到中期评估，从撰写论文到编写校本教材，均聘请省、市专家到校进行指导、培训，甚至一对一、手把手进行传授、指导。

另一方面"走出去"，多次派课题组核心成员参加省、市教科院、教科所举办的各种培训，返校后进行学习汇报，从而达到"一人学习，全体提高"的目的。

2. 深入实践，具体实施

船山实验小学的"移动课堂"，通过将学生带到大自然、农村、部队、工厂、社区、历史文化景点等地方进行文化考察和文化知识的学习实践，解放学生思想，开阔学生视野，陶冶学生情操，锻炼学生动手实践能力、社会适应能力，促进学生道德、心理品质的成长，培养学生团结协作的精神，增强团队的凝聚力，从而促进学生综合素质的全面发展。

学校每三年开展一次"走进军营"活动。近几年，学校学生分别奔赴121师高炮团、衡阳空军气象团开展了军训活动。学生们吃在军营，睡在军营，苦在军营，乐在军营，也在军营中茁壮成长。

学校每年开展"城乡学生手拉手，心连心结对"活动，将课堂搬到农村。2009年上学期，学校三年级学生与衡阳县栏垅乡中心小学的学生一起交流活动，了解农村学生的学习与生活条件，了解农村学生身上艰苦朴素、吃苦耐劳的优秀品质，学会怎样关心他人、帮助他人，也与农村学生结下了深厚的友谊；学校学生每年都要捐助特殊教育学校的学生，并与他们同台表演、同作一幅画，让他们感受大家庭的温暖。

按照惯例，学校每年上半年会开展系列主题的移动课堂活动，以了解"衡阳厚重的历史、文化"为中心，同时辐射到对整个湖湘历史名人和名胜古迹的了解。目前，已形成了下列主题活动：一年级在陆家新屋开展"缅怀先烈，光荣入队"活动；二年级开展"走近春天——参观衡阳县农业示范园"活动；三年级开展"衡阳市湘水明珠风光带文化考察"活动；四年级开展"郴州、耒阳文化考察活动"；五年级开展"南岳历史文化考察"活动；六年级开展"韶山—花明楼—岳麓书院"历史文化考察活动。每个年级的活动都是精心设计、严密组织，其意义深远。

例如，2011年上学期六年级的移动课堂活动，我们是这样做的：活动前，学校组织学生对考察地点的历史文化知识进行了长时间的了解与学习。开学第2～3周，我们开始布置学生回家收集韶山、花明楼、岳麓书院的相关资料，收集毛泽东、刘少奇的相关故事。第4周，六年级全体教师及家委会委员进行整理、筛选，汇编成一本厚达50页的书册，并印发给每一名学生。在这本自编的书册中，内容涵盖了湖湘文化内涵与个性特征、韶山景点及文化、毛泽东简介及诗词18首、花明楼景点及刘少奇简介、岳麓书院、岳麓山、橘子洲头、省博物馆等诸多知识。第5周，安排了专题讲座。第6周，我们又以班为单位在教室里进行知识竞赛，检测学习效果，并对竞赛试卷进行认真评改、讲解，及时发现问题，复习巩固，对不合格的学生还要求补考，促使其掌握相关知识。为了让同学们对此次考察活动中的重要景点、有特殊意义的景点有更深入的理解，我们每个班还特别挑选并培训了六名小导游。

　　一切准备就绪后，4月12日清晨，我们出发了。第一站是韶山，我们首先参观了毛泽东纪念馆。这里是全国100个优秀爱国主义教育基地之一，是人们缅怀毛泽东伟大功绩，领略开国领袖崇高精神风范的理想场所。那天有风有雨，但同学们兴致仍然十分高涨，或穿着雨衣，或打着雨伞，或手执相机，或手拿笔和笔记本，兴趣盎然地参观了毛泽东纪念馆。每一个展厅同学们都生怕错过，经常是工作人员或教师再三催促才肯进入下一个展厅。12个展厅走下来，同学们的笔记本上已经记得满满的。接下来参观毛泽东铜像广场，在广场上进行的第一个活动就是全体师生向毛泽东铜像献花敬礼，第二个活动则是在毛泽东铜像下进行毛泽东诗词朗诵会。虽然当时已经下起了雨，天气也比较寒冷，可同学们在风雨中一个个都昂首挺胸，精神抖擞，有的同学甚至还在队伍中自发地喊道："这点困难算什么，想想红军二万五"，令全场的同学更加斗志昂扬，任凭风吹雨打。诗词朗诵开始后，毛泽东铜像广场上空响起了"红军不怕远征难，万水千山只等闲""指点江山，激扬文字，粪土当年万户侯""孩儿立志出乡关，学不成名誓不还""雄关漫道真如铁，而今迈步从头越"等慷慨激昂的诗句，那声音整齐洪亮，响彻广场，响彻山谷，响彻韶山，过往的游客无不驻足观望，啧啧称赞，同学们更是精神饱满，豪情满怀。最后我们的朗诵活动在一首高亢嘹亮的《东方红》歌曲中结束。同学们那种任风雨磨砺的精神，英姿飒爽的风采，激昂豪迈的朗诵，成为韶山毛泽东铜像广场上一道亮丽的风景线，也将成为同学们心中一段难忘的人生记忆。4月12日下午，我们的行程安排是参观滴水洞，爬虎歇坪。可天公不作美，好像故意在考验同学们一样，雨下得更大了，风刮得更凶了，天气也更加寒冷了。这对同学们的身体和意志都是极大的考验，教师们也不由得担心起来。可同学们依然兴致勃勃，冒雨前进参观滴水洞。同学们一个展览厅一个展览厅地观看，从这里学到了毛泽东勤奋学习和艰苦朴素的精神。

　　4月13日清晨，天空放晴，我们六年级全体师生在南岸私塾举行晨读活动。毛泽东当年在这里已经熟读了《幼学琼林》《三字经》《论语》等书籍，选择此地的目的是让同学们感受毛泽东从小读书的氛围，同时也让他们明白我们随行家长讲的一句话："伟人之所以成为伟人，是因为他有个不平凡的童年。"从而激励同学们抓住童年的大好时光，饱览群书。晨读活动结束了，我们开始参观毛泽东故居。在这里，我们看到了毛泽东故居的十三间半瓦房。这里最吸引同学们眼球的是毛泽东的卧室，特别是他床头挂着的那盏油灯，让同学们仿佛看到毛泽东当年在此挑灯苦读的情景。接着，同学们参观了毛泽东纪念园。同学们参观毛泽东纪念园，学习革命历史，从中仿佛看到了毛泽东为革命事业奋斗不息的一生。下午，我们还参观了毛泽东遗物馆。同学们再次被一代伟人严格自律、勤俭节约、艰苦朴素的精神深深打动。

从毛泽东遗物馆出来，我们立即驱车前往花明楼，参观刘少奇纪念馆和刘少奇故居。刘少奇纪念馆分为三个展区。同学们参观时或啧啧称赞，或掩面叹息，刘少奇历经磨难的丰富人生也在这称赞叹息中丰富了同学们的思想。来到刘少奇故居，看到那房屋、那池塘、那竹山，不由得让同学们联想到毛泽东故居那房屋、那池塘、那竹山，两家的山水环境如出一辙，想到他们两家都出了一个主席，同学们情不自禁地吟诵起"炭子冲连韶山冲，潇湘风雨起二龙"。

4月14日，同学们游岳麓书院、登岳麓山，别提有多高兴了。同学们之前就了解岳麓书院是一所千年学府，是我国古代四大书院之一，也是至今还在招收学生的书院。同学们早已认为岳麓书院是一个神奇的书院，令人向往。走进书院，墙上刻着"忠孝廉洁""整齐严肃"八个大字，门上有对联"惟楚有才，于斯为盛"，还有"名山檀席""学达性天""道南正脉"等匾额，都深深吸引了同学们的眼球。尤其是书院中的讲堂，至今还摆着当年张栻和朱熹讲座时的椅子，让同学们感受到岳麓书院浓郁的文化气息。走出岳麓书院，同学们欣赏了中国四大名亭之一的爱晚亭后，就开始爬山了。由于事先准备好了奖品，同学们早就摩拳擦掌，跃跃欲试了。尽管有的同学身体不舒服，但他们都坚持爬到山顶，饱览岳麓山的秀美风景，饱览长沙城的繁华市貌。

此次移动课堂的最后一站是长沙市博物馆和湖南省博物馆。同学们在市博物馆参观了毛泽东和杨开慧结婚后的住所，在省博物馆参观了马王堆汉墓系列。在省博物馆中，同学们亲眼见证了汉代女尸辛追夫人、世界上最轻的一件仅重49克的素纱蝉衣、汉代乐器、漆器、商周青铜器、名窑陶瓷及明清书法绘画等。从博物馆出来，同学们无不佩服我国古代劳动人民的聪明才智，感慨灿烂的中国古代文化。

回到学校的那个星期天晚上，就是我们教师丰收的时候了，看着那一张张照片，读着那一篇篇日记和一首首仿写的诗词，真的就像果园的庄主在采摘一个个成熟的果实，欣喜之情无法言喻。

"读万卷书，行万里路。"此次活动不仅让学生受到了一次爱国主义教

育的洗礼，而且开阔了学生的视野，提高了他们的综合素质和能力，让学生走近伟人，触摸历史，印证学生所学的知识，培养了学生良好的学习能力、研究能力、观察能力及审美能力，活动更增强了同学们的纪律意识、合作意识、集体意识，培养了他们的团队精神，同学们都感到受益匪浅。

开展移动课堂活动时，课题组成员或记录叙述移动课堂中的真实情境及切实体验；或对移动课堂的开展进行连续的跟踪研究；或收集、查阅、分析、整理各年级每一次开展活动的情况；或针对移动课堂中的若干问题制成调查问卷，在学生、家长和教师之间进行调查研究，从而获取课题研究最原始、最真实的数据与材料，感悟与深化课题内容。

3. 对研究成果进行分析，撰写论文，形成阶段性研究成果

通过专家的指导和课题组全体成员的及时分析、不断总结，本课题厘清了移动课堂的内涵及特征，从移动课堂的内容设计策略、组织形式、保障机制、模式构建、实施流程等方面完善了移动课堂这一新颖的课程体系，为小学生校外学习构建了一种新的模式。

课题组成员也形成了各自特色鲜明的理论观点，并将闪耀着思想火花的精华用文字记录了下来，共撰写了25篇论文，获得省级以上奖励3项，在省级以上公开刊物发表3篇。

第三阶段：总结推广阶段（2013年9月—2014年3月）

主要工作如下：

（1）收集、整理研究过程资料，进行全面总结分析。

（2）出版相关专著。学校将课题组成员撰写的论文结集成册，出版了专著《小学移动课堂的理论与实践》，共四章，17万字，于2013年12月由团结出版社出版。

（3）撰写高质量的研究报告。

（4）邀请专家结题、验收，并上报材料参加评审。

（5）推广研究成果等。

（二）解决问题的方法

1. 调查研究法

采取座谈会、访谈、问卷调查等形式，广泛听取教育研究专家和管理专家的意见，并在学生、家长和教师之间进行调查研究。

2. 叙事研究法

记录或叙述移动课堂中的真实情境及切实体验，去感悟与深化课题内容。

3. 个案研究法

对各年级每一次活动的典型个案情况进行收集、分析、整理、比较研究，既能获得一个年级一年至六年的成长变化数据，也能掌握一个主题活动中每一届学生表现的异同之处。

4. 经验总结法

研究成员就自己在课题中的所获、所得、所思、所疑进行交流与讨论，还多次邀请专家进行集体指导。除此之外，研究成员还会就自己研究中的问题与专家进行一对一的交流与咨询。

5. 行动研究法

边研究边行动，在行动研究中不断探索、改进工作，解决教育实际问题，并将课题与提升学生素质，开展新课改结合起来，在实践中验证理论，找出差距与原因，再进一步完善理论。

三、成果的主要内容

本课题通过不断研究与实践"移动课堂"，为小学生校外学习构建了一种新的模式，将研究成果在实际的教学中进行试行、验证，教师素养不断提升，学生的综合素质得到显著提高，得到了家长的大力支持，也在社会各界引起了强烈反响。

1. 构建了小学移动课堂模式与实施流程

虽然各年级的主题、内容、活动时间、组织人员等存在很大的差异和变动，但是在几年的实践与研究中，经课题组集体分析提炼，归纳出了一套基本的课堂模式与实施流程，具体内容及流程概括如下：

（1）资料收集、整理，汇编成册，编撰校本教材。

（2）资料学习、吸收、考核、模拟运用。

（3）制订组织形式、内容、路线、安全预案、行程、经费使用等方案。

（4）开展实践活动，形成课堂教学特色。

（5）活动总结、展示、反思、效果汇总。

（6）移动课堂教学实效性研究、理论研究、专题论文撰写、资源形成。

（7）成果应用及拓展；移动课堂与传统课堂的关系探索；移动课堂资源

库建设等。

2. 丰富了小学移动课堂的组织形式

移动课堂是一门随新课改应运而生的课程，其开放的特性决定组织形式的重要性。在移动课堂的开发和利用过程中，我们着力于构建内在、有机、多方位、多途径的组织形式。于是，形成了阅读经典、主题讲座、小组合作、总结归纳、家长参与、知识竞赛、导游解说、故事陶冶、作文评选等丰富有效的课堂组织形式。在移动课堂的实施中，这种有效的组织形式受到了学生、教师、家长的喜爱与支持，使课堂得以顺利地实施，更有效地提高了学生的综合素质。

3. 促进了小学移动课堂校本教材的开发与运用

为了创建符合学生身心发展、适合移动课堂应用的教学动态资源库，各学科、各年级教师在实践的过程中经过不断搜集、分析、汇总，编写了一年级至六年级的移动课堂校本教材。这些校本教材都是教师根据学生的年龄特点精心编写的，趣味性强，并且教师在教授时注重发挥学生的主体性，让他们能够自主学习、乐学。移动课堂校本教材资源库的建立，对于移动课堂的开展有着重要的促进作用，也为长期有效的研究提供了保障。

为了更好地运用移动课堂校本教材，船山实验小学建立了校园内部网络系统和校内教育教学资源库，并依托强大的"东北师大教育资源库"（与全国600多所学校实现了资源共享）和湖南省教育教学资源库，建立了自己的特色资源库，利用校园网站，使移动课堂的资源实现大众共享，活动形式得以丰富展示，也为移动课堂对小学生素质发展实效性研究提供了良好的资源及交流平台。

4. 优化了小学移动课堂中教学相长的师生关系

移动课堂本身就是对传统课堂的一种大胆突破，在移动课堂中，没有现成的教材、形成文字的教案和既定的教学环节；没有一成不变的教学场地、固定的教学用具和厚厚的练习册；没有简单的师讲生听、师问生答——一切都是鲜活的、灵动的，这是一种教学方式的大改变，一种师生关系的大改变。这是一种对教师的大挑战。首先，教师们要端正对移动课堂的认识。移动课堂不同于传统的课堂，侧重于学生自己对知识的体验和人生的历练，特别强调学生对课本外知识的拓展与延伸。其次，教师要有丰富的知识储备，对当地的文化背景、风俗习惯、民间传说、特产特色、历史名人了如指掌。在室外课堂传授知识时，既要精通又要广博。除此之外，教师还要有大的教育观，要放眼世界，加强与外界的联系。再次，教师要有较强的沟通能力，做好与学生、家长、导游和外部各界的交流工作，有合作的意识和习惯。最后，教师要有强健的体魄，能够在外出的几天中精力充沛。

在移动课堂中，学生是学习的主体，教师也是学习的主体，他们在课堂中共同进退，携手前行。因此，移动课堂真正实现了师与生的教学相长，优化了师生关系。

5. 完善了小学移动课堂的保障机制

相对传统课堂教学而言，在课内外知识的积累尤其是知识体系的纵横向维度，包括同科知识的纵向联系、不同学科的横向联系、学生对知识的把握与引领，实施过程中学生的安全等各方面，都对"移动课堂"课程的实施者、参与者（含教师、学生、家长等）提出了更高、更全面的要求。所以，在实施移动课堂中，除了校领导有魄力外，还必须有健全的保障机制。在研究中，我们也经历了很多波折、遇到了许多问题，但办法总比困难多，几经计划、商讨、交流、组织、总结、反思，在不断地完善中，最终形成了一套较为完备的保障机制。

6. 促进了学生素质的全面发展

近年来，学校在实施移动课堂这种新型教学模式下，构建了"自主探究，当堂评价"的课堂教学模式，学校教学质量有了新的提升，学生的素质得到了全面发展。2013年1月，衡阳市教育局举行了全市小学六年级学生学业质量检测，全市5个城区131所学校共13030名学生参加了考试。船山实验小学238名六年级学生全部参考，平均分在全市排名第二（与只有29名学生参考的东阳渡一所小学仅相差1.4分）。总分400，考试总成绩上360分的学生全市仅48名，船小就有11名。2014年1月8日，衡阳市教育局再次组织了规模更为庞大、组考更为严格的小学六年级学业质量检测，全市5个城区134所学校12733名学生和7个县市抽取的37所学校4628名学生，共171所学校17361名学生参加了此次检测。船小237名六年级学生全部参考，总平均分、优秀率均遥居全市第一。此次考试总分300，学校一名学生还以286的总分高居全市第一。近几年的几次衡阳市小学生学业质量检测，船山实验小学学生合格率、优秀率始终居全市同类示范性小学前列。

移动课堂活动不仅提升了学校教育教学质量，更重要的是学生的素质得

到了全面发展。它丰富了学生的知识，开阔了学生的眼界，磨炼了学生的意志，增长了学生各方面的才干，特别是对学生的观察能力、表达能力、写作水平甚至是摄影技巧等方面的提高都有很大的帮助。其中，张石穿、曾天、丁也芝、何祺荣、梁宇航、聂佳仪、江子健、张翔荣、梁潇予、高劲舟、易疏影、王定川、刘幸霖等同学分别荣获《新视报》报社授予的2009—2010年度、2010—2011年度、2011—2012年度社会考察实践活动"先进个人"光荣称号，学校也因此获得了2009—2010年度、2010—2011年度、2011—2012年度社会考察实践活动"先进组织单位"。

2009年5月，学校五年级全体学生到南岳进行了为期三天的历史文化考察。五（1）班的李玥麟同学在学习实践中，发现一名男同学蹲在大庙门口做笔记，十分认真，于是拿起相机将这个美好而经典的瞬间定格下来，形成了摄影作品《游与记》。该摄影作品由衡阳市文化局推荐，入选了由湖南省文化厅、湖南省文学艺术界联合会主办的2009年湖南艺术节书法、美术、摄影作品展览，并荣获第七届"三湘蒲公英"金奖。10月20日上午，李玥麟在市政府艺术科举办的表彰大会上代表获奖学生发言。她说："我的学校——船山实验小学经常开展各种生动活泼的活动，丰富了我们的课余生活，培养了我们各方面的素养。在活动中，我认识了一帮与我有着相同爱好的小摄影师。此次的获奖让我和我的同伴备受鼓舞，我们会在今后的学习生活中，更有心地观察，拍出更多更好的照片。"

总之，学校开展的移动课堂文化考察活动，很好地开阔了学生们的视野，加深了学生们热爱家乡的深厚感情，培养了学生们"读万卷书，行万里路"的意识，提高了学生们的文化素养，锻炼了学生们的学习能力、研究能力和团结协作能力。

7. 推动了教师专业成长

在浓厚的集体研究讨论中，课题组的研究实力不断增强，涌现了许多奋勇拼搏、创优争先的典型。欧阳丽莎、于凯君、万文艺、李素文、申红艳、王红礼等教师纷纷公开发表论文，李海燕、何冬玲、魏海燕、赵丽秀、颜黎等教师的论文、研究成果，分别获国家级、省级大奖。近几年，学校教师共有80人次的论文或成果在国家、省、市获奖或发表。由此可见，在不断深入课题研究的同时，教师专业得到了进一步发展。

四、效果与反思

（一）成果表现

1. 取得了丰硕的理论成果

在长达6年的摸索与实践中，课题组取得了显著的成绩。一方面进一步形成了独具特色的移动课堂教学体系，编写了一年级至六年级的校本教材；另一方面探究出了许多可操作性强的理论观点。在研究的过程中，移动课堂给予教师们触动、思考与成长。教师们努力将自己在教学研究中闪耀着思想火花的精华用文字记录下来，共撰写了25篇论文，获得省级以上奖励3项，在省级以上公开刊物发表3篇。学校还将这些论文结集成册，出版了专著《小学移动课堂的理论与实践》，共四章，17万字，于2013年12月由团结出版社出版。在专著中，有着大量鲜活的素材、生动的描述、鲜明的见解，记录了学校移动课堂的成长历史和足迹，也为移动课堂模式的推广提供了宝贵的资料与理论依据。同时，学校汇聚并编辑了一本社会反响集，内容分为5部分，共172页。

2. 产生了良好的社会反响

移动课堂符合当前教育的长远发展需求，在实施时，引起了教育界乃至社会各界的关注。

（1）《湖南教育》2011年5月（下半月刊）以《让孩子们在"移动"中减压增能——走进衡阳市船山实验小学》为题，对船山实验小学的移动课堂活动进行了特别报道，封面、卷首语、第12～17页均是关于学校开展移动课堂活动的内容；《湖南日报》2014年3月16日第二版以《移动课堂：孩子们懂事又机灵》为题报道了学校移动课堂活动；湖南民办教育网、衡阳教育信息网、《衡阳日报》、《衡阳晚报》、《新视报》、衡阳电视台《新闻联播》、衡阳生活频道《天天生活》、天下韶山网等众多新闻媒体都对学校移动课堂进行了新闻报道，发表学生作品共计180多篇次。

（2）全国知名学者、北京师范大学教育学院教授、北京师范大学生命教育研究中心主任肖川博士深入了解学校的移动课堂活动后，大为赞赏，认为学校的移动课堂"问题明确，研究过程设计合理，团队成员付出了真诚的努力，研究结论具有重要的理论价值，特别是实践价值。它为广大教师如何创设开放的、丰富的、灵动的课堂提供了许多切实可行的途径和方法"。之后，还欣然为课题专著《小学移动课堂的理论与实践》作序。

（3）众多学校纷纷学习我校开展移动课堂活动，且普遍反映学校的移动课堂对小学生综合能力的培养有成效。除了本市学校，如衡阳市实验小学、衡阳市雁峰区高兴小学、衡阳市雁峰区白沙学校、衡阳市祁东县船山实验学校、衡阳市成龙成章实验学校、衡阳市船山第二实验小学、耒阳市城北小学、耒阳市聂洲小学等竞相前来取经之外，还有全国各地不少学校慕名前来参观学习，先后有广东韶关北江实验中学、长沙望城区新康乡月龙学校、岳阳楼寄宿制实验学校、深圳公明一小等十几所学校来学校进行考察与交流。可以说，移动课堂在社会上有着很大的反响与知名度。

（二）对成果的反思

1. 如何充分发挥课题的价值

课题研究的目的是能将研究成果运用并进行推广，让该研究对象受益的范围和对象更广更多，可是由于此课题受时间、地域等因素的限制，在移动课堂模式的推广及操作实施中尚有许多问题需要讨论，其中最主要的是如何扩大移动课堂的影响力，将移动课堂作为一种特色教学推广到其他学校，在湖湘乃至全国掀起一股小学生校外学习的新浪潮，这是我们将要努力的方向。

2. 在实践中如何结合自身特点进行创新

移动课堂的授课内容及实施方式在具体的操作中因社会和环境的不同而存在差异性，所以在实践中要因地制宜，因时而变，结合学校自身特点进行研究以及创新：其一，移动课堂内容的选择与实施目标的确立，不同年龄阶段的学生将会有所变化，所以移动课堂在不同的年龄阶段将有所不同，要想在真正意义上实现移动课堂对小学生素质发展的实效性，还需要一个不同年龄阶段学生的发展标准。其二，移动课堂可以说是一个大教育观的细微体现，它涉及方方面面，需要将社会、学校、家庭、学生等各方力量有效地融合起来，才能有效地实施。如何整合各方力量，如何协调各方力量有效开展移动课堂，需各学校根据本校实际和社会现状进行思考。其三，就空间与地域而言，各地的文化与习俗大不相同，实施移动课堂还需考虑学校所在区域内的地理、文化、风俗等因素，结合当地实际寻找能促进学生全面发展的学习内容。其四，在社会大环境普遍强调安全的情况下，移动课堂的实施与教育行政部门施政关系的处理、综合性师资的培养及收费协调问题等，都值得我们进一步研究。

发掘特色资源，促进教育教学

—— "特色资源库的建设及其在教育教学中的应用" 研究报告

一、问题的提出

"课程资源"是新一轮国家基础教育课程改革提出的一个关系课程建设的重要理念。这一新理念的提出，大大突破了传统教育把教材作为唯一课程资源的局限，使人们从更广阔的视野去思考实现课程目标可供利用的各种因素和条件。苏霍姆林斯基对校园潜在的课程性质有着深邃的见解，他说："依我们看，用环境、用学生自己创造的周围情景，用丰富集体精神生活的一切东西进行教育，这是教育过程中最微妙的领域之一。"目前，新课程的实践正在走出传统的校园模式，建设符合自身学校发展规律、有自己特色的教学资源，并进行实践运用，加以研究融合，正符合这一趋势。

我们选择资源建设及资源实践运用这一研究方向，是因为我们认为：国外公共素材居多，游戏软件居多，由于文化、课标、教材差异，大多数软件及资源不能直接应用到我国中小学课堂教学；国内资源多是教材的媒体化，以讲授环节为主，缺乏从学校自身需求的考虑，学科教学资源属于常规研究性较多，特色教学应用偏少，建设自己的教育教学特色资源，更有利于教师教育教学理念的更新和前沿化，更有利于提升教师理论研究和实践运用能力，更有利于学生的身心发展。

二、选题意义

江泽民曾提出："创新是一个民族进步的灵魂，是国家兴旺发达的不竭之力。没有科技创新，总是步人后尘，经济就受制于人。一个没有创新能力的民族，难以屹立于世界先进民族之林。"

学科信息化教学，是在现代教育思想理论指导下，把现代教育技术所具有的教学功能特点转化为学生智能发展的重要环节，是现代教育技术实践活动中最主要的实践领域。从总体上看，这个实践领域尚未完全地纳入推进素质教育的轨道上来。一是学科信息化教学尚未从单纯重视知识学习的内容导向教学转化为同时重视学生心智开发的目标导向教学。二是教学媒体尚未从单纯是教师的教具转化为同时是学生的学具。三是学生尚未从被动地接受性学习中解脱出来，实现主动地探求性学习，在氛围和资源条件上尚有差距。上述问题的存在，严重影响了现代教育技术应用价值的取向，尽快地研究、解决这些问题应当是今后现代教育技术研究的一项重要任务，也是本课题研究最终要达到的目的。

我们的课题研究，是探索在信息化环境下，把信息技术手段与学科结合在一起，推动素质教育的教学模式、方法、教学资源模式及教学资源建设的研究，在小学学科教学中提高学科教学的质量和效率，来实现素质教育。这种改革旧的教育观念，树立"特色教育观"，把信息技术应用和学校特色教育紧密结合在一起的方式，有深刻的研究意义。

三、研究的主要目标

课题主要研究、探索在信息资源化环境下，对素质教育的教学模式、方法、教学资源模式及建设形式进行优化；在小学学科实践教学中，找到能实现符合学生身心发展需求的素质教育形式。研究成果及推广应用的价值，不是特色资源本身，而是建设属于自己的、动态的，有特色、有实效性，能促进教育教学不断向前发展的资源，构建出一种资源建设的方法和手段，摸索形成一套实用性强的资源应用流程和模式。

四、研究的主要内容

船山实验小学的课题研究，涉及教育教学的每一个方面，各方面既单独在开展研究，又相互结合融合在一起共同研究，已形成一个综合课题研究体系。主要研究有《语文学科资源建设及应用的有效途径探索》《移动课堂校本教材资源和实施效果的研究》《数学学科资源建设及应用的有效途径探索》《语文写字课校本资源开发与建设的研究》《语文阅读资源建设与课堂实效性的关系研究》《语文经典背诵资源建设及运用的有效性研究》《语文写作资源建设与课堂实效性的关系研究》《英语学科资源课堂应用实验模式》《美术学科资源在教学中的作用研究》《电影电视课资源的教育实效性研究》等方面。

"教育教学动态特色资源库"，收集了学校行政管理、教育教学、移动课堂等特色资源，把已有的研究成果和正在开展的研究成果电子化，筛选、整理并系统地进行分类，最后形成资源共享与成果推广应用，既为学校的长久发展留下了一笔宝贵的财富，也为资源如何建设与应用，以及资源对小学生素质教育实效性研究提供了良好的模式和交流平台。

五、课题研究的主要过程和方法

课题开题前，我们就成立了以教研室为中心、以学科骨干教师为带头人、以信息技术手段为支撑、以资源建设及运用为基础的课题研究小组。组织全体成员，集体讨论课题研究目的，规划研究目标，制订研究计划，分解研究内容，布置研究任务，编排研究进度，全面统筹安排并分阶段开展全方位研究。

第一阶段：准备阶段（2011年11月—2012年1月）

主要工作如下：

其一，成立组织机构。

其二，制订方案计划。

其三，收集相关资料，申报立项，争取得到专家学者的指导。

其四，编制问卷进行研究前的初步调查。

第二阶段：实施阶段（2012年1月—2014年9月）

具体做法如下：

其一，注重学习，培训成员。

其二，深入实践，具体实施。

其三，收集资料，开展研究，编写校本教材。

其四，对研究成果进行分析，撰写论文，形成研究成果。

第三阶段：总结推广阶段（2014年9月—2015年3月）

主要工作如下：

其一，收集、整理过程资料，进行全面总结分析。

其二，出版相关专著，各学科校本课程资源编撰成册。

其三，撰写各特色资源建设与运用高质量的研究报告。

其四，邀请专家指导，并上报材料参加结题评审。

其五，推广研究成果等。

我们主要从两个方面来开展研究：一是特色资源的建设；二是资源在教育教学中的应用。通过这两大方面的研究，我们逐步形成了自己有特色的资源库，摸索出一种资源在教育教学中实践运用的模式和流程，总结出一些值得推广应用的方法。下面以《语文写字课校本资源开发与建设的研究》《语文经典背诵资源建设及运用的有效性研究》为例，简单介绍一下学校特色资源建设与实践运用的过程和成效。

1. 语文写字课校本资源开发与建设的研究

小学写字课程资源的开发和利用是新一轮课程改革的要求，是教育发展的必然趋势，它是传承传统优秀教学经验的需要，是写字课程自身特性的需要，更是落实新课改目标，促进社会发展的需要。

小学写字教育资源的结构比较单一，教学资源匮乏，教学内容单一，学生只能向教师学，学生的独立性丧失，教师也是各自为政，缺乏交流共享，难以创造性地开展教育教学活动。通过开发写字课校本资源和利用现有的诸多写字课程资源，一方面可以超越狭隘的教育内容，让师生的生活经验进入教学过程，让教学"活"起来；另一方面可以让学生在教学中，从被动的知识接受者转变为知识的建构者，从而激发学生的学习主动性和积极性；还可以开阔教师的教育视野，转变教育观念，让各种教育资源，特别是素材性教育资源的交流与共享成为可能，校内课程资源和校外课程资源相互转化的可能性也越来越大。这样的资源建设与运用，可以有效地提高写字教学质量。

船山实验小学每周星期一、三、四下午2：45至3：00为全校学生统一练字时间。行政领导定时检查，检查范围包括练习时间、练习内容、统一进度、统一用本、书写规范、姿势正确。

根据编撰的写字校本课程目标资源定位，我们课程的内容主要包括两个方面：

一方面，养成良好的书写习惯，进行写字基本技能的训练。知识层面：汉字基本笔画名称和笔顺规则、汉字常用偏旁、汉字基本结构。技能层面：静心的基本要领；正确写字姿势和铅笔、钢笔、毛笔的运笔方法；仿影、描红、临帖的基本方法；书法欣赏的初步能力（中、高年级）。

写字课程不同于一般的学科课程，它更注重学生的兴趣、认知水平，因而在设置上更应有一定的针对性与实践性。我们遵循由浅入深、循序渐进的原则，要求从学生的实际和课程资源的情况来安排。

另一方面，我们围绕写字开展一系列的特色活动。比如，通过现代媒体、查阅图书资料等多种渠道了解历代的书法名家，讲述他们勤学苦练的故事，观看有关书法家的影片，欣赏他们的作品，了解书法各大流派的特点，带学生去参观书法展，举行学生作品展和教师一起开展写字竞赛，切磋技艺，共同成长，等等，以丰富写字课程的内涵，拓展其外延。其一，不同年级，有不同的练习和检测的方式。一是抓姿势，二是抓习惯，三是抓基础，四是抓普及。其二，用特色活动引路，不断提高学生的写字水平。一是举行优秀作业展，提升作业质量。二是举行学生写字比赛，发现小小书法家。三是教师写字比赛，凸显教师的基本功。四是出好师生书法作品展，引领大家前行。五是写字段位制考核，检测写字教学效果。

为确保写字校本课程资源的有效实施，我们从以下几个方面着手，构建该课程的保障体系：

一是建设一支高素质的师资队伍。我们聘请书法名家任该课程的顾问，同时聘任校内已具有相当书法水平的教师担任指导教师。在此基础上，我们还将对其他科任教师进行一定的培训，逐步引导全体教师参与到校本课程资源的开发中来。

二是建立各级书法兴趣小组：组建班、年级、校三级书法兴趣活动小组，让学生全员参与，自由活动，各得其所。

三是氛围的保障——校园文化的营造。书法艺术能够陶冶学生的情操，因此，在校园里创设一种墨香氛围与之相适应显得尤为重要。

四是探讨利用现有的各种教育教学资源建立写字课校本资源库，培训教师掌握写字课校本资源库的使用及教学应用，从而建立全新的、科学的学习模式、教学模式，以实现教学实践的创新，实现信息和资源共享。

2. 语文经典背诵资源建设及运用的有效性研究

语文经典背诵校本课程资源的建设与运用的研究，是新课程实施后一种较为普遍的行为，因为语文经典背诵校本课程资源具有区域性、校园性。结合学校的实际，遵循语文课程资源的开发规律，在教材性课程资源、活动性课程资源、环境性课程资源方面进行了近两年的实践，学校较为成功地探索出了一套具有真正校本意义的经典背诵校本课程资源体系。

我们引导学生读"最有价值的书"——国学经典，从低年级开始开展经典诵读活动，诵读经典诗文旨在组织学生通过"直面经典，不求甚解，但求背诵，终生受益"的方式，让融汇在经典诗文中的中华民族的智慧、风骨、胸怀，以及健康的道德准则和积极的人生信念植根于学生们的心里。学校经典诵读，就是针对进入小学阶段一年级至六年级的学生，让他们在记忆的黄金期去诵读经典诗文，感受中国传统文化的博大精深。诵读的内容是开放的，诵读形式是多种多样的，诵读的开展是持久性的，诵读的评价是及时的，培养兴趣的过程是最重要的。

古诗文教学策略的探索，需要有一套与之相结合的诵读教材。所以，学校初步开发的经典诵读读本资源就应运而生了。

（1）编写《各年级经典诵读教材》。一年级背《百家姓》《三字经》；二年级背《弟子规》，复习《百家姓》《三字经》；三年级背《千字文》《增广贤文》；四年级背《论语》；五年级背《声律启蒙》；六年级背《诗经》。

（2）编写《小学各年级古诗文背诵导读指南》。《小学各年级古诗文背诵导读指南》共分12篇，每篇为一个年级的一个学期内容，共收录古诗和毛泽东诗词120首。

（3）编写《中华经典名句解读》。一句名句，就是一扇哲理的窗户，就是一位良师益友。读一句名句，就等于认识与摘取了一朵生活的浪花。我们共选编了230句中华经典名言名句。所编的名言名句共分5个部分：先秦名句、汉魏南北朝名句、唐五代名句、宋辽金名句、元明清名句。这些名句涉及生活的各个方面，具有很好的涵盖性，如"爱人者，人恒爱之；敬人者，人恒敬之"（《孟子·离娄鞠下》）、"人谁无过？过而能改，善莫大焉"（《左传·宣公二年》）。所收录的名句，不仅注明了出处，而且有非常明细的解读，这样能帮助学生深刻理解、感悟。

（4）编写《唐宋诗词经典名句》。《唐宋诗词经典名句》共收录了唐宋时期的经典名句240句，内容丰富，意蕴深刻。譬如，"故国三千里，深宫二十年""国破山河在，城春草木深""大漠孤烟直，长河落日圆"。

（5）编写《对对韵歌》。《对对韵歌》所收录的句子对仗工整，语音押韵，非常适合小学生诵读。学生长期诵读这样的句子，不仅能提升朗读水平，而且能够快速提升学生的语感。譬如，"天对地，雨对风，大陆对长空。山花对海树，赤日对苍穹。天上众星皆拱北，世间无水不朝东""雷隐隐，雾蒙蒙，日下对天中……"

为把资源运用到教育教学中，课题组还制订了相关措施：

（1）活动引路，促乐趣形成。早读、课前诵读、最后一节课，学校根据年级不同分别安排吟诵内容。开展各种经典诵读展示活动，如"古诗大王比赛""诗配画比赛""现场作文大赛""我与经典演讲比赛"等。学生在诵读中感受经典文化的魅力，经典伴随着学生成长。

（2）经典相伴，促习惯养成。积累经典，有口诵，但又不限于口诵，鼓励学生动手做"古诗积累"卡，帮助学生进行诗歌名句的摘抄积累，形成一种良好的学习习惯，让学生受益终生。

（3）将经典诵读引入课堂教学。教师要整合语文教学与经典诵读，经典诵读要和语文学习紧密相连。开展诵读课研究，建设诗化课堂，在教师的引领下，学生走进诗意的语文课堂。

（4）让校园散发淡雅书香。合理地利用校园、教室等场地，创设多彩的校园文化，赋予设施生命的活力，把环境作为经典诵读课程资源之一，以熏陶学生的情感，促进学生语文能力的发展。像走廊里开辟的"经典壁""文化墙"，楼梯上的古诗佳句，校园里随处可见的对仗工整的警示语，无不传递着经典的信息，学生们目之所及全是文化，口里所诵皆是经典。

通过相关措施和实践运用，我们看到了一些成效。比如，学生诵读经典的兴趣变浓了，学生的语文素养提高了，学生的人文素养得到提升，教师的个人素养、教研能力大幅度提高。

通过参与课题研究，教师们的教研能力有了更大的提高，教师通过默写经典、理论学习、集体备课和课例研讨，教学理念得到更新，科研意识正不断增强。

上述两个例子，只是我们特色资源建设与运用的一部分，我们的研究还有《趣味数学资源建设及应用的有效途径探索》《语文阅读资源建设与课堂实效性的关系研究》《语文写作资源建设与课堂实效性的关系研究》《英语学科资源课堂应用实验模式》《美术学科资源在教学中的作用研究》《电影电视课资源建设及教育实效性研究》等。

六、主要经验和措施

我们采取了学科分类资源建设与应用研究等措施，成立各学科单独研究

小组，各自开展校本课程研究，各学科研究成果共同分享、交流、探讨，同时建设资源共享平台，实现学科资源分类、整合及应用。

每个学科的研究都作为校内的一个课题来单独研究，同时，我们还阶段性地进行现场陈述、成果展示评估，由课题研究组负责人共同评选出优秀研究课题，给予奖励和表彰，从而营造出浓厚的校园教育教学研究氛围，促使各项研究工作相互融合，共同提高。

可以看出，船山实验小学的《特色信息资源库的建设及其在教育教学中应用的研究》，是依据《国家中长期教育改革和发展规划纲要（2010—2020年）》的精神，建设符合学校发展和与学生年龄相适应、能促进其身心成长的校本资源，有自己的特色性和实用性。我们充分利用信息技术手段，把资源分类、整理并整合在一起，再将有效资源深度融合到教育教学中，进行实践运用，以促使学生全面发展。这种研究过程、方法、流程和模式，具有推广应用的价值。

七、研究形成的主要成果

课题组成员三年多辛勤付出，通过整合"东北师大资源平台"（与全国600多所学校实现了资源共享）及"湖南基础教育资源库""小学数学应用资源包"等公共资源与校本特色资源，同时，收集地方的有效信息资源，建立自己的"特色资源库"，并利用校园网站，使资源实现大众共享，活动形式得以丰富展示。资源建设促进了新课程、新教材和校本教材教学共同发展。

（1）研究构建出一套完整的资源建设方案及实践运用推广流程。教育教学动态资源库建设与应用研究运用基本技术路线：资源收集—整理汇编—理论学习—自我创新—资源实践应用—反馈—教育教学活动实践—形成特色—教学收益—理论研究—专家指导—应用模式推广。

（2）促进了小学特色校本教材的开发与运用，主要成果有：《小学移动课堂的理论与实践》专著及移动课堂各年级校本教材；《语文作文写作》各年级校本课程教材；《语文绘本阅读》各年级校本课程教材；《经典背诵》校本课程教材；《写字》校本课程教材；《趣味数学》各年级校本课程教材；《英语自然拼音法》校本课程教材；《美术》校本课程教材，包括版画课例教材和创意素描；《体育》校本课程教材，包括定向越野；《科学》校本课程教材；《信息技术》校本课程教材；《声乐》校本课程教材。

（3）促进了学生素质的全面发展。近年来，学校在校本资源建设与运用的研究中，构建了"自主探究，当堂评价"的课堂教学模式，学校教学质量有了新的提升，学生的素质得到了全面发展。近几年的衡阳市小学生学业质量检测，学校学生的合格率、优秀率始终居全市同类示范性小学前列。特别是2013年、2014年，连续两年在衡阳市小学生学业质量检测中，总平均分、合格率、优秀率、高分率均遥居全市第一。

（4）推动了教师专业成长。在不断地实践与探讨中，教育教研的风气愈加浓厚，教师们笔耕不辍，撰写教育教学论文。近几年，船山实验小学教师有80余篇论文在国家、省、市级期刊发表，刘敏、万文艺、申红艳、王红礼、何冬玲、廖雄伟等教师的论文、研究成果，分别获国家级、省级奖。此外，教师们指导的学生参加各级各类比赛也喜获佳绩，如何红梅、刘艳华、焦胜华、李淑萍等教师指导的学生喜获"华罗庚杯"数学创新能力竞赛一等奖；李海燕、万文艺、李益、李素文、赵丽秀等教师指导的学生习作参加湖南省小学生第一届优秀习作评选，均获一等奖。可以说，在课题不断研究与深化的同时，教师的教育教学能力及理论水平也在不断地提高，教师的综合能力也不断地得到提升。

八、课题研究中存在的主要问题、困惑及未来研究思路探讨

（1）如何充分发挥课题的价值。课题研究的目的就是能将研究成果运用并进行推广，让该研究受益的范围和对象更广更多。如何借助省教育资源网平台和专家的引领及指导，将我们的各项成果更加优化并加以推广，是我们所期待的。

（2）资源的长期研究实践及创新。资源应用的长期实效性检验、特色资源库的综合应用平台的建立、各学科校本课程资源与教材资源全套完整建设及有效融合运用、特色资源在教育教学中的应用，以及对小学生素质发展作用的深入性调查分析等方面，是我们今后要完善的目标。我们也将在这些方面投入更多的跟踪研究，进行长期的效果记录，也将更多地关注学生对特色资源的进一步需求。

针对以上研究工作，我们还将制订长期的工作计划，成立长期研究小组，开展更深入的跟踪研究。同时，利用"教师信息技术应用提升工程"来全方位提高教师信息素养，通过成立"名师工作室"，促进教师"个人空间"搭建，完成资源应用共享平台的建设，更全面地把学校特色资源进行科学系统的分类与完善，让资源更有效地在教育教学中发挥作用。

附 录

辐射湖湘的
媒体聚焦

始终如一，把每件小事做好

——记衡阳市船山实验小学校长　刘　敏

连续10年，衡阳市船山实验小学家长对学校各项工作的满意率高达97%以上。连续14次，学校在衡阳市教育局年度目标管理考核中被评为"优秀学校"。2013年，学校被衡阳市教育局授予教育教学常规管理工作"示范学校"称号。2016年，刘敏受邀在湖南省首届"湖湘教育论坛"小学教育分论坛上发表主旨演讲。2017年，刘敏作为唯一一位小学校长在衡阳市教育系统干部暑期学习班上分享了学校的管理经验。

一所学校的管理何以受到如此肯定？

刘敏说："不做'小事'，难成'大事'。始终如一，把每一件小事做好，就成就了大事。"她认为，一所学校的好口碑靠的是一节节课教好，一个个活动做实，每一个步骤都做得精心，每一个环节都做得精细，每一项工作都做成精品，把精细化管理理念内化为每位教职员工的习惯。

教学：一节节课教好，一个个活动做实

"岳麓书院的每一组院落，每一块石碑，每一片砖瓦，每一枝风荷都闪烁着时光留下的颜色。""站在大厅中央，敞开双臂，闭上双眼，你会穿越到清、明、元、宋、唐、战国、春秋，甚至亿万年前，感受湖南这片沃土的人文地理……"

2018年6月14日，船山实验小学六年级学生完成了为期三天的移动课堂"韶山—长沙"历史文化考察活动，写下了自己的活动感受。

船山实验小学从2008年开始实施移动课堂活动，10年来，打造了以"了解湖湘历史名人和名胜古迹"为代表的移动课堂系列活动，受到家长的支持和

欢迎。

当许多学校迫于安全的压力取消了春游、秋游等活动时，船山实验小学却将移动课堂活动系统化、课程化实施了10年，这是如何做到的？

"一开始，我们也承受了巨大的安全压力，但我们咬着牙坚持做下来了。"刘敏说，把复杂的工作细致化，分解为若干环节，一步一步做扎实，大难题就逐渐化解了。比如，组织实施移动课堂活动，工作很多很杂，而首要的是安全问题。为此，她将工作细分为活动前、活动中和活动后三大块，再逐一落实各环节的具体细节。

刚刚结束的六年级"韶山—长沙"历史文化考察活动，学校为全体六年级学生制作了胸牌，一个班级一种颜色，任何教师、学生、家委会成员看到胸牌的颜色就知道对应的班级。胸牌正面有学生姓名、所在班级、车次、座位、房号信息，背面是班主任、校领导、家委会成员的电话、车次、车位、房号等信息，每一个学生均可凭借胸牌上的信息随时找教师或家长寻求帮助。细致的工作保证了活动的安全顺利实施，"10年了，移动课堂活动从未发生任何安全意外"，刘敏说。

移动课堂不能只是变换了名目的旅游，它应该发挥其育人的积极作用。于是，刘敏申报课题，以"问题探究""行动研究"的方式深化移动课堂课程建设。经过3年的课题研究，"了解湖湘历史名人和名胜古迹"移动课堂活动逐渐系统化、课程化，不仅活动前有资料收集、教师授课，活动中有知识讲解和学习，活动后还有总结和反馈。"韶山—长沙"历史文化考察活动，学校放寒假时就在"给家长的一封信"中，请家长们假期指导学生搜集并学习与景点相关的历史文化及名人知识。开学后，学校以班为单位对学生假期收集资料的情况进行了检查与评价，评选了"收集资料小明星"。"在湖南省博物馆参观时，讲解员表扬我们的学生知识面广，可以胜任讲解员的工作了。"刘敏很为学生们骄傲。

除移动课堂外，船山实验小学开发了一系列拓展课程。有从学科特色、教师特长出发开发的语言与文字、科学与创造、运动与健康、艺术与审美、公民与社会5大类21门选修课，有对国家课程二次开发的移动课堂、趣味数学、经典阅读和背诵、影视欣赏、书法5门必修课。"拓展课程是我们送给全体学生的一份非常特殊、非常厚重的礼物。这些课程我们都做得很细致、很认真，目的只有一个——让全体学生终生受益。"刘敏说。

教师专业成长是教学管理的另一重要方面。刘敏一方面通过培训学习、集体研修、课例研究、开展竞赛、倡导读书等，为教师们提供"成长快车道"，提升了教师们的可持续发展能力；另一方面发挥刘敏（小学语文）名师工作室的辐射引领作用，开展教师培训活动，不仅提升本校教师素养，也辐射带动整个衡阳市小学语文教师的专业成长。自2015年以来，名师工作室共举办13次讲学活动，2次展示与交流活动，2次高规格外出学习活动，送课下校54节，帮扶教师近300人，惠及4000余人。

有一次，副校长李海燕上汇报展示课，教学绘本《手不是用来打人的》。李海燕副校长本是教学能手，为了上好这堂课，她的教学设计修改了好多次。但刘敏仍觉得不够完美，和她探讨修改思路。刘敏说："要把思路放开，多方面、多角度探索和设计创新的教学流程，拿出最佳设计方案。"最终，这个教案设计了又设计，修改了又修改，每一个过渡、每一段小结，都反复斟酌、锤炼，修改了不下20次。付出终有回报，这堂绘本课，获得听课专家及教师的高度赞扬。

德育：小事小节以养德，小艺小能而精进

"一个孩子将来的发展空间、生活品质、幸福指数，很大程度上取决于这个孩子小时候养成的习惯。"刘敏说。因此，她非常重视在日常学习、生活的小事中培养学生良好的习惯。

家庭教育是树根，学校教育是树干。学生良好行为习惯的养成仅靠学校是远远不够的。为防止5天的学校教育在周末回家的2天变成0，使学校教育在家庭延续，必须调动家长积极主动地参与学校教育。为此，船山实验小学充分利用多种途径加强学校与家庭、教师与家长之间的联系与沟通、交流与合作，形成了共同参与、共同成长的家校文化。

一方面，学校经常组织家庭教育讲座，提升家长的文化素养和教育水平。近年来，学校先后邀请教育专家张文质作了《父母改变，孩子改变》的讲座，湖南省语文骨干教师、长沙市优秀班主任和先进德育工作者单丹作了《每个孩子都是一颗钻石》的讲座，著名教育专家郑委作了《怎么说孩子才会听，怎么听孩子才肯说》的讲座，北京师范大学班建武博士作了《家庭教育典型案例》的讲座。

另一方面，倡导"家长也是教育者"的理念，成立校级、年级、班级三

级家委会，鼓励家长进学校、进课堂，参与学校管理，为学校发展建言、出力。

从2016年起，学校开展"校长携手家长进课堂"活动，发挥校长、家长的长处和优势，为学生们打开知识的第二扇窗。同年5月，刘敏和四（6）班朱奕锦的爸爸——广铁集团株洲车辆段调度员朱文勇，为全体四年级学生上了一堂内容丰富的课——《铁路知识和安全常识》。"孩子们不仅学习了许多铁路常识，还了解了中国铁路的发展与进步，更明白了乘坐火车或高铁有哪些安全注意事项，个个都收获多多！"班主任龙丽平说，"后来学习《詹天佑》一课，学生兴趣浓厚，很多学生都想成为詹天佑那样的铁路工程师。"两年来，刘敏和家长给学生们带来铁路、军营、生理卫生等方面的知识。"很高兴能和家长朋友给学生们带来生动鲜活的课堂，让学校课程内容更丰富，家校关系更亲密。"刘敏说。

家庭读书氛围对学生的阅读影响很大，为将经典阅读从学校延伸到家庭，家校共同开展了"家校同读一本书"、家长上绘本阅读课、故事妈妈讲故事等活动。四（3）班蒋函潞和妈妈共读了《爱德华的奇妙之旅》，在阅读分享会上，她说："我被书中那一段段文字所吸引，我懂得了：一个人只有经历一些坎坷，才能慢慢成长，才会懂得爱，学会爱。"2016年、2017年两年假期，全校共有1171名学生被评为"背诵小达人"，1921名学生在假期里完成了阅读任务，被评为"阅读小明星"，在家校之间营造了良好的读书氛围。

家长还主动为学校做义务工作，如为移动课堂活动的开展出谋划策，做好安全教育引导、后勤服务联络等工作；创办家委会专刊——家长报《船与桥》，传播优秀的家庭教育经验。

充分的信任、密切的联系、真诚的沟通，赢得了家长的信赖与支持。多年来，家长对学校各项工作满意率一直保持在97%以上。

从2008年起，船山实验小学每学期家长会上，各班会组织家长填写《船山实验小学家长满意率调查表》，分别对学校管理、德育、宿舍、食堂、班主任工作、任课教师工作等作出评价。刘敏会根据《家长满意率调查情况汇总表》，召开行政会议和年级会议，就家长们的意见和建议进行总结和反思，以进一步完善学校的各项工作。

2017年上学期，语文教研组组长万文艺逐条阅读《家长满意率调查情况汇总表》后，发现家长对语文学科一共有4份不满意的意见。她马上与语文教师

交流，分析查找原因，寻找解决办法。"看到教师们如此用心工作，我非常感动。"刘敏说，"细节管理已经成为船小大部分教师的习惯。"

后勤：把一件件小事抓细致，抓落实

"在一次草鱼的验收过程中，供应商将几条单尾重量不符合要求的鱼混入其中，被验货员剔出拒收。通常验货员要先看鱼的新鲜度，再一条条地查看鱼的单尾重量是否符合要求，最后才过秤。"刘敏说，"验货很严格，很多经销商不愿给我们送货。"

为确保全体师生饮食安全健康、营养均衡，学校严格规范食品采购、验收、加工、操作流程，每一环节都有具体详尽的要求。拿食品加工来说，食堂根据《食品安全法》制定了《餐用具清洗卫生要求》《洗菜卫生要求》等16项常用食品加工卫生要求。就连清洗鸡蛋也有"鸡蛋清洗及加工卫生要求"："鸡蛋先要一个一个清洗干净；打蛋前先洗手，将蛋打入小容器，再倒入大容器，以免一个变质蛋污染一盆蛋；煮蛋必须煮沸15分钟以上。"

同时，学校加强食品安全与健康知识的宣讲力度，提升全体师生的食品安全意识。食堂员工每两周进行"食品安全知识""食品烹饪知识"等方面的学习；食品药品监督管理局每学年为员工做专题培训，并进行考试，考试不合格者需重新学习，直至通过考试；"红领巾广播站"经常播放食品安全与健康知识。

2015年12月，总务处王雪辉老师通过"红领巾广播站"与全体学生聊了"食品安全与健康"这一话题。"最近有个别同学问王老师，食堂怎么不给我们吃海鲜丸子和骨肉相连？你们以为海鲜丸子真的是用海鲜做的，骨肉相连真的是肉和脆骨做的吗？答案是NO！NO！NO！……"王老师以聊家常的亲切口吻将健康饮食的知识传达给学生。

2017年下学期，家长委员会组织各班家长代表到食堂了解饮食卫生及伙食质量。一位家长在参观后，说："叶子菜先用盐水浸泡半个小时，再清洗5遍，比我家里洗得还干净。""得到家长们的肯定，我很骄傲，我将继续坚持这份规范、这份严谨、这份细致。"刘敏说。

生活部每个教师都有一本工作记录本，教师们会细心地把每一个学生的性格特点、身体状况、饮食禁忌、有无药物过敏，以及在宿舍内发生的特殊情况等详细记录在册，照顾好每个学生的日常生活。"程英杰：体质弱，易出汗，易上火，多关注。李昱霖：自理能力强，不喜欢吃牛肉……"生活部胡月梅教师的工作记录本上，一条一条详细记录着学生们的情况，有些地方还用红线标记，那是她需要特别注意的地方。刘敏告诉记者，每天早中晚，生活教师都会对学生进行身体情况常规例检，通过仔细询问、接触观察的方式，留意学生身体方面的异常情况，并详细记录在工作本中，发现问题及时通报校医、家长，同时采取相应措施，确保学生身体健康。

在照顾好学生饮食起居的同时，学校致力于让每个学生学会自理，做力所能及的事。

2018年1月，生活部教师组织31个宿舍1109名住宿学生开展了为期两周的生活自理能力竞赛，竞赛合格率达96.8%，优秀率达80.7%。学校根据住校学生的年龄特征，分年级制定了《学生生活自理能力培训标准和要求》，有计划、有目标地对学生进行系统的培训，鼓励学生每天进步一点点。日积月累，学生们逐渐掌握了生活的基本技能，学会了照顾自己，快乐生活。

"教育无小事，教育也没什么大事。"刘敏坦言，成就一所好学校，就是不喊空口号，把一件件小事抓落实，抓细致。

（《湖南教育》2018 年 8 月刊　记者　熊　妹）

船山实验小学：建校十五载，竖起
衡阳小学教育的一面旗帜

　　校长寄语：教育需要忠诚，也需要梦想，让我们永远保持对教育的忠诚和梦想，去创造一个又一个奇迹。

　　夏初的周末，一场小雨不期而至，滋润着船山实验小学的一草一木，菁菁校园更多了几分宁静。四号大厅的墙上，《船山小学赋》浮雕颇具古典气息，文章短小精悍，激荡胸怀；校训"努力，创造奇迹"镌刻在通往田径场的阶梯上，时刻提醒着学生们不忘努力学习；教学楼间的绿化带里，安放着校友捐赠的王船山雕像，夫子右手执笔、左手持卷，正在凝神思考……

　　漫步在如此清新雅致的校园，顿觉心情舒畅，书香如缕，处处感受到教育者的匠心独运。

　　建校15年，船山实验小学以其独特的人文情怀和文化积淀，如春雨润物无声，孜孜不倦地将其办学理念融入教育实践中，秉承传统，延续船山学脉，充当现代教育的探路人和创新者，成为衡阳小学教育的一面旗帜。

继承传统，创新模式
延续船山学脉，打造一流名校

　　19世纪晚期，为传续湖湘学脉与船山精神，在清代湘军名将、兵部尚书彭玉麟的支持下，衡阳兴建了船山书院。曾国荃将家藏《船山遗书》332卷珍本捐给书院，国学大师王闿运担任山长。在晚清书院中，船山书院声名大噪，走出一大批艺术名家、教育界前辈、政界俊杰。旷代奇才杨度就是其中的佼佼者。

近现代教育兴起后，船山书院先后改名为船山中学堂、衡阳市第一中学。进入21世纪，以衡阳市第一中学为基础，成立衡阳市一中教育集团，为延续船山学脉开启新的篇章。

2000年，寄托了衡阳学人创新中国教育的梦想，将船山文化的传承与当代中国教育实践相结合，衡阳市一中与原衡阳市电缆厂联合创办了船山实验小学。学校的定位是，打造以传统文化为底蕴，以创新教育理念为追求，以学生的全面发展为目标的特色鲜明的民办名校。

2000年6月29日，是船山实验小学创办的日子。时光荏苒，15年如弹指一挥间。作为市一中教育集团的主体校，船山实验小学发展成为衡阳市名副其实的民办名校、小学教育的品牌学校、窗口学校。

学校坐落于衡阳市雁峰区，占地面积约40亩，建筑面积约2.1万平方米。学校现有37个教学班，在校学生1800余人，教职员工190余人。

2013年7月11日，船山实验小学启动学校扩建工程，新建综合楼、教学楼、宿舍楼于2014年6月中旬完工，同年9月正式投入使用。

如今，校园内风景雅致，因地制宜的绿化区和休闲场所彰显了现代教育理念下的人文情怀。学习区、生活区、运动区布局合理。校内设施设备齐全，有欧式风格的教学楼两栋、学生公寓两栋、综合楼两栋；所有常规教室均装备了一体机或电子白板；学校有现代化多功能报告厅、少先队活动室、播音室、阅览室、电脑教室、科学实验室、舞蹈教室、音乐教室、美术教室、书法教室，以及200米塑胶环形跑道、3个塑胶篮球场、3个塑胶羽毛球场、室内乒乓球场、2200平方米人工草皮足球场，为师生提供了一个良好的学习、健身场所。

以诚立教，仁植义育
培养有"中国精神"的船山传人

创校之始，船山实验小学继承优秀的文化基因，确定船山文化是其精神之源和立校之本。历经15年的科学探索和实践，船山实验小学明确了办学的核心理念："以诚立教，仁植义育。"

"诚"乃教育之本，教师以诚为范，学生以"诚"为求，教育学生诚实、忠诚、诚敬。"仁植义育"就是要用"仁义"教育学生，使学生有仁爱之心，守规范，懂礼节。

学校以"求知、求真、求善，为学生的发展和幸福奠基；敬业、敬事、

敬人，为教师的事业和人生添彩"为宗旨，立志培养具有中国精神和全球视野的全面发展的人。所谓"中国精神"，是指学生继承以王船山为代表的中国文化精神，成为永远忠诚于中国文化的道德完善的敢于担当的仁义之士。所谓"全球视野"，是指胸怀全球，从容应对。所谓"全面发展"，是指要培养学生成为人格健全、道德完善、身体健康、学业有成的人。

为达成目标，学校制定了"文化筑魂，习养为主，以研促教，注重自悟，有教无类，创新开放"的办学方略。

文化筑魂，是指用中华文化和世界文化贯串于学校生活的方方面面，并深入学生的大脑和灵魂。习养为主，由小事小节养成品德，由小艺小能习练而日有所进。以研促教，加强科研，将科研成果转化为显著的教学效果。注重自悟，通过课堂教学改革和课外活动，培养学生独立思考和自我提高的能力。有教无类，强调教育公平，不以天资、金钱、身份排位，让教育之光普照所有学生。创新开放，机制创新，模式变革；古今中外，兼收并蓄。

学校以培养船山传人为己任，弘扬"船山传人，正学开新"的校风，倡导"正志为本，学思并重"的学风，教育学生树立正确的志向，善于学习和思考。教师们则"诚于教事，以爱育人"，真诚地治学、施教，以己之爱，因人之性，让学生自悟。

再好的理念，如果没有高效的执行，都会是镜花水月、空中楼阁。"细节决定成败，把简单的事情做到极致就是不简单，把平凡的事情做到极致就是不平凡。"校长刘敏经常引用这句话来告诫全体教职员工，建立了"严、细、实"的管理体系，以确保办学理念的正确实施。

名师引路，课程全面
创新六大校本课程，培养学生多方面素质

一位优秀的创始校长，是整个建校团队的灵魂人物，决定了一所学校能成功地办下去。船山实验小学在创办之初就拥有这样一位灵魂人物。2000年10月，"湖南省优秀教师"刘敏由衡阳市一中派往船山实验小学担任校长，成为船山实验小学的引路人。

刘敏校长原本是一名优秀的中学语文高级教师，曾两次获省优质课大赛二等奖，三次获市授课比赛一等奖，一次荣立省二等功，一次荣立市三等功。担任船山实验小学校长后，她成为全国"五一劳动奖章"获得者，衡阳市中

小学"优秀校长",湖南省"特级教师",湖南省民办学校"优秀校长",湖南省"先进工作者"。她曾先后参与或主持国家级、省级课题共14个,在省级以上刊物发表论文多篇,出版专著一本。在她的带领下,学校连续11次被评为"衡阳市优秀学校"。2015年4月,市教育局成立首批名师工作室,以她名字命名并由她担任首席名师的"刘敏名师工作室"位列其中,这也是全市唯一的一个小学名师工作室。

为了开好阅读课,船山实验小学全天候开放图书馆、阅览室,学生课余时间可随时走进阅览室看书看报。每周开设两节阅读课,全班学生在教师的指导下进阅览室看书。学校还专门设计和印制了船山实验小学专用的"阅读课教案本"和"阅读笔记本",开展了"好书推荐"活动,全体任课教师轮流向学生每月推荐一本好书,并张贴好推荐海报。教师们向学生系统地传授阅读方法,广泛开展各种阅读活动,低年级开展听故事、读故事、讲故事活动,中高年级则开展写读书笔记活动,并辅之以朗诵会、佳作欣赏会、读书心得交流会、读书知识竞赛等。

民族的就是世界的,学校从2007年开始了"中华儿童经典背诵"活动。船山学子在小学六年内背完《三字经》《百家姓》《千字文》《弟子规》《论语》《诗经》《增广贤文》《声律启蒙》8本书,接受中国传统文化的熏陶,从小扎下中国传统文化的根。

电影,被称为"第七艺术",能反映一个国家的文化、风土人情和民俗民风,能直接地反映一些名著的精髓,能丰富和开阔学生的视野。船山实验小学研发了电影电视课,每周二晚,船山学子徜徉在世界电影之林,品尝艺术的琼浆,感受世界文化的多样性。

汉字,不仅是我们的民族文字,而且是一门传统艺术。因此,写字课也是一种传统文化教育,学校不时地举行书法比赛,涌现了一批具有书法特长的学生,他们的优秀书法作品还被挂在办公楼墙壁上,成为校园内一道独特的风景线。

教研教改,探索新知
强调大课程观,独创"移动课堂"

船山实验小学对教研教改有特别的追求,先后进行了11个课题研究,其中国家级课题4个,省级课题7个。

为了破解中国应试教育"高分低能"的困境，船山实验小学独创了"移动课堂"，并形成"移动课堂对小学生素质发展的实效性研究"的教研教改课题，开展了卓有成效的研究和实践。

"移动课堂"融入新课改理念，强调大课程观，即课程、课堂无处不在，注重知行统一。根据学生年龄特点、认知规律和实际需要，每年上半年会开展系列主题的移动课堂活动，以了解"衡阳厚重的历史、文化"为中心，同时增进对整个湖湘历史名人和名胜古迹的了解。

边实践边研究的"移动课堂"给予师生触动、思考与成长，课题组逐步建立独具特色的移动课堂教学体系，编写了一年级至六年级的"移动课堂"校本教材，共6本，约50万字。教师们共撰写了25篇论文，获得省级以上奖励3项，在省级以上公开刊物发表3篇。学校还将这些论文结集成册，出版了专著《小学移动课堂的理论与实践》。

"移动课堂"名声在外，省内外的十多所学校来考察、学习船山实验小学的经验。全国知名学者、北京师范大学生命教育研究中心主任肖川博士在深入了解学校的移动课堂活动后，也大为赞赏："它为广大教师如何创设开放的、丰富的、灵动的课堂提供了许多切实可行的途径和方法。"

家校互动，无缝沟通
增强教育合力，大批学子考入世界名校

"为了你，我愿意"，在教学楼前的一块山石上镶嵌着家长委员会的圆形会徽，下面还刻着这么几个字。这块山石，设计简约美观，颇有几分古典的形意之美。正如教导处的于主任所说，虽然只有短短的六个字，实则意蕴深刻，代表着学校和家长的共同心声："孩子，为了你的成长，我们愿意付出。"

在实践中，船山实验小学利用多种途径加强学校与家庭、教师与家长之间的联系与沟通，交流与合作。学校通过家长推荐、自荐或学生推荐父母的方式成立了"家长委员会"，还特地创办了家委会专刊——家长报《船与桥》，秉承"家长也是教育工作者"的办刊理念，很好地传播了家委会的思想、工作及优秀的家庭教育经验，同时为学校的发展建言献策，共同关心学生的全面发展。

自成立以来，家长委员会开展了一系列活动，组织了2次"家长开放日"

活动，家长走进课堂听课，走进宿舍和食堂，聆听学校工作汇报，为学校发展建言献策；组织了4次大型报告会，邀请全国知名家庭教育专家张文质、邢宏伟、郑委及省级名师单丹在市政府会议中心对全体家长进行了4场家庭教育专题报告；开展了"亲子阅读"活动，推荐家长与孩子共同阅读《恰同学少年》《父母改变，孩子改变》《教育是慢的艺术》《怎么说孩子才会听，怎么听孩子才肯说》及"中华儿童背诵经典系列丛书"等。

"金杯银杯不如家长的口碑，金奖银奖不如家长的夸奖"，学校的各项举措，赢得了家长的认同，家长与学校密切配合，经常在"移动课堂"等活动中担任家长志愿者。充分的信任，密切的联系，真诚的沟通，赢得了家长的信赖与支持，也增强了教育合力。

时光匆匆，韶华易逝，徜徉在船山实验小学的校园内，教育的细节无处不在，经受住了时间的考验。在田径场旁的绿地一角，一块方形麻石上，我们又看到这样一行字："绿叶对根的情意。"这也是由校友捐赠的，简短的一句话代表了学子对母校的感恩。15年来，船山实验小学培养出数千名学生，为清华、北大、剑桥、哈佛等世界名牌大学输送优秀人才近百人，该校毕业生阳光开朗，素质全面，他们为母校赢得了崇高的声誉。

十五年，十五项代表性荣誉

★2001年12月，学校荣获全国"电影课实验学校"称号。

★2005年，学校荣获省定向越野竞赛小学组冠军。

★2005年，学校被省教育厅评为贯彻《学校体育工作条例》"优秀学校"。

★2006年4月，学校被省电教馆正式确定为"湖南省现代教育技术实验学校"。

★2006年，学校荣获"湖南省文明卫生单位"称号。

★2008年3月，学校被衡阳市人民政府评为"影响衡阳市民生活100品牌"之一。

★2008年7月，学校定向越野代表队参加了在韩国首尔举行的"亚洲定向越野锦标赛"，斩获了一银四铜。

★2009年5月，学校荣获"湖南省四星级红领巾示范学校"称号。

★2009年12月，学校承担的湖南省教育科学"十一五"规划课题《小学数学学科教学资源的开发与利用研究》，荣获省级一等奖。

★2009年12月，学校在衡阳市全民读书活动中荣获"十佳书香校园"称号。

★2010年2月，学校被评为"衡阳市十佳民办学校"。

★2014年3月，学校申报的《移动课堂对小学生素质发展的实效性研究》在湖南省"十二五"规划课题结题鉴定中，被确认为"优秀"等级，研究成果获得衡阳市第九届基础教育优秀教研教改成果一等奖，湖南省第三届教育科研优秀成果二等奖。

★2014年11月，学校被湖南省教育厅授予"湖南省第三批省级教师培训基地学校"称号。

★2015年4月，学校被衡阳市教育局授予"衡阳市骨干民办学校"称号。

★2003年至2014年，学校连续11次在衡阳市教育局年度目标管理考核中被评为"优秀学校"。

（《衡阳晚报》2015年5月28日　记者　罗文鹏）

附：十五周年校庆之后新增代表性荣誉

★2015年，学校被衡阳市教育局、衡阳市教育科学规划领导小组评为衡阳市"十二五"教育科研"先进单位"称号。

★2015年8月2日，在全国定向锦标赛定向团体赛中，学校获得少年12A组第一名。

★2015年12月，在衡阳市民办教育机构2015年度办学情况评估中，学校被衡阳市教育局评为"优秀学校"。

★2015年12月，学校被中国教育学会外语教学专业委员会授予"新课标形式下小学英语网络作业形式探究""十二五"课题实验基地。

★2015年12月，学校被湖南日报报业集团科教新报社评为湖南民办教育2015年三湘行特色学校。

★2016年2月，学校被共青团衡阳市委员会评为2015年度衡阳市共青团工作"先进单位"。

★2017年1月，学校在衡阳市民办教育机构2016年度办学情况检查评估工作中，被衡阳市教育局授予"优秀学校"称号。

★在2017年雁峰区小学生田径运动会上，学校运动员奋勇拼搏，再创佳绩，斩获甲组团体总分第一名。

★2017年6月，学校荣获衡阳市"十三五"教育科研"先进单位"称号。

★2017年10月中旬，学校男足运动健儿们参加了雁峰区组织的校园足球联赛，以四战四胜的佳绩，摘得了雁峰区男子甲组的桂冠。

★2017年11月，学校在2017年第二届湖南省中小学教师信息技术与学科融合在线集体备课大赛中荣获最佳组织奖。

★2017年11月，学校在衡阳市雁峰区2017年秋季小学生田径运动会暨中长跑比赛中，荣获甲组团体总分第一名。

★2017年12月，学校在衡阳市雁峰区秋季田径运动会上，荣获甲组团体总分第一名。

★2018年1月，学校在衡阳市民办教育机构2017年度办学情况检查评估工作中，被衡阳市教育局授予"优秀学校"称号。

★2018年6月，学校被衡阳市精神文明建设指导委员会授予"文明校园"称号。

★2018年6月，学校被湖南省学校文化建设促进会授予第一届"副会长单位"称号。

★2018年11月，学校在雁峰区2018年秋季小学生田径运动会中，荣获甲组团体总分第一名。

★2018年12月，学校被湖南省民办教育协会授予"优秀学校"称号。

★2019年2月，学校在衡阳市民办教育机构2018年度办学情况检查评估工作中，被衡阳市教育局授予"优秀学校"称号。

精彩15岁！精彩"校园梦"！

2015年5月29日晚，新建塑胶运动场上，欢歌笑语，喜气洋洋。市船山实验小学建校15周年、扩建项目竣工、六一文艺晚会在此举行。该校300余名师生、家长组成的演出队伍，用动听的旋律和歌声、优彩的舞蹈演绎了对建校15周年深深的祝福和美好的祝愿。1900余名师生和1700余名家长在温馨、喜悦、感动中共同庆祝建校15华诞，共同祝愿学校明天更美好。

市教育局党委书记、局长周法清，市广播电视台台长邹斌初，市教育局党委副书记、副局长罗胜利，雁峰区委副书记蒋云新，船山实验小学创始人、名誉董事长万和森，市一中校长、市一中教育集团董事长、市船山实验小学董事长李仲辉，市金果投资有限责任公司执行董事、总经理、船山实验小学副董事长吴跃红，市一中党委书记、船山实验小学董事罗光伟等亲临现场祝贺并祝同学们节日快乐！

李仲辉董事长主持庆典活动。

周法清局长对全体学生致以节日的问候和祝福，并对市船山实验小学15年来所取得的办学成绩及合作办学的成功经验给予了充分肯定。市船山实验小学校长刘敏在庆典上热情致辞。副校长李海燕宣读学校2014年度表彰决定，参加庆典的领导为获奖师生、家长颁奖。

晚上7：30，文艺晚会在欢快的舞蹈《快乐的节日》中拉开帷幕。晚会共15个节目，由歌舞、器乐、诗朗诵等不同表现形式组成，通过师生们用心的表演，展示学校从建设、发展、追梦的"圆梦"过程，展望学校美好的未来。二胡齐奏《赛马》旋律激情昂扬，如万马奔腾，使人激动振奋；戏曲舞蹈《俏花旦》传承国粹，演绎了传统戏曲文化的魅力；独舞《三月里的小雨》展示了江南水乡的特色之美；健美操《圆梦》、独舞《追梦》展现了该校师生15年一路走来的"美丽圆梦"之旅……演出在同学们合唱的《快乐飞翔》中结束。整场晚会主题鲜明，内容丰富，创意新颖，精彩不断，充分展现了船山实验小学办学15载的光辉历程，彰显了船小人15年来自强不息、艰苦奋斗的精神。

据了解，这场文艺晚会不仅是庆祝建校15周年和六一国际儿童节，也是学校扩建项目竣工并全部投入使用的盛大庆典。船山实验小学于2013年7月11日正式启动学校扩建项目施工，新建综合楼、教学楼、宿舍楼于2014年6月中旬完工，同年9月正式投入使用，新建塑胶运动场于2015年3月正式投入使用。这也是全校师生、家长首次在新建运动场同赏大型庆祝晚会，共享"美丽圆梦"主题盛会。

共叙辉煌，拥抱明天。15年风雨兼程，15年求实创新。自建校以来，船山实验小学培养出数千名学生，为清华、北大、剑桥、哈佛等世界名校输送优秀人才近百名，用努力拼搏的求学精神为母校赢得荣誉。精彩的夜晚总是短暂的，晚会在难忘、不舍中谢幕，船山实验小学将继续秉承船山精神，求知、求真、求善，为学生的发展和幸福奠基，敬事、敬业、敬人，为教师的事业和人生添彩，用大爱去谱写教育新华章！

（《衡阳晚报》2015年6月1日　记者　李　西）

让学生们在"移动"中减压增能

——解读衡阳市船山实验小学的移动课堂

校内是不是学生们长知识、增能力的唯一场所？课堂是不是天生只由教室和黑板构成？学生们遭遇厌学困惑时，有没有新的途径、新的尝试为他们减压、增能？

衡阳市船山实验小学的移动课堂，无疑给我们以惊喜和启示。

让课堂"移动"起来

"在蔡伦以前的中国，书籍大多是用竹子做的，这样的书显然极其笨重。有些书是用丝绸做的，代价昂贵，得不到普及……"

4月21日下午，耒阳蔡伦纪念馆蔡伦雕像前，衡阳市船山实验小学四年级的学生在教师的讲解下，正在这里上一堂"特别"的课，了解蔡伦及其发明的造纸术。学生们走进蔡伦从小生活过的地方，他们的感触远比在课堂上听讲来得深刻。这是衡阳市船山实验小学移动课堂的一个远镜头。

我们再看一个近镜头吧。

二年级语文S版第四册的第一单元课文，分别以诗歌、童话等形式，描写了春天大自然的美好景象。于是，他们移动课堂的主题就是"走近春天，亲近自然"。我们在衡阳市农业示范园看到了这样别开生面的课堂：

在柳树旁，学生们争先恐后地提问："柳树的叶子为什么会这么长？"

在桃树旁，学生们赏花色，数花瓣，闻花香，观花形，看蜜蜂采蜜。"大家要联想一下'人面桃花相映红'的意境哦！"

在油菜地里，学生们欣赏着美丽的油菜花，陶醉在美丽的大自然之中，大声地背诵课文。

在小溪旁，他们翻石头，找蝌蚪，找泥鳅。"原来青蛙小时候是没有腿的。"

……

这看起来像"游山玩水"，但实实在在又是课堂。这就是别开生面的"移动课堂"。

这几年，船山实验小学搞"移动课堂"出名了。他们把课堂移到教室外面，移到绚丽多彩的大自然中，移到文化底蕴深厚的名胜古迹里，移到那些最能触发学生们思维和想象力的地方去，打破了传统的教学模式，上出了没有教室的课堂，走出了一条素质教育的新路，让教育教学别开新天地。

"苏霍姆林斯基曾说，要使儿童的求知欲、好奇心、活跃的智慧和鲜明的想象不仅不熄灭而且得到发展，上'思维课'是很有必要的。"船山实验小学副校长欧阳丽莎说，大师所指的"思维课"就是带领学生到果园、树林、河岸边和田野里去，到知识的最初源泉——自然界去"旅行"。"课本"就是周围的世界，就是太阳、树木、花朵、蝴蝶，各种颜色和声音，自然界中各种各样复杂的音乐。在这种思维课上取得的效果是任何书本和任何课程都无法给予的，学生们不仅是用智慧，更是用整个心灵来感知周围世界的。

这是他们搞移动课堂的出发点。

"移动课堂不是旅游，不是一般的课外活动。"主管教学的副校长戴利军说，"正因如此，我们总是反复提醒教师，移动课堂是在做大课程、做大课堂，要落在课堂，要发挥教师的主导作用，要精心做好教学设计。"

就拿上面"走近春天，亲近自然"这堂课来说，语文教师赵秀丽就有自己的教学目标：让学生走进春天，充分感受春天的美丽和生机勃勃的景象，了解园中的主要植物（柳树、油菜花、桃树、芦荟）的特点，培养学生的观察能力、欣赏能力和表达能力，激发学生爱护动植物、热爱大自然的情感。而且，要求这四个活动目标符合学生的认知规律，即整体感知—局部思维—能力提升—情感升华。

也正因如此，船山小学的课堂本质没有改变，只不过在教学方式和教学模式上采取了很多创新。

还是拿二年级来说吧。上课时，教师在学生们中间，要求他们在柳树下，背诵已学古诗《咏柳》，说与柳树有关的词语，朗诵收集与柳树有关的古诗和美文，引导学生由远及近，从整体到局部，按顺序进行观察，并把观察到

的柳树用自己的语言表达出来。桃树林则采取探究式和发现法。把学生分成五人一组，由家长志愿者分别带入桃林，仔细观察桃树的生长特点。油菜地则采取自主式和陶冶法。把学生带到大片大片的油菜地旁，让他们欣赏美丽的油菜花，陶醉在美丽的大自然之中。芦荟棚采取参观式和讲授法。带领学生参观芦荟棚，通过园林工作人员的讲述让学生了解芦荟的特点及作用。小溪边采取讨论式和观察法。让学生观察蝌蚪，自由讨论。在整个活动过程中，以小组为单位，以学生活动为主，让他们通过自主观察，探索发现。

那么，如何做到移动课堂一样是高效的课堂？如何保证学生出去学习的时候不是走马观花呢？

学校校长刘敏说，每次上移动课堂前，他们要求学生查资料，开展研究性学习。每个参观点都选出"小导游"，让他们研究得更透彻。查找的内容是要考试的，学生必须了解哪些知识，要达到什么样的程度，都一一落到实处。把这些落实好后才是出发的时间。

上移动课堂时，学生有学习任务。引导学生面对实实在在的社会场景，捕捉内在的东西，以弥补课堂的不足。在移动课堂中，写作、绘画、摄影……学生们什么都可以做。并且当天写出考察日记是一项必须完成的学习任务。上完移动课后，学生还有学习成果的展示。

教师们都在做什么呢？教师除了移动课堂前要充分备课，移动课堂中还要授课。例如，为了体会和学习伟人的品格，在上个月去韶山时，教师就设计了与毛主席少年时清晨起来读书时一样的意境，带领学生开展晨读活动。这样，做到了校内做不到的事情，也在落实书本的东西与激发新的东西之间形成了关联。对于学生写的考察日记，教师当晚就给予批阅。每天的移动课堂后，教师还要讲解和总结。回到学校，在固定课堂上，教师还会结合移动课堂进行迁移、拓展。

我们在采访中了解到，船山实验小学移动课堂地点的远近、时间的长短、内容的难易，都随年级而变化，都特别注意符合儿童年龄、身心和认知规律。

"低年级主要是感知、观察，中年级是感性到理性的过渡，高年级从感知入手，理性的成分多了。"校长刘敏这样总结。

孔子说的"暮春者，春服既成，冠者五六人，童子六七人，浴乎沂，风乎舞雩，咏而归"的情景，似乎在2000多年后的衡阳得到了重现。这就是船山实验小学的移动课堂。

移动课堂的两大功效：减压、增能

刘敏跟我们说了一个小故事：

去年六年级去长沙搞移动课堂，晚上6点钟，大巴在回来的路上抛锚了。这让刘敏十分担心，心急如焚，晚饭也吃不下了。她心里一直在打鼓："学生们回来会不会垂头丧气，怨声连天？会不会一个个筋疲力尽，累坏了？"

直等到晚上10点，车子终于平安到达学校。刘敏早在校门口迎接了，然而出乎她意料的是，学生们一个个兴高采烈，很多学生还唱着歌，全没想象中的样子，有的学生还嚷嚷："车子怎么这么快到了，怎么不多抛锚一会儿。"

刘敏是又"气"又笑，担心了这么大半天，等到的却是这句话。不过，她对记者说："这就是移动课堂的魅力！学生们学得快乐，学得有趣。"

通过这个故事，我们可以真切感受到移动课堂的魅力和效果。

对此，刘敏说："简单地讲，移动课堂给学生们带来两大收获：一是减压；二是增能。"

让我们看看学生们的感受吧。唐歆仪和李洋同是六（4）班的学生，问起移动课堂，两个学生几乎是异口同声地说："移动课堂能开阔视野，增加学习兴趣，锻炼能力，玩得开心，学得也很快乐，而且学到位了。"

唐歆仪和李洋今年4月刚刚去了韶山和长沙，回想几天的移动课堂，他们现在仍然兴奋不已。他们参观了毛泽东故居，爬上了岳麓山，参观了岳麓书院，体验了毛泽东在爱晚亭读书的场景。这一路上，他们背会了18首毛泽东诗词。在这湖湘文化圣地，两个学生都切身地感受到了湖南深厚的文化底蕴和精神。遥望橘子洲头青年毛泽东的雕像，小小的他们情不自禁地高声背起了毛泽东的《沁园春·长沙》："独立寒秋，湘江北去，橘子洲头。看万山红遍，层林尽染……"

我们问："移动课堂会不会影响你们日常学习呢？"

"不会。三天时间，我们不仅把课堂知识学会了，而且学会了课堂上学不到的知识。所以不会影响。"唐歆仪说。

"在学校三天，学到的还是原来同样的内容。"李洋补充说。

"那从移动课堂中，你们收获了什么呢？"

"原来我在课堂上没有胆量举手，现在我敢了，胆子大了。"唐歆仪说，她还学会了课前预习，才能对课文理解得更深刻，因为移动课堂要准备很

多资料，在教师的帮助下，她知道怎么去收集资料和预习课文了。

"我们把所看所想的都写出来，和同学们互相交流，大家提出批评意见。学到的东西多了，而且友谊也加深了。跟万老师出去，每天看到万老师那么累，看到我们不见了，都会非常着急。我体会到了责任的含义。"李洋说。他说的万老师是他们班主任万文艺。

两个人一唱一和，思维十分敏捷，让我们几乎不相信是六年级的学生。尽管还是十来岁的孩子，但他们似乎找到了学习的真谛。唐歆仪说："把学习当作负担就会觉得累，当作兴趣就会觉得很快乐。"

压力就在这种盎然的学习兴趣中悄然释放，而学习的能力、学习的欲望却悄然提高了。

移动课堂对学生们的改变，船山小学的教师们可谓感触更深。他们所崇尚的苏霍姆林斯基的教育理想，竟然——至少是一部分已经实现了。

"我们带领学生们出去，到知识取之不竭、永远常新的源泉那里去，到自然界去：花园里、树林、河岸边、田野里，到活的思维的源泉那儿去旅行。"赵丽秀说，每次上移动课堂之前，教师会和学生们一起收集大量的资料，有关柳树的、桃花的、油菜花的、芦荟的，还有蜜蜂怎样采蜜，小蝌蚪如何变成青蛙……在收集资料的过程中，师生共同学习了许多关于植物的、动物的知识，创编"桃爸爸桃妈妈的故事"。

"这些知识不再是强迫学生去识记，而是他们主动急于了解的，学生们兴趣盎然。"赵丽秀说。在出发前，师生还搜集了关于这些动植物的美文和诗歌。在旅途中，学生们比赛唱儿歌，背诵古诗，这些知识在学生们的脑海中保持着，得到了再现。"碧绿的柳树、粉红的桃花、金黄的油菜花，飞舞的蜜蜂和蝴蝶，可爱的小蝌蚪，还有辛勤劳作的园丁……触动了孩子心灵的诗的琴弦，打开了他们创作的泉源。学生写作文不再是无话可写，干巴巴的。"

让我们来看看二年级学生写的作文：

小小的蝌蚪在水里欢快地游着，我感觉它们像一个个小小的逗号，又感觉它们像一个个跳动的音符。

油菜花全开了，远远望去，像铺了一层金灿灿的地毯。

芦荟的叶子尖尖的，像一把锋利的宝剑。（顾岳峰）

今天，我看到了白色的梨花、粉色的桃花、黄色的油菜花，还看到了可爱的小蝌蚪……这些让我感受到了浓浓的春天的气息。（刘欣姝）

在河边，碧绿的柳树垂下无数又细又长的枝条，就像许多条辫子，那辫子上还扎着许多蝴蝶结呢！（刘思廷）

啊！这里的桃花开得漂亮极了，粉嘟嘟的小脸对着阳光笑眯眯的。（杨子逸）

风一吹，柳树姑娘就翩翩起舞。（邓晴予）

我真想带两只蝌蚪回家，观察它的成长过程。等它变成青蛙的时候，再把它放到池塘里，让它自由自在快乐地成长，变成一个个青蛙王子。（刘乐宇）

看到那金黄金黄的油菜花，我突然想起了老师要我们背的一首诗：儿童急走追黄蝶，飞入菜花无处寻。是呀，这么多的油菜花，你到哪里去找呀。（蒋楚扬）

……

"盎然的童趣和丰富的想象力跃然纸上。学生们走进大自然，发现了大自然的神奇，直接触动了他们的心灵，使他们有了一种从未有的体验，而且每一个学生都得到了独特的体验。"管玫瑰老师也深有感触地说。通过看、摸、闻，学生们得到了真实的感受和欢乐，比我们只在教室里用匮乏和空洞的语言描述效果好得多，感受非常真切。课内知识得到了巩固的同时，课外知识也增长了。学生们学会了仔细观察，最重要的是思维得到了发展，学会了关爱、热爱生命。

"学生们慢慢地学会尝试发现周围的事物，慢慢地感知，思维方式在移动课堂中得到改变。例如，原来看到一棵柳树，那就只是一棵树。但现在，他们会去观察叶子、树干、树的生长环境，还会联想有关柳树的诗词，体会那种美好的意境。他们还学会了热爱生命，用心去感受这个世界的美丽。"管玫瑰老师说。

那么，家长们是怎样的反映呢？

"你会发现，走出去，孩子有些方面的能力完全超出了你的想象。"二年级学生睢冉家长睢水清说。

二年级学生是参观农业示范园。睢水清说，他的孩子一听说要上移动课堂了，高兴得不得了。"天天看天气预报，希望移动课堂那天不要下雨，而且很早就开始收集资料，收集关于春天的诗句。拿着照相机到处摆弄，学习操作。非常兴奋。"

他说，这种课堂，让孩子吸取新知识的效果更好，学到了课堂上学不到

的知识，这是他们十分喜欢的方式，很容易接受。"我长这么大不知道桃花有几瓣，她回来告诉我说，有5瓣，这么细微的东西都观察到了。她还学到了在没有水的情况下，如何干净地吃东西。能力和习惯都得到了很好的培养。"

如今城市的孩子，大多生活在水泥高墙内，难得亲近大自然，了解农业知识和科普知识。这不仅造成他们想象力匮乏，也造成生活常识的缺乏。睢水清说，从农村出来的他，原来跟女儿聊起农业的东西，女儿都不知所云，现在走出去，就有了直观的印象。"哦，原来萝卜是长在地里的。"

睢水清说，对家长来说，现在由于工作忙碌，压力比较大，和孩子相处的时间也比较少。"通过移动课堂，我们会发现孩子哪些地方让人放心了，哪些地方不让人放心。我们家长和孩子在一起上课，也非常开心，增进了父母与子女的感情。"

"若干年后，孩子们回忆起童年的课堂，可能最记得住的就是移动课堂。这对他们一生的影响都是深远的。"睢水清感叹地说。

移动课堂何以能够"移动"

移动课堂取得了很大成功。

船山实验小学的移动课堂为什么搞得这么好？

一是得益于一所有责任心的学校，一位有远见的校长。

船山实验小学是衡阳市一中教育集团与金果实业衡阳电缆厂联合创办的一所股份制民办寄宿小学。虽然是民办学校，但坚持追求让学生健康、快乐、幸福地成长的办学理念。刘敏说："我认为，小学办学的第一要务是使从幼儿园步入学校的孩子感受学习的快乐，获得幸福的成长。小学阶段是孩子人生观、价值观、世界观的启蒙阶段，培养孩子对学习的兴趣、对世界的热爱，也就为他们以后追求幸福埋下了伏笔。"

刘敏的丈夫在深圳工作，原本她也考进深圳教育系统，还上了一个月班，但一中集团和董事会一再做工作，劝她留下来，在征得丈夫的同意后，她挑起了校长这副担子。她怀揣教育理想，兢兢业业干着这份事业。董事会安排了专车接送她上下班，她却坐接送学生的校车，为的是多接触学生；她从不抄近路走塑胶跑道进办公楼，为的是不让高跟鞋损坏跑道；去食堂吃饭，她总是绕到旁边一扇运送东西的侧门，为的是不影响学生正常进出。有一次，在深圳上学的孩子患了哮喘，其他领导劝她去照顾孩子，她却只是打电话叮嘱了丈夫……

有人说，船山学校学生家庭情况都比较好，移动课堂搞得起来靠的是钱。刘敏表示，绝对不是，靠的是用心！"我们完全是把一颗心交了出来，没有任何功利目的。我们把学生的利益、家长的利益和人才培养的来龙去脉都想得很清楚，是一份感情、一份理想在支撑我们做这份事业。"

二是得益于全体教师的齐心和爱心。

船山实验小学每次移动课堂的开展和组织，都是举全校教师之力。大家知道，在一所民办学校，教师的工作特别繁重。而从移动课堂的设计到教学材料的收集、从移动地点的踩点到水果、干粮的准备，对教师而言，一个环节都不能掉链子。往往一个小小的细节、一个小小的变更，都要花费教师很大的精力，但没有一个教师"打退堂鼓"。大家都觉得，搞移动课堂是"磨刀不误砍柴工"。

这么一支敢打敢拼、满怀教育理想的队伍是如何形成的？刘敏说，那就是学习、进取。从上任那天起，她就在教师中推行读书计划。她总是精心挑选好书籍，购回发给全体教师，同时给每人配发一个读书笔记本和红、蓝两支笔——红色的用于圈点原书，蓝色的用于写笔记，规定每读完一本书要检查读书笔记和原书是否圈点。去年春季开学后，学校公布阅读苏霍姆林斯基《给教师的建议》一书的检查结果，一名数学教师因不合格被公布姓名而闹情绪。刘敏当即找他谈话："你是想当一名优秀教师，还是满足于当一名普通教书匠？不认真读书，请你考虑是否适合在船山实验小学工作！"话语不多，态度鲜明。

三是得益于家长们真正发挥了"主力军"作用。

船山小学的移动课堂，得到了家长的全力支持，并且家长在其中起到了实质性作用。

说到这个问题，我们不能不提到学校的家长委员会。刘敏介绍说，在船山实验小学，有学校、年级、班三级家长委员会。家长委员会可不是摆设，他们内部有教育、教学、德育、宣传、后勤五个方面的分工，学校的活动，都是家校一起策划、一起举办。"移动课堂就是家长委员会通过宣传发动，得到全体家长一致赞同才搞得风生水起的。"

确实，在课堂"移动"时，家长们是有钱出钱、有力出力。一个家长是搞物业的，活动时就派来了4个专业保安。有一次，去参观现代农业示范园，

有一个教学环节是观察蝌蚪等，但由于天气变化，现场一时找不到。马上有家长开车到不远的集镇买来泥鳅、黄鸭等让学生们观察，保证了移动课堂的成功。

还有几个社会关注的问题必须回答，这直接决定着移动课堂的成败。

第一，安全如何保障？

对于这个"牵一发而动全身"的大问题，做好周详的预案是"必修课"。每次移动课堂前，教师和家长代表都要事先踩点"演练"一番。线路怎么走，移动的地点全部要画出平面图，停车场、卫生间、出口，以及池塘、水井、沟坎等危险点都一一标明。连参观时通行的楼道有多宽，一次通行多少人才是安全的，移动地点找谁联系，参观什么，需要多长时间等，大家都事先做到心中有数。

在移动课堂进行中，家长委员会和家长志愿者成员分工负责，全程陪护，当起安全工作的"主角"。其中，有负责交通引导的，有负责队伍整顿的，有分发食品的。他们还为所有的工作人员制作了胸牌，以防止有人趁乱带走学生。学生们喝的水都贴上了他们的名字，既是为了防止拿错，也是为了卫生和安全。凡是危险点，都安排了专人值守，确保万无一失。

他们对家长志愿者还有两条"特殊"的规定：一是不能把自己的孩子放在自己负责的那组，以保证家长对所有学生倾注关爱；二是不准带相机，避免照相去了，疏忽对学生的安全管理。

安全的无比重要性，船山学校、家长、学生所共知。"安全出了问题，我们船山的移动课堂就完了。"他们说。因此，他们把安全当成了移动课堂的"生命线"。

第二，经费从何而来？

二年级家长委员会委员长睢水清坦言，只要认识上来了，经费根本不是问题。像二年级搞了一天的活动也才20元。六年级"长途跋涉"去了长沙等地三天，每个学生也不过350元。对于这样有益孩子心身的事情，家长在钱的问题上是绝对不会含糊的。

当然，费用不只要考虑好的家庭，还必须考虑全部家庭的承受能力，所以他们总是精打细算。每次移动课堂，会在踩点时一一落实，再算出总费用多少，人平均多少，包括哪些项目的开支，一目了然。然后通过家长委员会和家长志愿者仔细核定，通知各自的孩子把钱交给教师，教师、年级组原封不动又把代收的钱交给家长委员会。家长委员会有专人负责。期中考试后，在以班为单位的全体家长会上，打印出来公开明细，多退少补。

睢水清笑着说，家委会每年都要捐一次款，现在，我们账上还有4万多元。如果真的哪个学生的家庭困难，我们就准备动用它。但至今为止，还没有出现这样的情况。

起步一小步，小步不停步，回头一大步。对坚持了三年的移动课堂，刘敏非常感慨："我们不能保证每个船山实验小学毕业的学生以后都成为杰出人才，但我们要为他们的成人成才和追求自己的幸福打下基础，让学生们每时每刻都有幸福的营养在吸收，都有知识在快乐地获取。"

是啊，孩子，风再大，也要用船载你去远山！

记者手记——移动课堂还需"移动"什么？

"移动课堂"解决了一些问题，但还有一些问题需要解答。

现在，各种各样的补习班、培训班、提高班盛行，似乎中国的家长变成了应试教育的强大推手。记者采访了多位家长，得到的答案却是，他们想搞素质教育，想提升孩子的素质。可见，素质教育有着强大的社会期盼。

学生家长刘新建结合自己的成长经历说，自己读书时，纯粹是为了高考，为了上大学，把音体美全部砍掉，全部上主课。现在回过头来看，自己的人生是有缺憾的。"我们为什么会支持移动课堂，因为现在时代不一样了。现在都是独生子女，家长越来越重视素质教育，而移动课堂就是一种素质教育。"他说。从管理学上说，情商比智商更重要，情商高的人成功概率比智商高的人更大一些。

另一位六年级学生张祥的家长张月兵也表示，课堂模式从来都不是固定在教室的，现在是越来越把学生限制在教室里那方寸之地。"学生学习不应该仅在学校，也要在学校外面。我们为什么支持呢？孩子出去能开阔视野，能增长能力。我们这次去韶山、长沙，家长去了30多个，许多家长还是请假去的，都非常支持。"

走出教室，让学生有时间自主地去接触社会，去亲近自然，去加强道德认知和道德行为能力的锻炼，去加强创新能力和实践能力的培养，以大力提高学生的综合素质，本应是教育教学的一部分，为什么家长支持孩子们走出去，大多数学校却不敢搞？其中最重要的阻碍，当然是安全。在校园安全事件频发

的今天，大多数家庭为独生子女，一个孩子出事，连累几个家庭。学校、校长和教师谁都承担不起这个责任，谁都不敢去担这个担子。教育行政部门对安全也作了铁的规定，以致许多学校，天天开安全会议，甚至有的学校签了十几个安全责任状。上体育课也成了惊弓之鸟，生怕学生磕伤了。

回过头来看，船山实验小学的"移动课堂"实在是迈出了艰难而可贵的一步。尤其是就在临近的衡南县，2018年14名小学生在车祸中遇难，校园安全在衡阳被提升到了从未有的高度，每个校长都绷紧了神经。在这种情形下，作为一所民办学校，船山实验小学依然坚持搞"移动课堂"，确实是冒了巨大的"风险"。刘敏向记者说出了心里话："这个课堂，如果出了一点点差错，整个就是失败的，所有的努力就付诸东流了。学生拉出了校门，我就提心吊胆，我们教师也是睡不着觉，没日没夜地轮流值班，一站一站报平安。何况，我们教师加班的费用全是学校贴，不收学生一分钱。我们为了什么？我们的想法很朴素，就是让学生能够有一个地方舒展他们的身心，能够让他们得到较全面的发展。"

第二个主要阻碍则是，在片面追求升学率、追求名校的今天，应试教育阴影已经从高中传导至初中、小学乃至幼儿园。堆积如山的作业已经占用了学生的大部分时间，甚至不少学校不惜砍下音体美等课程，用来上所谓的主课。谁还有什么兴趣、有什么时间去搞移动课堂？学生太苦，学得太累，已成为普遍的现状。教育专家指出，学生厌学、逃学，以及大量的心理问题，很多是由于课业负担太重造成的，学生的其他天性被抑制了。为什么会这样？关键还是教育功利化了，为学生未来负责的人少了，对教育理想追求的人少了。

记者还了解到，船山实验小学搞移动课堂，既没得到教育专家的指点，也没得到有关方面的大力支持，完全是靠自己一步一步摸索，逐渐成形的。刘敏说，当初搞移动课堂，是本着朴素的想法，起步变小步，小步变大步，最后量变成质变。但移动课堂怎么搞，缺乏理论依据，缺乏深层次的思考。"以后怎么走，符不符合趋势，怎样从深度和广度上拓展，这些都还没有答案。"

刘敏所说的"符不符合趋势"，是她担心，这种做法恐怕会有一天夭折。这既是出于安全的考虑，也是出于对当下教育现状的困惑，更是出于对学校长远发展的一种担心。教育大方向往哪方面走，是她所不能把握的。譬如，素质教育喊了多年了，实际上是应试教育愈演愈烈。她担心，移动课堂会有一天与某种大的环境冲突，被扼杀。

缺乏当代教育理论做支撑，恐怕正是移动课堂的最大软肋，也是他们最为困惑的地方。尽管经过了三年的实践，在各方面基本都有了一套成熟的做法和经验，但作为一个课堂，他们凭借的理论基本都是苏霍姆林斯基等教育家的一些话，当代教育理论专家还没有这方面的论述。这样，移动课堂便难以进一步深化和拓展。

就移动课堂本身来说，船山实验小学也在探索。系统的、成型的教材还没有，如何进行符合学生身心发展规律的移动课堂，怎样发挥教师的主导作用，怎样把握移动课堂中的教育与教学相统一、教育与发展相统一，等等，都需要进一步解答。此外，相对于固定课堂来说，移动课堂当然是辅助的，只能作为一种拓展和延伸。但如何处理固定课堂与移动课堂的关系，加强它们之间的内在联系，依然值得思考。

船山实验小学每年还举办科技文化体育艺术节、军训、春游、秋游、迎新年联欢晚会、田径运动会等，移动课堂只是实现他们办学理念的一部分。因此，从这个层面上来说，移动课堂中学生所需要的纪律、意志、才能等，还需要平时做好积累，这样才能为移动课堂顺利实施做好准备。

在采访过程中，校长、教师都感叹，教师辛苦自不待言，但没有家长的支持，移动课堂是根本做不起来的。刘敏说："我们这里的家长是一批有见识有思想的家长，正是有了他们的全力支持，移动课堂才能一搞就是三年。可以说，移动课堂是我们和家长共同做出的一次教育探索。"

她的话，无疑提示了，我们在教育学生之外，还应该有什么样的家长，应该有怎样的社会基础和社会认识。

（《湖南教育》2011 年 5 月刊　记者　刘秋泉　阳锡叶）

衡阳船山实验小学把课堂"移"到了大自然

　　衡阳市船山实验小学创设养成教育新课堂，让学生背起书包，走出校园，在读山水、读人文、读历史中，锤炼意志，宽阔胸怀，和谐集体——移动课堂，灵动而灵气。

　　"我小孩刚到这个学校时，胆子小，很爱哭，大众场合更不敢说话。入校后，一年一大变。如今，不仅当了班长，当了主持人，还当上了广播站的副站长。其中重要的原因，是学校养成教育'移动课堂'的磨炼。"

　　"我班上有个学生，因为父母离异，孩子和母亲的感情非常淡漠。有一次，在'移动课堂'上，我和班上的同学故意设计一个环节，让她和母亲有个亲密接触的机会。后来，她们母女间气消了，冰化了，情浓了。"

　　3月5日，记者来到衡阳市船山实验小学采访，家长和教师谈起学校开设的养成教育"移动课堂"，赞不绝口。

变，把课堂"移"到大自然

　　"啊，太好了，又要搞'移动课堂'了！"

　　"快看看，这一次我们是去哪里啊？"

　　3月5日上午10时许，记者走进船山实验小学。一间教室很是热闹，吸引了记者的注意。

　　这是二年级（3）班的教室，班主任刘亚平正在给学生发资料。

　　资料有一大沓。首页写着："我知盘中餐，粒粒皆辛苦。"

　　"这是今年我们二年级'移动课堂'活动的主题。"刘亚平说。

　　记者仔细翻阅资料发现，资料里包括工作方案、安全预案、活动点情况介绍、教学设计、知识检测等。其中的教学设计，有春天和芦荟、育秧、大棚种植等。

刘亚平说："我们这次活动的目的，是让学生了解有关春天的诗、成语、童谣，感受春天的美好；通过参与种植芦荟、育秧、观察大棚蔬菜等，懂得劳动的艰辛，逐步树立珍惜粮食、爱护庄稼的感性认识。"

"每年春暖花开的季节，我们每个年级都要开展一次'移动课堂'活动，把课堂'移'到大自然。让学生背起书包，走出校园，在读山水、读人文、读历史中，锤炼意志，宽阔胸怀，和谐集体。"校长刘敏介绍，"这个活动已经坚持六年了，逐渐成为养成教育的一个品牌活动，学生喜欢，家长认同。"

"每次活动都有家长委员会全程护航。"刘敏解释道，"'移动课堂'不同于春游、秋游等学校举行的旅游活动。旅游通常没有主题，也不需要进行课程设计，更不需要进行知识检测，最多也就是写写游记、感想等。'移动课堂'是一门课程。教师不仅需要进行完整的课程设计，而且需要组织课程实施，检测课程效果。不仅要求学生掌握必要的知识点，更需要学生通过参与活动，锤炼一种意志，养成一种习惯。从这个角度上说，'移动课堂'与其说是一门传道授业课，不如说是一门养成教育课，一种灵动的德育新方法。"

德，也可以在"玩"中培育

说起"移动课堂"新思路的来历，刘敏说，与她的一次国外教育"取经"有关。

六年前，刘敏参与国家有关部门组织的一次日本教育考察。在那里，她看到一种与我们国内完全不同的教育方式：学校经常组织学生到大自然中培养品行，学生们自己也常会利用节假日游历名山大川。

大自然就是最好的课堂。学校是否也可以利用大自然，有效利用我国丰富而深厚的历史和文化资源，让学生们在"玩"中学习，在轻松的环境中，感悟生活，领略历史，体验成长，培育品行呢？

令人欣慰的是，她的这个设想，很快得到学校行政"一班人"和家长们的广泛响应，并成为大家的行动。

首先，明确了各年级活动的地点和学习的主题。

其次，根据每个地方的历史、人文特点及学生的具体情况，组织教师进行了课程设计。一个全新的课程体系在船山实验小学诞生了。

"这些地方和主题的确定，充分考虑了各地的历史和文化特色。比如，耒阳是造纸术发明者蔡伦的故乡。到这里参观，就要让学生通过了解造纸术的历史和文化，明确中国文化源远流长，培养学生热爱祖国、热爱家乡的情怀。五岳之一的南岳，不仅地势陡峻，风光秀丽，而且是中国宗教文化繁华的地区之一。攀登南岳山峰，让学生们了解南岳宗教文化历史的同时，培养他们不怕苦、不怕累的意志。"刘敏说。

2009年，"移动课堂"第一次推出，便获得各方喝彩。如今，这门新课程的体系逐步完善成熟，上课的方式和内容也日益丰富和充实。

喜，辛苦中收获成长

"小小的蝌蚪在水里欢快地游着，我感觉它们像一个个小小的逗号，又感觉它们像一个个跳动的音符。"

"油菜花全开了，远远望去，像铺了一层金灿灿的地毯。芦荟的叶子尖尖的，像一把把锋利的宝剑。"

如果不是亲眼所见，或许很多人不会相信，这一段段美丽的诗歌般的文字，都是出自小学二年级学生们的笔下。这股灵气是"移动课堂"带给他们的。

有如此灵气的还不只是学生，不少陪同活动的家长也变得越来越有灵气。据船山实验小学统计，在活动中，学生写出的日记2000多篇，画"记忆画"600余幅；教师写论文和随笔数10篇，家长写文章120多篇。

"事实上，'移动课堂'带给学生们的收获是全方位的。"刘敏自豪地说，"我们学生走出去，给人的感觉就不一样，行为习惯好、懂礼貌、举止端庄。"

"很多学校的学生在一个地方搞活动，地上可能会留下垃圾。我们搞完活动，离开后，你会发现地是干干净净的。"一位班主任感慨道。一件事让她记忆犹新。有一次爬苏仙岭，中途休息时，有位家长没有注意，把吃东西剩下的包装纸丢在了地上。这位家长的小孩看到后，马上将其捡起来丢到垃圾桶里。这位家长受到了很大的触动。

六年级（2）班的班主任万文艺清楚地记得，去年爬南岳，快到山顶时，突然下起了大雨。上山时，天气非常好，很多人没有带伞。这时，班上一个带伞的女孩，自告奋勇地一个个接送班上的同学。在大家的印象中，这名同学因为家庭，性格很内向，平时不爱说话，很少与大家交流。这次活动改变了同学们对她的看法，她也慢慢打开了心扉，很快融入集体当中。

养成教育"移动课堂"引起了省教育厅的关注。2011年，"移动课堂"成为省教育科学"十二五"规划课题。《小学移动课堂的理论与实践》的课题成果编辑出版，标志着这一新课程迈上了新的台阶。

（《湖南日报》2014年3月16日　记者姚学文　余　蓉）

"阅"出多彩童年，"读"出精彩人生

核心导读：

对于孩子来讲，一本有趣的童书、一个安静的角落，童年的天空便升起七色彩虹；对于成人来讲，一本好书、一杯清茶，岁月便静好如初，人生便精彩如画……

衡阳市船山实验小学在衡阳市刘敏（小学语文）名师工作室的指导下，着力开展对小学生经典阅读的理论研究和实践探索，取得了可喜的成果。

为充分发挥我市名优教师在教育教学中的示范、引领、辐射作用，衡阳市刘敏（小学语文）名师工作室自成立以来，邀请全国各地名师及衡阳名师，以小学语文名优教师为引领，以小学语文学科教学为纽带，以名师工作室为载体，积极开展小学生课外阅读指导研究，打造阅读指导教师"孵化场"，加快全市小学语文教师队伍建设，努力提高小学语文教学水平，引领学生"读书好，多读书，读好书"。

精彩的专家讲座，高水平的展示课，别具一格的经典诵读，别开生面的绘本剧表演……11月13日—15日，2018年衡阳市市级小学语文教师专项培训暨衡阳市刘敏（小学语文）名师工作室阶段性成果展示与汇报活动在衡阳市船山实验小学举行。衡阳市刘敏（小学语文）名师工作室全体成员、市部分语文学科带头人，以及全市32所小学的200多名教师齐聚一堂，共享一场别开生面的阅读教学研讨盛宴。

活动结束后，参加活动的教师纷纷表示：收获极大，受益匪浅。他们将会把船山实验小学的成功经验及专家传授的经验带回去，让更多教师和学生分享，让学生们爱上阅读，感受阅读的魅力，享受阅读带来的快乐，"阅"出多彩童年，"读"出精彩人生！

上篇：教学实践
打造"会阅读的学校" "读"出孩子多彩童年

在这次活动中，衡阳市刘敏（小学语文）名师工作室首席导师、衡阳市船山实验小学校长刘敏做了题为《"会阅读的学校"：小学生校园阅读课程化实施》的专题讲座，详细地介绍了市船山实验小学和衡阳市刘敏（小学语文）名师工作室对小学生经典阅读的理论研究和实践探索。其成果得到了与会专家和教师的一致肯定。

为什么要阅读？

人每天看看书，就好像每天都在与最智慧的人交谈，整个人会变得越来越通透、智慧，幸福感也可能随之而来。孩子能够养成与书为伴的习惯，他的内心可能更丰富也更智慧，更柔软也更坚韧。

《小学语文新课程标准（最新修订版）》阶段目标中提出："义务教育阶段的语文课程，应使学生初步学会运用祖国语言文字进行交流沟通，吸收古今中外优秀文化，提高思想文化修养，促进自身精神成长。"

作为学生，每个人都无法回避考试这个话题。湖南正式启动高考综合改革，到2021年全面到位，考生高考总成绩将由全国统一高考的语、数、外3科成绩和高中学业水平考试3科成绩组成，不分文理科。高考改革将语文和数学摆在非常重要的地位，而数学及其他学科读题审题都离不开语文的阅读能力。可见，在新的高考形势下，语文的地位越来越重要。

而阅读能力的养成又不是一朝一夕的，应该从中小学阶段抓起。

学生读什么？

学生课外到底读什么书呢？市船山实验小学确立经典阅读的体系，向学生推荐经典阅读书目和经典背诵篇目。

经典阅读书目由学校根据一年级至六年级不同年龄段学生的心理特点、理解能力、个性特征，并结合学校经典阅读开展的实际情况研究推出，每年将《衡阳市船山实验小学经典阅读书目》发给家长和学生，2018年版全套书目共计843本。

经典背诵篇目分为"中华经典读物""优秀古诗文"和"经典咏流传"三个部分。

"中华经典读物"的内容为《三字经》《弟子规》《千字文》《增广贤

文》《论语》《声律启蒙》《诗经》。其中，《论语》和《诗经》背诵指定内容。

"优秀古诗文"收录了部编版小学语文教材和语文省版教材的古诗文，共计78篇；选择了《义务教育语文课程标准》"优秀诗文背诵推荐篇目"中的部分古诗文，共计45篇；还选择了唐诗宋词中的部分经典名篇进行补充，共计57篇。

"经典咏流传"是从中央电视台综合频道2018年推出的文化音乐节目——《经典咏流传》中选取了23首适合小学生的歌曲，在音乐课上教学生学唱。

学生怎么读？

学生到底怎么读呢？市船山实验小学精心设计了经典阅读的课程，引导学生阅读。

课内：该校每个班每周开设两节阅读课，这两节课排进课表中，严格按照学校的常规进行教学。其中，一节上经典阅读课，一节上经典背诵课。

课外：学校给高、中、低三个学段分别配备了一个高标准的阅览室。按照《衡阳市船山实验小学经典阅读书目》全部配齐，供学生课余阅读。

同时，开展班级阅读活动、校级阅读巅峰战等读书活动。特别是该校的"移动课堂"，现已成为衡阳校园文化颇有影响力的一大品牌。"移动课堂"将学生带到大自然、工厂、农村、部队、社区、名人故居等地方进行文化考察和文化知识的学习实践。每次的移动课堂考察时，二年级至六年级都会结合本年级考察的线路及景点特色，开展不同主题的经典诵读活动。

谁来引导读？

营造经典阅读的氛围，对学生阅读至关重要。该校的经典阅读得到了多方面的支持与配合，从而取得了很好的效果。

学生阅读要得到家长的支持和参与。学校通过家长会、亲子阅读讲座等形式，加强与家长的沟通，让家长了解阅读对孩子的重要性，同时让家长了解在经典阅读的开展过程中需要做什么、怎么做，并鼓励家长和孩子们一起诵读经典，得到了广大家长的大力支持。

经典阅读不单单是语文教师在开展，其他学科的教师同样也在教学中融进经典阅读。

通过这么多年的实践探索，市船山实验小学已成了一所"会阅读的学校"。阅读不但帮助学生掌握了阅读经典的方法，养成了良好的阅读习惯，而且提高了学生语言文字运用的能力，学生的口才、写作水平大大提高，更重要的是经典阅读在增进学生文学素养、培养良好的道德品质、树立正确的人生观与价值观等方面发挥着不可替代的重要作用。

在"第五届全国中小学生语文素养大赛"中，该校三年级至六年级共520名学生报名参加了比赛，获得一等奖的学生有43人，获得二等奖的学生有72人，获得三等奖的学生有141人。

大量优秀文化的阅读与背诵，润泽了船小学子的童年，提升了他们的语文素养，丰盈了他们的知识仓库。回忆起母校，他们不约而同地说到了经典阅读与经典背诵对他们的影响。2017衡阳市高考理科第一名、考入北京大学的段仪同学说："我还记得课堂上看似与课本无关但妙趣横生的问题讨论，课间丰富的嬉戏活动，以及从始至终贯穿的中国古代文化经典的熏陶和背诵、硬笔书法的每日训练……这些有趣的、从不同视角透视生活的活动，正是组成孩童初级世界观必需的。我感激母校给予了我这些，它们是对一个刚刚步入'学习'生涯的孩童最圣洁的洗礼。"

下篇：引领辐射
"孵化"阅读指导教师引领孩子爱上阅读

2018年，衡阳市市级小学语文教师专项培训暨衡阳市刘敏（小学语文）名师工作室阶段性成果展示与汇报活动，是由衡阳市船山实验小学、衡阳市刘敏（小学语文）名师工作室共同主办的。这样的大型探究活动，衡阳市刘敏（小学语文）名师工作室几乎每年都会举办几次。

这次活动培训主题是"聚焦小学经典阅读与其他学科的融合"，除了刘敏校长的专题讲座外，还邀请了中国海洋大学儿童文学研究所所长、博士生导师朱自强教授作题为《儿童文学文体知识与语文阅读教学》的专题讲座，浙江省特级教师王乐芬作题为《"会阅读的教室"：小学生班级阅读课程化实施》的专题讲座，江苏省特级教师、"童化作文"倡导者吴勇作题为《基于核心素养的写作训练学》的专题讲座。活动期间，来自全市的谢海鹰、邓丽、李海燕、梁瑞莲、王玉婷、李淑萍、刘钰共7名优秀教师分别向参加培训的教师上了展示课。来自全市32所小学的200多名教师通过培训后，纷纷表示收获极大，受益匪浅。他们会将学到的经验带回本校，分享给教师和学生，让学生们爱上阅读，充分享受阅读带来的快乐。市船山实验小学还将《衡阳市船山实

验小学2018年版经典背诵篇目》和《衡阳市船山实验小学2018年版经典阅读书目》发给了与会的每一位教师。

　　衡阳市刘敏（小学语文）名师工作室自成立以来，围绕"小学生课外阅读指导研究"这一主题进行广泛深入的研究，还进行了这方面的课题研究，开展了4次重大展示活动和13次学术交流、教师培训、教研教改、送课下乡等活动。来自全市共4000多名教师参加了活动，提高了语文素养和专业水平，同时，衡阳市刘敏（小学语文）名师工作室还指导数百位名师在各级教学比武中获奖，为引领、指导小学语文教学和校园阅读发挥了重大作用。

　　　　　　　　　　　　（《衡阳晚报》2018 年 11 月 19 日　　通讯员　高红芳）

腹有诗书气自华，最是书香能致远

——"小学语文经典阅读"教师培训侧记

夏至时节，一场小雨不期而至，滋润着船山实验小学的一草一木，菁菁校园更多了几分小清新和宁静。2017年6月20日至22日，一场别开生面的市级小学语文教师专项培训在这里开班授课。

船山实验小学作为活动的主办方，不但邀请了来自北京、长沙和衡阳本地的专家、学者进行讲座和授课，以该校校长刘敏为首席导师的刘敏（小学语文）名师工作室团队也将小学生经典阅读方面的成果进行了展示，让教师们受益匪浅。

这次培训主题聚焦"小学语文经典阅读"，会集了市教育局、市教师发展中心、市教育科学研究院的专家、教研员、学科带头人和各城区教文体局相关负责人，以及市实验小学、高新区华新小学、成龙成章实验学校、船山英文学校、蒸湘区联合小学、衡南县星火实验小学等23所小学的179名教师参与，此外，永州市祁阳县小学语文名师工作室的教师们也慕名而来，加入了此次培训活动。

顶级名师现场传经送宝

培训期间，著名儿童文学作家、绘本课程培训专家保冬妮和大家分享了绘画读本的创作灵感和阅读方法，她用一个个生动具体的实例告诉大家如何帮学生选绘本、讲绘本、用绘本、玩绘本。衡阳师范学院副教授邓水平则为学员们带来了《从教课文到教语文的学理分析》和《从教课文到教语文的实践探讨》讲座，告诉大家如何将语文教学和经典阅读有机结合。还有长沙市育才小学校长、全国优秀教师朱爱朝讲授了《儿童吟诵通识》，让教师们更加深入地了解古诗的吟诵知识和方法。

刘敏名师工作室引路导航

6月22日，培训的最后一天，刘敏校长以《腹有诗书气自华，最是书香能致远》为题作专题讲座，和与会者分享了工作室团队和船山实验小学对有效推进小学生经典阅读教学所进行的研究与探索，以及在此基础上开展的丰富而扎实的活动和取得的阶段性成果。

刘敏（小学语文）名师工作室自2015年成立之初，就确定了经典阅读教学研究方向。刘敏带领她的团队通过创建书香校园、书香班级、书香家庭，营造了良好的读书氛围，并全力引导教师们多读书、读好书，形成学习、思考、教学、提高的良性循环。同时，开展了国学诵读、经典阅读、讲绘本故事、阅读巅峰战、亲子阅读等一系列活动，让学生们在阅读中感受传统文化的博大精深，在诵读中感受诗词之美，在读书中提升自我的文学修养和语文核心素养。

为了让教师们学习到更多更先进的教学经验，从而解决教学实践中的难题和困惑，刘敏（小学语文）名师工作室先后邀请了小学语文教学专家赵挚，江苏省特级教师、"童化作文"倡导者吴勇，湖南幼儿师范高等专科学校附属小学副校长何春贞等诸多教育教学名家来校讲学，为大家传授经验、指点迷津，并带领工作室成员赴北京、上海、南京各地学习取经。

本着"导师引领、同伴互助、教研结合、不断创新"的原则，这个团队一面不断学习，一面有计划、有步骤地传播先进的教育理念和教学方法，逐步成长为衡阳市小学语文教师的研究中心、活动中心、辐射中心，为衡阳市小学语文教师修筑了成长阶梯，搭建了展示平台。

工作室目前有22名成员，分布于市、县的9所学校。在工作室的引领下，这些教师通过平时磨砺学习，打开了眼界，不仅个人学有所获，得到了成长，在各自所在学校也发挥着辐射作用，将经典阅读研究活动开展得有声有色。

衡钢小学的经典阅读以国学课程为基础，以活动为推手，让经典国学的吟诵声回荡在校园上空，工作室成员谢海鹰还荣获了"衡阳市全民阅读优秀推广者"的称号。工作室成员胡芳校长围绕工作室"小学生课外阅读指导研究"这一课题，带领她的团队成功申报中国高等教育学会教育分会"中华优秀传统文化与现代语文课堂教学实践研究"课题组的子课题"现代课堂特质指导下的古诗文教学研究"。还有雁峰区中南路小学《弟子规》国学经典诵读活动、高新区祝融小学"好书漂流"和"每日三读"、高新区华新小学的"读书漂流"……都为学生们开启了一扇美好的阅读之门。

经典阅读研究成果完美展示

如果说刘敏校长的讲座是对经典阅读研究的一个总结，随后来自工作室成员的三堂阅读示范课更是完美展示了这个团队在经典阅读方面取得的实践成果。

伴随着一阵轻快的音乐，刘敏（小学语文）名师工作室核心成员、船山实验小学副校长李海燕的绘本阅读课开始了。她首先给学生们出了一个谜底为"手"的谜语，告诉大家今天的课堂主题就是"手"。然后通过绘本图画、文字等来告诉学生们手可以用来打招呼，可以用来做作业，可以用来表达爱……但是不能用来打人。课堂上，她带领学生们用跳读、提取关键词等方法阅读绘本，并充分尊重学生的理解，发挥学生的想象。充满童趣、灵动、欢乐的课堂，培养、提升了学生的语文能力，激发、唤醒了学生的创造能力，在"润物细无声"中，学生的优良品德也不知不觉形成了。

接下来，衡南县星火实验小学的语文教师唐春芳带来了读物推荐课《狼王梦》，雁峰区中南路小学的语文教师邵璨则为大家展示了名著赏析课《西游记》。三堂颇具特色的课堂教学充分展示了刘敏（小学语文）名师工作室团队对经典阅读教学研究探索的成果。

与会教师收获多多

三天的时间短暂而美好，不仅有高大上的名家讲座，有接地气的示范课教学，也有经典阅读研究成果展示，船山实验小学的学生们还呈上了精彩的文艺演出、绘本剧表演、国学经典诵读和续编故事等，所有的培训课程丰富而充实，活动展示精彩而有趣。不论是来参加培训的学员，还是来听课的领导、专家，或是来学习取经的兄弟市县的同行，大家都表示受益匪浅、收获颇丰。

"我很高兴能参加这次培训，聆听这些讲座，感觉自己就像一块海绵，尽情地吸收来自各个专家、名师的专业知识和教学技巧。"来自成龙成章实验学校石鼓校区的教师李娇如是说。

"我今天特别激动，见到了我的偶像保冬妮老师，保老师出版的书我认真地拜读过，没想到居然能够面对面地听她的讲座，这对我来说太幸福了。"

祝融小学的教师何跃梅兴奋地说道。

　　"震撼，真的很震撼！"从永州远道赶来的祁阳县小学语文名师工作室的负责人、祁阳县龙山街道民生小学副校长桂阳玲对此次讲座也给予高度评价。她表示，刘敏（小学语文）名师工作室推广的阅读教学理念很先进、很有特色，让她们大开眼界，她们将好好学习、消化这些理念和经验，并带回去进行推广。

　　　　　　　　　　　　　　（《衡阳晚报》2017 年 6 月 23 日　记者向吟吟）

绘本教学"绘"出精彩课堂

"语言文字既是文化的载体，又是文化的重要组成部分。学习语言文字的过程，也是文化获得的过程……"在近日举办的第一届全国小学绘本课程与教学研讨会上，全国著名特级教师、清华大学附属小学校长窦桂梅用精准的语言、丰富的学识，为与会者生动地讲述着绘本的魔力。

为进一步拓展工作室成员的教育视野，了解国内外阅读教学的新动态，受衡阳市教育局的派遣，10月11日至16日，刘敏（小学语文）名师工作室部分成员——高新区祝融小学何跃梅、蒸湘区联合小学胡芳和邓丽、雁峰区中南路小学邵璨、衡南县星火实验小学唐春芳和周莉、祁东县船山实验学校张雅丽、船山实验小学李海燕等16人在首席名师、衡阳市船山实验小学校长刘敏的带领下，参加了此次教学研讨会。

此次绘本课程与教学研讨会安排紧凑、内容丰富，设立了主会场和分会场，通过主会场专家致辞、主题演讲、绘本展示课、评课互动、名校长论坛、绘本剧表演和分会场实地考察等多种形式，让与会者享受了一场场"视听盛宴"，了解到经典阅读、绘本教学的前沿思想和发展态势。

令人印象最为深刻的就是全国著名特级教师、清华大学附属小学校长窦桂梅在主会场所做的关于绘本教学的主题演讲，她从自身谈起，从先后执教的绘本《我爸爸》《我的爸爸叫焦尼》谈起，对绘本教育的价值和意义、绘本教学的模式与方法、小学绘本课程的建构等方面进行了精彩的诠释。

分会场的实地考察安排了两所学校——北京市西城区黄城根小学和北京市东城区府学胡同小学，刘敏（小学语文）名师工作室选择到黄城根小学进行考察，认真聆听了两节精彩的绘本教学课，一节是京味十足的绘本阅读课《跟着姥姥去遛弯儿》，一节是无字绘本教学课《疯狂星期二》。课后，工作室成员还积极参与到评课交流环节。

　　通过学习，工作室成员收获多多。大家纷纷表示，一定把学到的教学技能和经验用于教育教学中，并通过刘敏（小学语文）名师工作室这一平台，传给更多的教师，更好地为小学语文教学服务。

（《衡阳晚报》2016 年 10 月 20 日　通讯员李海燕）

刘敏名师工作室搭台传经

10月9日上午，小学语文教育专家辛晓明、曹潆月、王迎春应衡阳市船山实验小学和刘敏（小学语文）名师工作室的邀请来船小进行讲学。参加此次活动的有刘敏（小学语文）名师工作室的全体成员及市船山实验小学、西湖小学、愉景新城小学、江山学校等19所学校的200余名教师代表。

首先，曹潆月老师给大家带来了一节精彩的课内阅读课《月光曲》。在教学过程中，曹老师通过"扣月抓词，感受月景之美；对月品文，读出虚实之境；听月思考，体会虚实之妙；换月移情，写出个性之思；借月拓思，开启实践之门"五个环节，由浅入深，紧扣教学目标。学生在一系列的活动中，不仅积累了好词佳句，还掌握了学习方法，并享受到了学习的乐趣。

随后，王迎春老师给大家上了一节小学中年级阅读指导课，本节课推荐的读本是《云朵的夏天》。王老师采用"聊家常"的方式，带领同学们对读本进行初步的感知，在自然、流畅的表达与想象中，学生对读本产生了兴趣。

两节课结束后，长沙市雨花区小学语文教研员、黎郡小学校长、长沙市优秀教师、骨干教师、语文学科带头人辛晓明做了题为《语文本体性知识背景下的有效语文教学》的讲座。结合曹潆月老师及王迎春老师的教学，辛老师解析每一环节思考与用心……辛老师用一个多小时向教师们诠释了语文教学的本体性，带给大家许多启示和感悟，也让每一位教师收获满满。

活动为教师们搭建了一个良好的学习交流平台，充分发挥了刘敏（小学语文）名师工作室的引领和指导作用，真正起到了示范辐射作用，让教师们在观摩学习中不断成长。

（《衡阳晚报》2015 年 10 月 15 日　通讯员陈文）

"同课异构"讲作文

——国培2016示范项目在船小开课

10月29日，"国培2016"教育部示范性项目衡阳师院小语班现场教学会在船山实验小学举行。此次活动由衡阳师院主办，船山实验小学、刘敏（小学语文）名师工作室协办。来自"国培2016"教育部示范性项目衡阳师院小语班的全体学员、刘敏（小学语文）名师工作室的全体成员近180人参加了本次活动。

现场教学会采用"同课异构"的方式开展作文教学研讨活动，选定的课题是苏教版小学语文五年级下册习作《我身边的小能人》。第一位上台执教的教师是"国培2016"教育部示范性项目衡阳师院小语班的学员王霞，她来自四川纳溪区护国镇中心校。课堂上，她带领船小五（1）班学生通过"读懂作文题、抓住关键字、联系身边实际、筛选合适的人物及事件"的方法进行写作。整堂课朴实、简洁，王老师给大家呈现了一节原生态的作文课。

第二位上台执教的是江苏省特级教师、江苏省基础教育课程改革先进个人、"童化作文"倡导者、南京市上元小学副校长吴勇。课堂上，吴老师用幽默、诙谐、生动的语言，迅速拉近了与五（6）班学生的距离，激发了学生的表达欲望，让习作真正成为学生内心表达的一种需要。整节课，吴老师独具匠心的指导，妙趣横生的语言，精彩灵动的环节，既让学生们享受课堂，也让全体与会教师获益良多。

作文教学是小学语文教学的"半壁江山"，本次现场教学会可谓一场"及时雨"，引发了教师们对作文教学中普遍存在问题的思考，让教师们深刻地认识到作文教学要对作文内容、核心目标、方法策略等进行精准的把握，才能将作文教学真正地抓出实效，达到用作文浸润儿童心灵的育人目标。

（《衡阳日报》2016 年 11 月 3 日　记者向吟吟）

衡阳市船山实验小学理念文化

衡阳市船山实验小学成立于2000年6月，是衡阳学人秉承船山精神、运用现代教育理念创办的一所立足传统、注重创新的全日制学校。学校坐落于衡阳市雁峰区，现有37个教学班，在校学生1800余人，教职员工190余人。学校师资力量雄厚，办学条件优越，校园环境优美。

一、学校背景和文化传统解读

船山文化——学校文化的根基。

船山实验小学建校历史虽然不长，但文化根基深厚。明末清初大思想家、哲学家王船山，出生于回雁峰下，研经于湘西草堂，集千古之智，开六经生面，成文化巅峰。王船山逝世后二百年间曾湮（yān）没无闻，但在中国近现代史上大放异彩，他的思想给维新变法、辛亥革命、新民主主义革命乃至当代的中国文化复兴以重大影响，形成了独特的文化景观。为了学习、弘扬船山学术与船山精神，衡阳人创办了船山书院；现代教育兴起后，船山书院先后改名为船山中学堂、衡阳市第一中学，为中国现代化建设事业培养了大批人才。自进入21世纪以来，以衡阳市第一中学为基础成立教育集团，分别创办了衡阳市船山实验中学和船山实验小学，开启了践行船山精神、复兴传统文化的新篇章，同时也寄托了衡阳学人创新中国教育的梦想。因此可以说，船山实验小学是衡阳学人传承船山文化并积极参与当代中国教育实践的产物。出于这种历史文化的自觉与担当，学校始终将船山文化视为精神之源和立校之本。

船山文化不仅是传统文化的代表，更是中华文化在新形势下的一种发展，其可贵之处在于：第一，忠于祖国与中华文化的民族精神；第二，循公重民的人文精神；第三，推故开新的创造精神；第四，崇实重有的辩证哲学。

二、学校品牌定位

打造以传统文化为底蕴，以创新教育理念为追求，以学生的全面发展为目标的特色鲜明的民办名校。

三、基本部分

1. 核心理念

以诚立教[①]，仁植义育[②]。

"诚"为实有、实际，真实无妄，求其"诚"就是求真，崇尚科学；"诚"为善、天德，为人道，求其"诚"就是求善，求人道。孟子说："大人不失其赤子之心。""以诚立教"就是以"诚"为教育之本，教师以诚为范，学生以"诚"为求，教育学生诚实、忠诚、诚敬。"仁"者，爱人；"义"为规范。"仁植义育"就是要用"仁义"教育学生，使学生有仁爱之心，守规范，懂礼节。

"诚"在中国古代哲学中是一个兼有本体论和伦理观的范畴，孟子说："诚者，天之道也；思诚者，人之道也。"（《孟子·离娄上》）荀子说："君子养心莫善于诚。"王船山先生继承并进一步阐发。一方面，船山强调"诚"的实有特性，为宇宙本体，说："夫（fú）诚者实有者也，前有所始，后有所终也。实有者，天下之公有也，有目所共见，有耳所共闻也。"（《尚书引义·说命上》）。另一方面，船山先生亦认为"诚"是"尽人道""合天德"的关键。正因如此，船山先生提出"以诚立教"。教育的目的在于育人，船山先生在《黄书·宰制第三》中说，我们只要有了博衣[③]、弁（biàn）带[④]、仁育、义植之士甿（méng）[⑤]，就足以巩固我华夏民族而无忧，因而需用"仁""义"教育培养人才。

注释：①"以诚立教"指以忠诚之心从事教育，以赤诚之心培养孩子。②"仁植义育"指用传统的道德、基本规范（仁、义）去培育（植、育）人才。"以诚立教，仁植义育"意指以诚为本，从事教育；培养学生的仁爱精神，让他们有道德、守规范。③"博衣"指有身份的人穿的宽大的衣服。④"弁带"指帽子和衣带。⑤"甿"古指农村居民，泛指百姓。

2. 办学宗旨

求知[①]、求真[②]、求善[③]，为学生的发展和幸福奠基；敬业、敬事、敬人，

为教师的事业和人生添彩

注释：①"知"指知识。②"真"指真理。③"善"指道德。

3. 培养目标

培养具有中国精神和全球视野的全面发展的人

所谓"中国精神"，是指学生继承以王船山为代表的中国文化精神，成为永远忠诚于中国文化的道德完善的敢于担当的仁义之士。所谓全球视野，是指胸怀全球，从容应对。所谓全面发展，是指要培养学生为人格健全、道德完善、身体健康、学业有成的人。

4. 办学方略

文化筑魂，习养为主，以研促教，注重自悟，有教无类，开新开放。

文化筑魂：将中华文化和世界文化贯穿于学校生活的方方面面，并深入学生的大脑和灵魂。

习养为主：由小事小节养成品德，由小艺小能习练而日有所进。

以研促教：加强科研，将科研成果转化为显著的教学效果。

注重自悟：通过课堂教学改革和课外活动，培养学生独立思考和自我提高的能力。

有教无类：强调教育公平，不以天资、金钱、身份排位，让教育之光普照所有学生。

开新开放：机制创新，模式变革；古今中外，兼收并蓄。

四、一训三风

1. 校训

努力创造奇迹。

2. 校风

船山传人，正学①开新。

所谓船山传人，是指继承船山精神，做船山那样的、对中国文化发展有贡献的人。所谓正学开新，就是要建立正确的学习观念，注重创新创造。

王船山逝世后，其行隐，其名不显，故二百余年被埋没。梁启超先生认为湘军名将罗泽南②继承了船山先生的一点精神，但真正的船山传人是谭嗣同，并说船山发扬光大还在将来。自1884年创办船山书院培养了齐白石、杨度等著名人士后，船山书院改名为船山中学堂、衡阳市第一中学，培养了原教育部副部长周远清等许多人才。21世纪初在船山精神的感召下，以衡阳市第一中学的教师为主体创办了船山实验小学，传承船山精神，誓做船山传人。船山先生继承圣学，出入诸子③、佛老④、濂（lián）洛（luò）关闽（mǐn）⑤，而独服膺（yīng）张载，辟异端正儒学，故曰"希张横渠⑥之正学"；船山极重开新创造而不拘守传统，故曰"六经责我开生面⑦"，强调"推故而别至其新⑧"。

注释：①"正学"原指去杂质，引申为正学风、正校风。②罗泽南（1807—1856），字仲岳，号罗山，湖南湘乡人，湘军名将。③"诸子"指中国春秋战国时学术流派的代表人物和著作。④"佛老"指佛家和老庄思想的统称。⑤"濂洛关闽"指宋朝理学的四个重要学派。濂指周敦颐。因其原居道州营道濂溪，世称濂溪先生，为宋代理学之祖，程颐、程颢的老师；洛指程颐、程颢兄弟，因其家居洛阳，世称其学为洛学；关指张载，张家居关中，世称横渠先生，张载之学称关学；闽指朱熹，朱熹曾讲学于福建考亭，故称闽学。⑥"张横渠"即张载。⑦"六经责我开生面"：六经，是指经过孔子整理而传授的六部先秦古籍，包括《诗经》《尚书》《仪礼》《乐经》《周易》《春秋》。生面，新的面目。原意是凌烟阁里的功臣画像本已褪色，经曹将军重画之后才显得有生气。比喻另外创出一种新的形式或局面。"六经责我开生面"，是王船山自题画像的堂联上句，表达了作者的文化使命感。意思是自己致力于儒家的学术研究，一生对中国传统文化经典进行了详尽的研读、评注和创新。⑧"推故而别至其新"，王船山认为只有不变的"常经"，绝没有不可变通的常道。他坚信六经之言有大义焉，道行而天下无忧，但绝不墨守成规，固守古人之道。

3. 学风：正志①为本，学思并重

所谓正志为本，是指要树立正确的志向；所谓学思并重，是指学习与思考同等重要，善于学习就必须善于思考。

王船山先生说："学者以大心正志为本。"又说："学非有碍于思，而学愈博则思愈远；思正有功于学，而思之困则学必勤。"这就是说，良好的学风就是要树立远大的志向，在学习中思考，在思考中学习。

注释：①"正志"指纠正、培养正确的志向。

4. 教风：诚于教事，以爱育人

所谓诚于教事，是指教师诚于治学，诚于施教。所谓以爱育人，是指教

师用己之爱，因人之性，促其自悟。

没有爱就没有对事业的忠诚，没有爱也就没有百年树人的教育；教师的爱如春雨，润物无声，无时不在，无处不有。

五、誓 词

1. 教师誓词

我是船山小学的教师，我庄严宣誓：

忠于人民教育事业，履行教师神圣职责，贯彻国家教育方针，以培养人格健全、道德完善、身体健康、学业有成的人才为最高目标；继承船山精神，热爱每一个学生，做学生的良师益友，在育人中不断完善自己的人格；以诚立教，严谨治学；注重细节，追求完美；团结协作，不断进取；为中华民族的伟大复兴，为人类社会的文明进步，奉献全部力量。

2. 学生誓词

我宣誓：

我是中国人，我是船山传人，

我热爱我们的祖国，我热爱中华文化，

我是船山小学的小主人，

我将坚守"船山传人，正学开新"的信念。

我将铭记"努力创造奇迹"的校训。

我们崇尚科学，追求真理，正志为本，学思并重。

我们求知、求真、求善，

为实现自己的梦想，为实现中华民族的伟大复兴贡献力量！

3. 校长寄语

教育需要忠诚，也需要梦想。让我们永远保持对教育的忠诚与梦想，去创造一个又一个奇迹。

六、校 赋

船山小学赋

湘蒸合流，回雁争雄，衡州故地，楚南①名城，扼（è）南条②之要枢（shū），传圣贤之文明。

理学③之盛，濂洛④关闽，惟我夫之⑤，正学开新。彭刚直⑥之盛举，王湘

222

绮（qǐ）⑦之经营，设坛东洲，桃李满庭。

船山小学，圣贤传人，仁植义育，立教以诚。白手建校兮茹辛苦，大爱无疆兮献丹忱；文化筑魂兮重习养，效能优先兮扬杏坛；机制创新兮呈异彩，有教无类兮倡公平；承湖湘之传统，扬现代之精神；创万世之名校，育真善之新民。

注释：①"楚南"：《史记·货殖传》中把衡山、九江、江南、豫章、长沙称为南楚。②"南条"即南方。③"理学"：宋元明清时期的哲学思潮。又称道学。它产生于北宋，盛行于南宋与元、明时代，清中期以后逐渐衰落。理学创始人周敦颐，其影响一直延续到近代。广义的理学，泛指以讨论天道性命问题为中心的整个哲学思潮，包括各种不同学派；狭义的理学，专指程颢、程颐、朱熹为代表的、以理为最高范畴的学说，即程朱理学。理学在中国哲学史上占有特别重要的地位，它持续时间很长，社会影响很大，讨论的问题也十分广泛。④"濂洛"：濂指周敦颐。因其原居道州营道濂溪，世称濂溪先生，为宋代理学之祖，程颐、程颢的老师。洛指程颐、程颢兄弟，因其家居洛阳，也称其学为洛学。⑤"夫之"：王夫之（1619－1692），即王船山。字而农，号姜斋，又号夕堂，或署一瓢（piáo）道人、双髻（jì）外史，晚年隐居于形状如顽石的石船山，自署船山病叟（sǒu）、南岳遗民，学者遂（suì）称船山先生。湖南衡阳人，杰出的思想家、哲学家，明末清初大儒。与顾炎武、黄宗羲（xī）并称明清之际三大思想家。⑥"彭刚直"即彭玉麟（1816－1890），字雪岑、雪琴，号退省（xǐng）庵（ān）主人、吟香外史，祖籍湖南衡阳渣江，清末湘军将领。1890年3月，病卒（zú）于衡州湘江东岸退省庵，御（yù）赐为太子太保，谥（shì）刚直，并建专祠（cí）。⑦"王湘绮"即王闿（kǎi）运（1833－1916），字壬（rén）甫（fǔ），又字壬秋，号湘绮，学者称湘绮先生，原籍湘潭，生于长沙。少时家贫苦读，有大志，后来终于学贯经史，成绩斐（fěi）然，成为一代经学宗师。相继受聘为成都尊经书院、长沙思贤讲舍主讲、衡州船山书院山长、江西大学堂总教习。